Aus der BIBELOTHEK Reihe

DIE OFFENBARUNG JESU CHRISTI

Mein Volk wird vertilgt aus Mangel an Erkenntnis (Hosea 4, 6).

Alle Bibelzitate, sofern nicht anders ausgegeben, sind aus
der Luther Bibel von 1912 oder Elberfelder 1871 entnommen.

Impressum:

Adresse :
buch@bibelothek.de

Bibelothek
Postfach 3362
59282 Oelde
Deutschland

ISBN 978-1-4461-2534-2

Alle Informationen, die Sie hier im Buch finden, dürfen Sie ohne bedenken weitersagen und bekanntgeben. Wichtig allein ist, dass Sie niemanden zwingen Ihre Überzeugung anzunehmen.
Der Urheber der Bibel möchte freie, mündige Menschen, die zu Ihm stehen, auf Grund dessen, dass Sie überzeugt sind, dass Er Gott ist und das Beste für Sie möchte. Fügen Sie seinem Wort nichts hinzu oder nehmen Sie etwas davon weg. Leben Sie nach seinen Grundsätzen, in seinen Geboten, die für alle Menschen der Erde gelten.

Inhalt

Vorwort

Hat Gott etwas auf der Erde mit dem Menschen vor, so offenbart er es seinen Knechten, den Propheten, damit durch deren Warnung jeder einzelne vorbereitet ist. (Amos 3, 7)

So ist es auch heute noch. Er warnt, weist zurecht, stärkt was schwach geworden ist und gibt jedem die Möglichkeit dem Übel zu entfliehen. Geht jener aber den Weisungen Gottes aus dem Weg oder schlägt sie offen aus, so lässt Er (Gott) auch keine Entschuldigung zu und lässt jeden auf seinen eigenen, selbst gewählten Wegen gehen. Es war von beginn der Erde an und wird es auch immer bleiben. Jene die dem Wort Gottes glauben wurden gerettet aber, die sein Wort ausschlagen lässt er ins Unglück laufen.

Wir leben in einer Zeit voller Kompromisse. Im Interesse des „Friedens und der Harmonie“ bleibt die Wahrheit auf der Strecke. Viele lesen das Wort Gottes nicht mehr, oder nur noch einzelne Absätze oder Verse daraus. Die Bibel wird nicht mehr als Gesamtwerk das über Jahrhunderte von mehreren Autoren geschrieben wurde und den Willen Gottes kund tut erkannt. Geschweige denn, das die Schreiber durch den Geist Gottes inspiriert, letztlich Seine Worte aufschieben. Die Predigten und der Gottesdienst sollen nur noch die Häuser füllen und Friede verkündet werden.

Durch das beiseite legen der Bibel oder weg lassen, verdrehen von Abschnitten und einzelnen Texten haben „Allerweltsglauben“, Aberglauben und sogar Mystik bei den Bibel-Gläubigen Einzug erhalten. Die verschiedenartigen Medien, wie Fernsehen, sogenannte Fach-Zeitschriften und das Internet tragen mit dazu bei, dass eine völlige Verwirrung über die Wahrheit entsteht.
Die Masse an Informationen und das mühsames zusammentragen von Einzelheiten lässt den Menschen, „der von Natur aus Faul ist“ zurückschrecken und sich nach hinten lehnend meint er dann, dass „jede Art von Religion doch letztendlich zu Gott führt“. Und nach dem Sprichwort „auf jeden Topf passt ein Deckel“, findet dann jeder auch eine Kirchen-Gemeinde in der er sich dann „zur Ruhe setzt“.
In einer Gemeinschaft angekommen, gibt man leicht sein Gehirn an der Tür ab und lässt sich verwöhnen, entspannt, trifft gleichgesinnte, macht Ausflüge. Denn man weiß genau , „nächste Woche sehen wir uns wieder hier“.

Dieses Buch, aus der Reihe Bibelothek, soll kein Lehrbuch irgendeiner Organisation, Kirche oder Gruppierung sein, auch ist es nicht im Stil eines Romans, oder Lebenshilfe geschrieben, noch weist es ein Rezept für irgendeine Art von Erlösung auf. Dieses Buch hat nicht die Absicht die Bibel zu erweitern, sondern Hilfe zur Erklärung ihrer Aussagen und Forderungen zu geben. Die Bibel als Gesamtwerk lädt jeden ein, Gottes Erlösungsplan anzunehmen und fordert zu einer persönlichen, allumfassenden Entscheidung auf.

Die Echtheit der Bibel wird aus ihrem Zusammenhang erkannt. Treu nach dem Wort „die Bibel legt sich selbst aus“ sowie „im Licht der erfüllten Prophetie und archäologischer Funde aus heutiger Zeit wird die Echtheit de Bibel bezeugt“.

DIE OFFENBARUNG JESU CHRISTI

Verfasser	Johannes
Thema:	Die Vollendung
Datum der Niederschrift:	ca. 95 n. Chr.

Der erste Verse bestimmen eindeutig woher das gesamte Buch stammt, wer der Urheber ist und wie es überbracht wurde.

Es ist die Offenbarung Jesu Christi, die ihm Gott gegeben hat, seinen Knechten zu zeigen, was in der Kürze geschehen soll; und er hat sie gedeutet und gesandt durch seinen Engel zu seinem Knecht Johannes.

Das Wort «Offenbarung», das als Titel des Buches gebraucht wird, kommt von dem lateinischen Wort revelatio (griechisch: apokalypsis), das bedeutet «Entfaltung von dem, was vorher verborgen oder unbekannt war».

Das Buch berichtet, was der Apostel Johannes sah und hörte. Ständig werden Symbole gebraucht. Häufig wechselt der Ort der Handlung von der Erde zum Himmel und zurück auf die Erde. Das Buche beginnt mit der Offenbarung des Herrn Jesus Christus.

Das zentrale Thema ist die Entfaltung (Offenbarung) der Herrlichkeit Jesus Christus. In den vier Evangelien erscheint er in Niedrigkeit und in der Offenbarung wird er als „der war, und der kommt“ beschrieben. Christus wird in diesem Buch gezeigt als der Herrscher über die Könige der Erde, als Bräutigam und als Haupt der Gemeinde, sowie der Löwe aus dem Stamm Juda, das Lamm das geschlachtet wurde und als Hohepriester, König und Richter in einer Person. Die Offenbarung berichtet über das göttliche Gericht und den Kampf, den die ganze Welt seit fast 6000 Jahren erfasst.

Die Reihenfolge der Erzählung ist nicht chronologisch. Der Zusammenhang wird hauptsächlich gewährleistet durch Ereignisse, die symbolisch dargestellt werden durch: sieben Siegel, sieben Posaunen, sieben Schalen, sieben Gerichte und sieben neue Dinge.

Ein Paar Worte vorweg:
Keiner weiß alles, jeder ist ständig am lernen. Jeden Tag, eine neue Offenbarung Jesu in unserem Herzen und unsere Sichtweise in Einzelheiten ändert sich.
Die Prophetie des alten Testamentes wird eins mit der Offenbarung. Der Schlüssel um die Offenbarung Jesu Christi zu verstehen liegt im Buch Daniel. Beide Bücher künden von der Wiederherstellung aller Dinge in der Ordnung Gottes durch Ihn, Jesus Christus.

Aber: Das Heil liegt nicht im studieren oder wissen, sondern in Jesus Christus und im tun seines Willens! Durch das Beachten von dem, was unsere „Vorgänger im Glauben“ erkannt und entdeckt haben und dem vergleichen mit dem was jetzt aus dem Wort Gottes ersichtlich ist, gibt einem jeden Nachfolger Jesu die Sicherheit, im vor- und zurück sehen, wo in der Zeit wir stehen.

Das Buch kann folgendermaßen eingeteilt werden:

Einleitung	1,1 - 1,3
Die Botschaften an die sieben Gemeinden	1,14 - 3,22
Das öffnen des Buches mit den sieben Siegeln	4 - 6,8
Wer kann gerettet wurden	7
Die Gerichte der sieben Posaunen	8,2-9,21; 11,15-19
Parenthese (Einschub)	10,1 - 11,14
Besondere Persönlichkeiten	12
Das Aufkommen und die Regierung des Tieres und des falschen Propheten	13
Parenthese(Einschub)	14
Die Gerichte der sieben Schalen	15; 16
Das Gericht über Babylon	17; 18
Die Schlacht von Harmagedon und das darauf folgende Tausendjährige Reich	19,1 - 20,6
Das letzte Gericht und die heilige Stadt	20,7 - 22,5
Die letzte Botschaft der Bibel	22,6 - 19
Schluss	22,20.21

Kapitel 1

1 Dies ist die Offenbarung Jesu Christi, die ihm Gott gegeben hat, seinen Knechten zu zeigen, was in der Kürze geschehen soll; und er hat sie gedeutet und gesandt durch seinen Engel zu seinem Knecht Johannes, 2 der bezeugt hat das Wort Gottes und das Zeugnis von Jesu Christo, was er gesehen hat. 3 Selig ist, der da liest und die da hören die Worte der Weissagung und behalten, was darin geschrieben ist; denn die Zeit ist nahe.

(1, 1) Das Buch wird im griechischem apokalypsis genannt, übersetzt als Enthüllung oder Bekanntmachung.

Der erste Verse bestimmen eindeutig woher das gesamte Buch stammt (von Jesus Christus), wer der Urheber ist (Gott der Vater) und wie es überbracht wurde (durch Engel), wessen Schreiber es ist (Johannes), für wen es geschrieben (seinen Knechten) und für oder auf welche Zeit (was in kürze geschehen soll). Die Bedeutung des ersten Verses ist wie ein Siegel, der das ganzen Buches schon von vornherein versiegelt und eine Fehlinterpretation ausschließt.

Der Titel des Buches ist also nicht „Offenbarung des Johannes, des Theologen“; sondern „Offenbarung Jesu Christi“. Dies deutet dann die Eigenart an, die dies Buch von den anderen Büchern der Heiligen Schrift unterscheidet. Denn fast alle Bücher tragen den Namen ihres Schreibers, wenn auch einige den Namen des Empfängers tragen, aber der erste Vers beginnt immer mit seinem Namen (z.B. Paulus, ...).
Jesus offenbart den Ursprung des Buches hier, wie überall; seinen Vater als den Geber aller Dinge. Es bewahrheitet sich sein Ausspruch von Joh. 12, 49-50 (vergleiche dies mit Joh. 8, 26 ; 5, 19. 30.)

Die Absicht und Zweck des Buches ist es, „seinen Knechten zu zeigen, was in einer Schnelle geschehen muss“. Anders übersetzt : „sich in Schnelle zu vollziehen anfangen muss“

Die Reihenfolge der Offenbarung ist: Der Vater gab die Offenbarung seinem Sohn, dieser ließ sie dem Johannes im Zustand einer Verzückung schauen und durch seine Engel deuten. Johannes schrieb sie dann auf. (vergleiche mit Hebr. 1, 1 ff)

Hinweis: Bengel schreibt : *„Der eine hält ein genaues Verständnis der Schrift für unmöglich, der andere für unnötig, der dritte für gefährlich, der vierte für etwas, das nicht ihm selbst, sondern anderen, oder ihm nicht jetzt, sondern ein andermal anständig sei. Damit geschieht es, dass dem Herrn Jesu, der uns so schöne und immer neue Lektionen zu geben bereit ist, seine besten Jünger, denen er es so gern eröffnete, aus der Schule laufen und ihn allein lassen.“* (Bengel, Erklärung zur Offenbarung S. 135)

Epanados in der Offenbarung Jesu

Epanados bedeutet : Eine Wiederholung eines Satzes oder einer Beschreibung in umgekehrter Reihenfolge. Eine Rückkehr zum Hauptthema oder Position nach einer Beschreibung. Die Betonung des Hauptthemas im Mittelpunkt der Beschreibung.

Off. 1, 5	Jes. 55,4	Zeuge	---------|
Off.1, 7	Dan. 7,13	Kommt mit den Wolken	------| |
Off. 1, 7	Zach. 12,10-14	heulen und weinen	---| | |
Off. 1, 7	Jes. 41,4 ; 44,6	Ich bin	-| | | |
Off. 1, 7	Jes. 41,4 ; 44,6	Ich bin	-| | | |
Off. 1, 12	Zach.4,2	Leuchter	---| | |
Off. 1, 13-15	Dan. 7,9.13.22	Priester	------| |
Off. 1, 16	Jes. 49,2	Schwert	---------|

(1, 3) Zu einer Zeit, da man Gottes Wort nur in wenigen Abschriften besaß, war das Vorlesen ein sehr wichtiges Amt. Wie es beim Gottesdienst (Luk. 4, 16 ; Apg. 13, 15) brauch war bestimmte Abschnitte der Heiligen Schrift vorzulesen und die nötigen Erklärungen daran zu knüpfen, so soll auch dieses Buch benutzt werden. Dem Vorleser, Hörer und Befolger der Weisungen und Erklärungen wird so selig gepriesen. Nicht nur die Erleuchtung des Verstandes soll durch diese Offenbarung gegeben werden, sondern auch die Anforderungen für das Herz, denn : „Gottes Licht bringt auch Pflicht“ .

Gruß an die sieben Gemeinden

4 Johannes den sieben Gemeinden in Asien: Gnade sei mit euch und Friede von dem, der da ist und
der da war und der da kommt, und von den sieben Geistern, die da sind vor seinem Stuhl, 5 und von
Jesu Christo, welcher ist der treue Zeuge und Erstgeborene von den Toten und der Fürst der Könige
auf Erden! Der uns geliebt hat und gewaschen von den Sünden mit seinem Blut 6 und hat uns zu
Königen und Priestern gemacht vor Gott und seinem Vater, dem sei Ehre und Gewalt von Ewigkeit
zu Ewigkeit! Amen.
7 Siehe, er kommt mit den Wolken, und es werden ihn sehen alle Augen und die ihn zerstochen
haben; und werden heulen alle Geschlechter auf der Erde. Ja, amen.
8 Ich bin das A und das O, der Anfang und das Ende, spricht Gott der HERR, der da ist und der da
war und der da kommt, der Allmächtige.

(1, 4) *„Die Siebenzahl in der Schrift bedeutet etwas universales und Ganzes“* (Walch IX 2063)
Die mit „in Asien“ bezeichnete Gemeinde werden ab Vers 11 namentlich genannt. Die Namen der Gemeinden wurden aus symbolischen Gründen, ihrer bedeutungsvollen Namen und ihrer Eigenart ausgewählt, um die gesamte neutestamentliche Gemeinde in ihrer ganzen Entwicklung zu dienen.

Die Urquelle des Segens ist *„Jehova, der ewige treue Bundesgott“*, welcher als Umschreibung vom alttestamentlichen „Ich bin, der ich bin“ ist. Hier wird er als *„der ist und der kommt“* bezeichnet und somit alle Weissagungen bis zur völligen Durchführung und Vollendung führen wird.

(1, 5) Jesus Christus wird hier in seinem dreifachen Amt, als Prophet, Priester und König vorgeführt.

Als Prophet ist er der treue Zeuge von seinem Leiden und seiner Herrlichkeit, indem er kein Wort ausfallen ließ, was die Propheten zuvor bezeugt haben. (1.Petr. 1, 11) Als Siegel seines prophetischen Zeugnisses ist sein Tod und Auferstehung und somit als erstgeborener, Hoherpriester geworden *„in Ewigkeit nach der Ordnung Melchisedek“* (Hebr.7; vergleiche mit Kol.1, 16 ; Joh. 5, 21+ ; 11, 25) Als Hoherpriester steht er vor Gott und reinigt uns vor Ihm, durch sein ewiges Opfer, dem Blut vom Kreuz.

Er ist aber auch *„Fürst und Gebieter der Völker“*, *„allerhöchster unter den Königen auf Erden“*, zur rechten Hand Gottes im Himmel, *„über alle Fürstentümer, Gewalt, Macht und Herrschaft“*. Sein innerstes Wesen ist die Liebe.

(1, 6) Gottes Auftrag im Alten Testament (2.Mose 19, 6) wird mit Christus vollendet. Sein Königreich unterscheidet sich völlig von dem der, in der Welt, denn es soll ein *„Königreich von Priestern sein“* (1. Petr. 2, 5+)

(1, 7) Der eigentliche Kern der Offenbarung und Mittelpunkt aller Weissagungen: *„Dieser Jesus, welcher von euch ist aufgenommen gen Himmel, wird kommen, wie ihr ihn gesehen habt gen Himmel fahren.“* (Apg 1, 11) Nahm ihm damals eine Wolke vor den Augen der Jünger weg, so kommt er auch wieder (Matt. 24, 30). Sein Wiederkommen wird nicht geheim geschehen, sondern in aller Öffentlichkeit (Jes. 13, 7 ; Joel 2, 6; Matt. 24, 23; Matt. 24, 29+).

(1, 8) Dies ist eine „neue“ Bezeichnung Jesu, der bezeugt, dass er Gott ist. Das Alpha und das Omega entspricht dem deutschen A und Z. Er ist der Urgrund und das Endziel und hat bei allem das erste und letzte Wort. Er war vor der Grundlegung der Welt und somit das A , aber auch ihr Z bei der Neuschöpfung. Er ist auch Anfang und Vollendung der Versöhnung und Erlösung. Er ist der verheißene Weibessame, das A aller Weissagung und als Zertreter der Schlange auch ihr Z.

Nur Er konnte sagen: *„Ehe Abraham ward, bin ich“*. Er ist der Ewig-seiende, *„der da ist“* und *„der da war“*. Er kommt als Allherrscher in der Kraft seines Vaters und alle Engel mit ihm, als *„König aller Könige und Herr aller Herrn“*.

Der Auftrag an Johannes

9 Ich, Johannes, der auch euer Bruder und Mitgenosse an der Trübsal ist und am Reich und an der
Geduld Jesu Christi, war auf der Insel, die da heißt Patmos, um des Wortes Gottes willen und des
Zeugnisses Jesu Christi. 10 Ich war im Geist an des HERRN Tag und hörte hinter mir eine große
Stimme wie einer Posaune, 11 die sprach: Ich bin das A und das O, der Erste und der Letzte; und was
du siehst, das schreibe in ein Buch und sende es zu den Gemeinden in Asien: gen Ephesus und gen
Smyrna und gen Pergamus und gen Thyatira und gen Sardes und gen Philadelphia und gen Laodizea.
12 Und ich wandte mich um, zu sehen nach der Stimme, die mit mir redete. Und als ich mich
umwandte sah ich sieben goldene Leuchter 13 und mitten unter die sieben Leuchtern einen, der war
eines Menschen Sohne gleich, der war angetan mit einem langen Gewand und begürtet um die Brust
mit einem goldenen Gürtel. 14 Sein Haupt aber und sein Haar war weiß wie weiße Wolle, wie der
Schnee, und seine Augen wie eine Feuerflamme 15 und seine Füße gleichwie Messing, das im Ofen
glüht, und seine Stimme wie großes Wasserrauschen; 16 und er hatte sieben Sterne in seiner rechten
Hand, und aus seinem Munde ging ein scharfes, zweischneidiges Schwert, und sein Angesicht
leuchtete wie die helle Sonne. 17 Und als ich ihn sah, fiel ich zu seinen Füßen wie ein Toter; und er
legte seine rechte Hand auf mich und sprach zu mir: Fürchte dich nicht! Ich bin der Erste und der
Letzte 18 und der Lebendige; ich war tot, und siehe, ich bin lebendig von Ewigkeit zu Ewigkeit und
habe die Schlüssel der Hölle und des Todes. 19 Schreibe, was du gesehen hast, und was da ist, und
was geschehen soll darnach.
20 Das Geheimnis der sieben Sterne, die du gesehen hast in meiner rechten Hand, und die sieben
goldenen Leuchter: die sieben Sterne sind Engel der sieben Gemeinden; und die sieben Leuchter, die
du gesehen hast, sind sieben Gemeinden.

(1, 9) Johannes schildert hier wie und wo er von seinem Herrn zum Propheten berufen wurde. „*um des Wortes Gottes willen und des Zeugnisses Jesu Christi*" bezeugt, dass Johannes vom Titus Flavius Domitianus (81-96 Caesar in Rom) nach Patmos verbannt wurde, weil er das reine Evangelium verkündigte. Aber anstatt dem Prediger den Mund zu verschließen, wurde ihm von Gott die Fülle der Offenbarung Jesu zuteil.

(1, 10) *„...an dem Herrn gehörigen Tag..."* wie eine genauere Übersetzung des Textes bezeugt, ist der SABBAT, der siebente Tag der Woche, dem heutigen Samstag.

Bis ins 4. Jahrhundert wurde der Sabbat gefeiert, erst danach kamen Schriften auf die den Sonntag (Tag der Sonne) als solchen umdeklariert sehen wollten. Bezeugt wird (in Geschichte der Päpste), dass bis ins 12. Jahrhunderts teilweise noch der Sabbat unter der Christenheit gefeiert wurde.

„Bei keinem christlichen Schriftsteller des 1. Jahrhunderts findet sich eine Erwähnung, dass der Tag, den wir Sonntag zu nennen pflegen, einerlei sei mit unserer Bezeichnung 'des Herrn Tag`" (Geiß I, 10)

Die Endgültige Lösung, welcher Tag dieser Tag des Herrn ist, bietet allein das Wort Gottes.
Der Vater schuf alles, „*was im Himmel und auf Erden ist*" (Hebr.1 ; Joh. 1 ; Kol. 1) Jesus wurde von seinem Vater als Gründer der Erde verherrlicht (Hebr. 1,10) Er ruhte er am siebenten Tag, segnete und heiligte ihn und ist Ihm als Sein Ruhetag im höchste Sinn. Dieser Wochentag ist wie kein anderer, er verherrlicht den Schöpfer. (1.Mose 2, 2-4 ; 2.Mose 20, 10)

Jesus, als der Bundesengel Israels, in dem allein des Vaters Namen ist, nannte den Sabbat ausdrücklich „*meinen Sabbat*“ und setzte ihn zum ewigen Zeichen zwischen ihm und seinen Nachfolgern (dem gläubigen Israel) damit es wisse, dass Er es nur heilige. (Mal.3 1 ; 2.Mose 23, 21 ; 31, 13-) Noch bestimmter sagte Er es in Jesaja 58, 13

Als Jesus in seinem Lehramt tätig war, säuberte er den Sabbat von der Last der jüdischen Überlieferung, anstatt ihn abzuschaffen. Er ließ den Sabbat im Licht seines Uhrsprunges zum Wohle des Menschen von neuem erstrahlen. Er erklärte sich als dessen Herr und Beschützer (Mark. 2, 28) und bestätigte die Unveränderlichkeit jeden Buchstabens der 10 Gebote (2.Mose 20, 8-20).

Posaunen verkünden nicht nur Feste, sondern auch Gotteserscheinungen und Gerichte. (2. Mose 19, 19 ; 3.Mose 23, 24 ; 25, 9 ; 4.Mose 10, 10 ; Joel 2, 1 ; Matth. 24, 31 ; 1.Thess. 4, 16)

(1, 11) „*Ich bin das A und das O, der Erste und der Letzte*“ fehlt in den meisten Handschriften. Es ist nur eine Wiederholung von Vers 8.
Bengel schreibt: „*Alle Bücher des Neuen Testamentes sind nach göttlichem Rat und Willen geschrieben, aber keines ist so ausdrücklich zu schreiben befohlen worden. Und also hat es mit der Offenbarung eine ganz besondere Bewandtnis*“

(1, 12) Die sieben Leuchter erinnern an den siebenarmigen Leuchter in der Stiftshütte und unterscheiden sich darin, dass jeder mit seinen eigenen Schaft, selbstständig für sich, aber durch die Siebenzahl etwas ganzes, Vollständiges darstellen.

(1, 13) Die Bezeichnung und Beschreibung „Menschen Sohn“ weisen auf Dan. 7, 13 ; 10, 5+ zurück. Der Ausdruck wurde von Jesus selbst 51mal verwendet, um sich als das fleischgewordene Wort zu bezeichnen und seine menschliche Natur hervorzuheben. (Hebr. 1 ; Phil. 2, 7)

(1, 14) Johannes sieht den erhöhten Menschensohn im selben göttlichen Glanz wie Daniel (Dan. 7, 9) Jesu bitte von Joh. 17, 5 ist völlig erfüllt.

(1, 15) Seine Füße funkeln im Zustand der Weißglühhitze, durch und durch geläutert und immer bereit, das Gottlose und Gesetzlose niederzutreten und zu verzehren. (Ps. 2, 11 ; Hebr. 12, 29)

(1, 16) Engel werden im A.T. auch als Sterne bezeichnet. Ursprünglich bedeutet Engel = Bote, Botschafter, Verkündiger, Prediger.; ohne Rücksicht auf irdischer oder himmlischer Herkunft. (Hiob 1, 14 ; 1.Sam. 19, 11 ; Hag. 1, 13 ; Mal. 2, 7 ; Luk 7, 24.27) Die Siebenzahl stellt etwas ganzes, Vollständiges dar und hat eine enge Beziehung zu den sieben Leuchtern. Aus seinem Mund geht das zweischneidige Schwert des Geistes hervor.

(1, 17) Sterbliche können die Herrlichkeit Gottes nicht ertragen. So wie Daniel in Ohnmacht fiel und hatte keinen Odem, so nun auch bei Johannes. Dies ist das Zeichen des waren Propheten.

(1, 18) Nur ein einziges Wesen im Weltall kann von sich behaupten, dass er „*der Erste und der Letzte und der Lebende*“ in einer Person ist. Nur Jesus Christus ist imstande, das Ganze von sich auszusagen. (Joh. 1, 2. 4)
Jesus Christus, der Sohn Gottes starb in Wirklichkeit, es war kein „Scheintod“. Das göttliche Wesen hatte sich bei seinem Tod nicht zurückgezogen, so dass nur ein „menschliches Opfer“ übrig blieb. Johannes sah das ewige Leben, der eine kurze Zeit aus freiem Willen tot gewesen war und hörte das Zeugnis aus seinem Mund, dass er nun lebt in alle Ewigkeit. Eigentlich bedeutet Hölle, Höhle. Im Altdeutschem „Helle“ oder „Hel“. Es gibt mehrere Wörter, die Luther mit Hölle übersetzt hat:

- Hades bezeichnet den Verwahrungsort der Toten bis zum Endgericht, der Tod aber das, was dahin führt und darin festhält. (Ps. 16,10 ; Matth. 11, 23 ; 16, 18 ; Luk. 10, 15 ; 16,19-31 ; Apg. 2, 27. 31 ; Offb. 20, 13-14)
- Tartarus bezeichnet den Aufbewahrungsort der gefallenen Engel (2.Petr. 2, 4).
- Gehenna ist der künftige Strafort aller Gottlosen (Gesetzlosen) und ist die griechische Ortsbestimmung für das Tahl Hinnom bei Jerusalem. In diesem Tal brannte ein ständiges Feuer zum verbrennen des Unrates (Abfall, Müll) und der Leichnahme der Verbrecher (diese wurden nicht beerdigt). Dieser Ort wurde auch Tophet genannt. (2.Chr. 28, 3 ; Jer. 7, 31+)

Dieser Ort (Hölle, Hades, Tartarus, Gehenna) wird als verschlossener Aufbewahrungsort verstanden, denn es werden ihm Pforten (Tore) zugeschrieben (Jes. 38, 10 ; Ps. 9, 14 ; Matth. 16, 18). Zu dem Tor gehört aber auch ein Schlüssel. Wer diesen besitzt hat die Macht der Loslassung der dort eingeschlossenen.

(1, 19) Johannis wird aufgefordert das geschaute als das Grundlegende und alles bestimmende Gesicht aufzuschreiben (das Jesus Christus Gott ist). „Und was geschehen soll“ bezeichnet den Beginn und bezeugt somit, dass alles was in der Offenbarung geschrieben ist die Zeit nach der Auferstehung betrifft.

(1, 20) Das Geheimnis der Sterne sind die Verkündiger, Prediger. Gehalten von ihm, Jesus Christus, in seiner rechten Hand.

Leuchter sind Lichtträger, von denen Licht in das Dunkle strahlt. Das Licht ist Jesus Christus und es wird von Gottes Volk gepredigt. Sieben ist die heilige Zahl des ganzen und umfasst alle, die in der Welt das Licht tragen.
Jesus Christus als der erhöhte und verklärte Menschensohn, hält bis er wiederkommt alle treuen Boten und Hirten in seiner gewaltigen Rechten und weilt inmitten der ganzen wahrhaftigen Gottesgemeinde aller Erdenzeiten. Das ist die Botschaft aus Offenbarung 1.

Kapitel 2

Die sieben Sendschreiben

1 Dem Engel der Gemeinde zu Ephesus schreibe: Das sagt, der da hält die sieben Sterne in seiner Rechten, der da wandelt mitten unter den sieben goldenen Leuchtern: 2 Ich weiß deine Werke und deine Arbeit und deine Geduld und daß du die Bösen nicht tragen kannst; und hast versucht die, so da sagen, sie seien Apostel, und sind's nicht, und hast sie als Lügner erfunden; 3 und verträgst und hast Geduld, und um meines Namens willen arbeitest du und bist nicht müde geworden. 4 Aber ich habe wider dich, daß du die erste Liebe verlässest. 5 Gedenke, wovon du gefallen bist, und tue Buße und tue die ersten Werke. Wo aber nicht, werde ich dir bald kommen und deinen Leuchter wegstoßen von seiner Stätte, wo du nicht Buße tust. 6 Aber das hast du, daß du die Werke der Nikolaiten hassest, welche ich auch hasse.

Die Gemeinden in Kleinasien zur Zeit Johannes waren durch einen Postweg miteinander verbunden. Ihre bezeichnenden Namen und ihrer inneren Zustände wegen, wurden diese Gemeinden als prophetische Abbilder ausgesucht. Der prophetische Zeitabschnitt stellt sich in sieben Abstufungen, von der Himmelfahrt bis zur Wiederkunft Christi dar und umschließt die ganze Gottesgemeinde und aller ihrer Boten (Botschafter).

Alle diese Sendschreiben sind in ihrer Aufmachung durchgehend gleich. Zuerst der Befehl Christi zu schreiben, dann einer seiner herrlichen Titel, die Anrede voll Lob, Tadel, Mahnung und Drohung und zuletzt eine herrliche Verheißung.

(2, 1) Ephesus war eine Handelsstadt (in der Nähe des heutigen Joniens) und lag nahe am Meer und zählte ca. 500.000 Einwohner. Ihr Tempel (Diana – Muttergöttin) galt als einer der Wunder der Welt und war 141 Meter lang und hatte 127 Säulen von 20 m Höhe. „Groß war die Göttin Diana der Epheser" (Apg. 19, 28. 34 ; 1.Tim. 1, 3) Ephesus fiel im 7. Jahrh. in die Hände der Türken und wurde 1402 durch Timur Lenk zerstört.

Ephesus heißt Wohlgefallen, Wünschenswert und ist eine passende Beschreibung für die Gottesgemeinde im Apostolischen Zeitalter (bis 100 n. Chr.).

(2, 2-3) Der Herr beginnt mit Lob. Die ersten Nachfolger Jesu genossen die Fülle der Geistesgaben. Ihr Glaube erzeugte Werke, ihre Liebe Arbeit und ihre Hoffnung Ausdauer (1.Thess.1). Als sich mit der Zeit falsche Apostel einschlichen, wurden diese geprüft und als Lügner entlarvt (Apg. 20, 28+ ; 2.Kor.11, 13).

(2, 4) Nun muss Er aber mit Tadel enden. Dieser besteht darin, dass sie die erste Liebe verließen. Die erste Liebe ist willig, feurig, wachsam, fleißig, innig und suchend nach Gemeinschaft. (Apg. 2, 45)

(2, 5) Das Verlassen der ersten Liebe ist „ein Fall von hoher Höhe", dessen Tiefe und Schwere erst erkannt wird, wenn die erste Liebe mit Reue und in der Kraft des Geistes wieder erreicht wird. Tritt aber trotz allem locken und mahnen die Umkehr nicht ein, wird der Herr den Leuchter entfernen.

(2, 6) Nicht die Nikolaiten hasst der Herr, sondern ihre Werke. Sie verdrehten die Schrift zu ihrer eigenen Verdammnis (2.Petr. 3, 16+). Der Anspruch auf besonders hoher Erkenntnis in Verbindung mit Götzenopfer und Unzucht war ihr Markenzeichen. Ihre Überheblichkeit entwickelte sich zu dem Anspruch ihrer Führer, auf prophetische Begabung und auf die Würde von Aposteln. Sie überließen sich der größten Zuchtlosigkeit unter dem Vorwand, dem Christen sei kein Gesetz gegeben um es zu berücksichtigen (1.Kor. 8, 10.14 ; 2.Petr. 2 ; Judas 4+ ; 2. Tim 3, 6 ; Tius 1, 16 ; 1.Joh. 2, 28+).

7 Wer Ohren hat, der höre, was der Geist den Gemeinden sagt: Wer überwindet, dem will ich zu essen geben vom Holz des Lebens, das im Paradies Gottes ist.

(2, 7) Dieser Weckruf und die Verheißung wurde schon in Matthäus 11, 15 ; 13, 9. 43 gegeben und wiederholt sich in den Sieben Sendschreiben. Damit bezeugt Er ihre Wichtigkeit für alle Gläubigen zu jeder Zeit und unter allen Umständen.

8 Und dem Engel der Gemeinde zu Smyrna schreibe: das sagt der Erste und der Letzte, der tot war und ist lebendig geworden: 9 Ich weiß deine Werke und deine Trübsal und deine Armut (du bist aber reich) und die Lästerung von denen, die da sagen, sie seien Juden, und sind's nicht, sondern sind des Satans Schule. 10 Fürchte dich vor der keinem, das du leiden wirst! Siehe, der Teufel wird etliche von euch ins Gefängnis werfen, auf daß ihr versucht werdet, und werdet Trübsal haben zehn Tage. Sei getrost bis an den Tod, so will ich dir die Krone des Lebens geben.

(2, 8) Das Smyrna ist das heutige Izmir und heißt übersetzt Myrrhe, Bitterkeit. Es ist ein prophetisches Symbol der ersten Märtyrerperiode zwischen der apostolischen Zeit und Konstantin (100 und 313 n. Chr.).

Smyrna wird in Matth. 2, 11 ; Mark. 15, 23 ; Joh. 19, 39 mit Myrrhe übersetzt. Myrrhe ist ein wohlriechendes, rötlich braunes Harz, das aus der Rinde eines stachligen Strauchs gewonnen wird. Es wurde zu Parfüm (Ps. 45, 9 ; Esth. 2, 12 ; Matth. 2, 11), Salben (2.Mose 30, 23), Räucherwerk (Hoh 3, 6 ; 4, 6), als Arznei und zum einbalsamieren der Toten (Joh. 19, 39) verwendet.
Dieser Gemeinde passend konnte der Herr sich nur als „der Erste und der Letzte, der tot war und ist lebendig geworden" offenbaren. In allen Verfolgungen blickten sie auf den Herrn ihres Heils, der im Tode die Krone des ewigen Lebens für alle errang.

(2, 9) Arm an irdischen Gütern war die Gemeinde in Smyrna, reich an geistigen Segen in Christi. Ihm war die Trübsal und Lästerungen bekannt, so konnte er auch mitfühlen und Trost spenden.
Juden und Christen (Nachfolger Jesu) lebten in dieser Zeit noch zusammen. Die Jüdische Religion wurde überall als „eine" angesehen, wohl aber in verschiedenen Glaubensrichtungen (Pharisäer, Sadduzäer, Zeloten, Christen). Überall wo Christus gepredigt wurde stieß man auf größten Widerstand von Seiten der Juden. Sie verunglimpften die Prediger nicht nur, sondern wiegelten das Volk auf sie zu verfolgen (Apg. 7, 51 ; 13, 45 ; 14, 2. 19 ; 17, 5 ; 20, 3).

„Der selbe Geist offenbarte sich auch in Smyrna, wo z.B. bei der Verbrennung des Bischofs Polykarp (167) gerade die Juden 'voll unbändiger Wut` am eifrigsten mitwirkten." (Eusebius, RG.IV, 23)

Diese „Juden“ oder „Israeliten“, die im Unglauben Christus verwerfen sind in Gottes Augen keine. Denn nur die sind es, die es inwendig verborgen sind, deren Herzen beschnitten sind und nach dem Geist geboren sind (Röm. 2, 8 ; 9, 6+).

(2, 10) Alle Verfolgung hat den Satan als eigentlichen Anstifter. Die von ihm benutzten Menschen waren nur seine verblendeten Werkzeuge, die oft noch dachten und heut noch denken, sie würden damit Gott einen Dienst erweisen (Joh. 16, 2).
Die hier angegebene Drangsal von 10 Tagen sind nach Hesekiel 4, 4+, 10 Jahre. Gaius Aurelius Valerius Diocletianus, war von 284 bis 305 römischer Kaiser und beabsichtigte die gänzliche Ausrottung des Christentums und seiner Literatur. Im Jahr 303 leitete er die letzte und brutalste Welle der römischen Christenverfolgung ein. „Alle dämonischen Kräfte des Götzendienstes schienen entfesselt und alle Furien der Leidenschaft tobten sich aus, bis sie aus Erschöpfung nachließen“ (Schaff, RG. S. 163) Um den Christen nur die Wahl zwischen Abfall und Hungertod zu lassen, wurden alle Esswaren auf dem Markt mit heidnischen Opferwein begossen.

Die Gemeinde in Smyrna hat keinen Tadel!

11 Wer Ohren hat, der höre, was der Geist den Gemeinden sagt: Wer überwindet, dem soll kein Leid geschehen von dem andern Tode.

(2, 11) Der Sieger über den Tod ermahnt angesichts schwerer Prüfungen alle Nachfolger Jesu, auch unter den größten Leiden bis zum Tod durchzuhalten, wie er selbst durchgehalten hat. Menschen können anders denkende Menschen aufs grausamste ihres kurzen Erdenlebens berauben, aber das zukünftige Leben, „*verborgen mit Christi in Gott*“, können sie nicht rauben.

Als Satan merkte, dass er die Nachfolger Jesu nicht durch Verfolgung vernichten konnte, versuchte er es durch Kompromisse. Wie Israels Auszug aus Ägypten konnte niemand etwas gegen sie unternehmen, als sie aber sündigten standen sie nicht mehr unter seiner Führung und Schutz. (4.Mose 22, 2-24, 25)

12 Und dem Engel der Gemeinde zu Pergamus schreibe: Das sagt, der da hat das scharfe, zweischneidige Schwert: 13 Ich weiß, was du tust und wo du wohnst, da des Satans Stuhl ist; und hältst an meinem Namen und hast meinen Glauben nicht verleugnet auch in den Tagen, in welchen Antipas, mein treuer Zeuge, bei euch getötet ist, da der Satan wohnt. 14 Aber ich habe ein Kleines wider dich, daß du daselbst hast, die an der Lehre Bileams halten, welcher lehrte den Balak ein Ärgernis aufrichten vor den Kindern Israel, zu essen Götzenopfer und Hurerei zu treiben. 15 Also hast du auch, die an der Lehre der Nikolaiten halten: das hasse ich. 16 Tue Buße; wo aber nicht, so werde ich dir bald kommen und mit ihnen kriegen durch das Schwert meines Mundes.

(2, 12) Pergamus liegt ca. 80 km nördlich von Smyrna und war Hauptstadt der Römischen Provinz von Asien. In ihr stand ein prächtigen Palast, Theater, Tempel und einen gewaltiger Zeusaltar. Ihren Reichtum gewann sie durch die Herstellung des Pergaments. Eine der berühmtesten Bibliotheken in der Stadt bewahrte den „Schatz“ des Krösus auf.

Der Märtyrerkirche folgte die „Reichskirche“, von der Zeit Konstantins bis zur Anerkennung des römischen Primats „bis zum Auftritt der Isebels“ (Offb.2, 20) im 6. Jahrh. (313 bis 538 n. Chr.).
Die Griechische Kirche hält das äußeres Wesen in ihrem Glaubensleben fest und ist so ein anschauliches Beispiel wie es in dieser Zeit war. In dieser Periode entstanden „*christliche Paläste*“ oder „*Höfe*“ der weltlichen Machthaber und auch Residenzen und Stühle der Oberbischöfe, Patriarchen und Klöster.
Konstantin selbst übernahm die Aufsicht und Leitung der Großkirche und nannte sich „*christlicher David und Salomo*“. Sein Amt als „*Bischof für das Auswärtige*“ war von ihm selbst erdacht. Bei seiner Arbeit griff er so in das Innere der Gemeinden ein, so dass er zum Beispiel den Bischof Athanasius einfach vor die Wahl stellte, „*entweder Arianer aufzunehmen oder abgesetzt zu werden*“.

„*Die Kirche regieren*“, war das Testament an seine Söhne. Konstantinus hat die Religionspolitik des Vaters bewusst und energisch fortgesetzt. Die Alleinherrschaft der Kirche wurde weiter ausgebaut und der kaiserliche Wille leitete diese Kirche.
„*In Purpur des Kaisers gekleidet erschien er auf der Synode von Nikäa als Beschützer der Kirche und lässt sich erst auf den Wink der Bischöfe, deren manche noch die Malzeichen der Verfolgung an sich tragen, auf seinen goldenen Thron nieder. Die verachtete Sekte, die, wie ihr göttlicher Stifter in den Tagen seiner Erniedrigung, nicht hatte, wo sie ihr Haupt hinlegte, wird zur Staatsreligion erhoben. Sie ererbt sich die Vorrechte der heidnischen Priesterschaft, wird reich und mächtig, erbaut aus den Steinen der Götzentempel, zahllose Kirchen zu Ehren Christi und seiner Märtyrer. Sie verwendet die Weisheit Griechenlands und Roms zur Verteidigung der Torheit des Kreuzes, greift umgestaltend in die bürgerliche Gesetzgebung ein. Sie beherrscht das Volksleben und lenkt den Wagen der Weltgeschichte. Zugleich nimmt die Kirche mit der Gehsamtbevölkerung vom Kaiser bis zum Sklaven, eine ganze Masse von Welt und Heidentum in ihren Schoß auf.*“ (P.Schaff RG. I, 444)

(2, 13) Als falscher Lichtengel hatte Satan es durch den überall verbreiteten Götzendienst so weit gebracht, dass auf Erden ihn alle als ihren Gott verehrte. Wer diesem, als allein gültig und allgemein anerkannten „*Gottesdienst*“ wehrte, wurde in den Gerichten als Gottesverächter mit den schwersten Strafen bestraft. Auf diese listige Weise hatte Satan die Anbetung des wahren Gottes verdrängt und so seinen Thron aufgerichtet, so dass er „*der Gott dieser Welt*“ und ihr „*Fürst*“ wurde. (2.Kor. 4, 4 ; Joh. 14, 30)

In Pergamus stand der Tempel der Aesclepius, im Bild einer gewundenen Schlange um einen Stab, die ihr Gift in das Wasser gibt, um in dieses heilende Kraft zu geben. Dieses Symbol ist heute noch in der Pharmazie zu finden. (Pharmazie heißt übersetzt Hexenkult.) Hier in Pergamus war die Hochreligion Babylons. Die Priester, die in der Zeit der Perser aus Babylon vertrieben wurden sind hierher „*ausgewandert*“. Sie bauten die altbabylonische Religion von Baal und den Priestern wieder auf und hier ihren Sitz. Der Prokonsul hatte als Amtszeichen das „*Doppelschneidige Schwert*“ und den Titel (Ehrenbezeichnung)

Pontifex Maximus (bedeutet : Brücke zwischen Himmel und Erde). Er war gekleidet wie ein Priester der heutigen katholischen Religion und hatte die Schlüssel (zwei an der Zahl) des Mitras. Der letzte Priester mit der Bezeichnung Pontifex Maximus war Attalus III., der den Titel 133 v. Chr. Dem Kaiser in Rom übertrug. Der „christliche Kaiser“ Gratian weigerte sich den Titel Pontifex Maximus (PM) anzunehmen.

Der Bischof von Rom „Damascus“ riss den Titel Pontifex Maximus an sich.

Das System und der Titel Pontifex Maximus wurden von Babylon vertrieben, siedelte nach Pergamus um, worauf dann auf den Kaiser von Rom diesen Tittel übernahm um endgültig in der römischen Religion (Katholizismus) -aufzugehen. Der Ursprung, Inhalt und alle Rieten haben ihren Ursprung in der Altbabylonische Religion.
Das altbabylonische System ist das System der Erlösung über das Mittleramt der Priester und durch Werke. Der Name Babel besteht aus zwei Wörtern, Bab-EL, was mit Tor - Gott (Tor zu Gott) übersetzt wird. Moderne Gurus haben in ihrem Namen das Wort Bab, was Tor oder Tür bedeutet. Aber nur einer ist die Tür ; Jesus Christus *„ich bin die Tür“* (Joh. 10, 7. 9)

Der Pergamus-Altar ist in Berlin im Museum zu sehen. An den Wänden ist der Kampf der Götter, wie sich ihn die Menschen dieser Zeit vorstellten abgebildet.

Antipas heißt übersetzt > Gegenall < jedermann entgegen oder gegenüber.
Dazu schreibt A.Harnack : *„Als nun im 4. Jahrh. Die Kirche mit dem Reich verschmolz, wurde ihr alles zugetragen, was je irgendwo für ehrwürdig und heilig gegolten hatte. ... Aus der Religion der reinen Vernunft und der strengsten Moral war längst die Religion der kräftigsten Weihen, der geheimnisvollen Mittel und einer sinnesfälligen Heiligkeit geworden. ... Die christliche Religion drohte zu einem neuen Heidentum zu werden.“* (DG. II, 6ff)
Wer nun ein wahrer Christ sein wollte, der war jetzt ebenso sehr wieder ein Antipas als ehemals unter den Heiden. Der Glaubenszwang und die Verfolgung Andersgläubiger begann mit dem Erlass Gratians 376, durch den *„alle Zusammenkünfte der ketzerischen Anmaßungen“* verboten wurde. Unter Gratian und seinem Mitregenten Theodosius entwickelte sich die Staatskirche als verfolgende Macht. Es wurden Gesetze verabschiedet, unter denen nur noch der orthodoxe Glaube gelebt werden durfte. Das Jahr 380 ist das Geburtsjahr der christlichen Staatskirche. Bereits 385 fand in Trier *„die erste Hinrichtung von Ketzern, nur um ihres Glaubens willen“* statt.

(2, 14-15) Im Gegensatz zu Ephesus muss Jesus Christus hier tadeln, weil nicht nur die Nikolaiten, sondern auch die Bileamiten geduldet werden. Bileam gab dem Balak den „Rat“, die Söhne Israels durch schöne moabietische Frauen zum Götzendienst zu verführen (4. Mose 22, 1-25 ; 2.Petr. 2, 15). So wie damals vermischten sich die verschiedenen Religionen zu einer mit Namen „Christentum“, wie es heute noch genannt wird. Die Vermischung von verschiedenen Religionen ist auch heute noch die Religion der meisten Menschen.

Hinweis: Nikulaiten siehe Erklärung Offb.2, 6

(2, 16) Wie einst Bileam (4.Mose 31, 8) und die 24000 Israelieties (4.Mose 25, 9) mit dem Schwert getötet wurden, so erfüllte sich die Drohung Jesu durch die Kriege der germanischen Völker und den daraus folgenden Zerfall des Römischen Reiches.

17 Wer Ohren hat, der höre, was der Geist den Gemeinden sagt: Wer überwindet, dem will zu essen
geben von dem verborgenen Manna und will ihm geben einen weißen Stein und auf den Stein einen
neuen Namen geschrieben, welchen niemand kennt, denn der ihn empfängt.

(2, 17) Der den Überwindern in Aussicht gestellte Lohn ist zweifach: Der Genuss des verborgenen Mannas und der Name auf dem weißen Stein.

Das verborgene Manna ist das Wort Gottes, was nicht verändert werden kann ; dem, der Überwindet. Und der Zugang zum Lebensbaum, die Früchte dieser zu genießen.

Im Römische Reich bekamen Sklaven wenn sie frei wurden, als Zeichen einen weißen Stein. Die Babylonische Religion hatte einen >Palladium-Stein<, dessen Bedeutung war: „*wir sind frei von Gehorsam zu Gott*". Anders ist der Stein, den Jesus gibt. Wer überwindet, dessen „*alte Menschennatur*" ist tot. Der neue Mensch lebt in Christus und ist eine neue Kreatur mit einem neuen Charakter. Deshalb bekommt er einen neuen Namen. Der Pfand dafür ist der Heilige Geist. Wer ihn empfängt weiß es.

18 Und dem Engel der Gemeinde zu Thyatira schreibe: Das sagt der Sohn Gottes, der Augen hat wie
Feuerflammen, und seine Füße sind gleichwie Messing: 19 Ich weiß deine Werke und deine Liebe
und deinen Dienst und deinen Glauben und deine Geduld und daß du je länger, je mehr tust. 20 Aber
ich habe wider dich, daß du lässest das Weib Isebel, die da spricht, sie sei eine Prophetin, lehren und
verführen meine Knechte, Hurerei zu treiben und Götzenopfer zu essen. 21 Und ich habe ihr Zeit
gegeben, daß sie sollte Buße tun für ihre Hurerei; und sie tut nicht Buße. 22 Siehe, ich werfe sie in
ein Bett, und die mit ihr die Ehe gebrochen haben, in große Trübsal, wo sie nicht Buße tun für ihre
Werke, 23 und ihre Kinder will ich zu Tode schlagen. Und alle Gemeinden sollen erkennen, daß ich
es bin, der die Nieren und Herzen erforscht; und ich werde geben einem jeglichen unter euch nach
euren Werken. 24 Euch aber sage ich, den andern, die zu Thyatira sind, die nicht haben solche Lehre
und die nicht erkannt haben die Tiefen des Satans (wie sie sagen): Ich will nicht auf euch werfen eine
andere Last: 25 doch was ihr habt, das haltet, bis daß ich komme.

(2, 18) Thyatira heißt jetzt Akhissar. Aus ihr war die Lydia, die Purpurkrämerin aus Apostelgeschichte 16, 14. Der Name Thyatira heißt übersetzt „*unermüdliches Opfer*", „*schöner Geruch der Werke*" was ihre rastlose Liebestätigkeit andeutet.

In Thyatira stand der Tempel des Apollo (Sonnengott) und der Artemis (weibliche Gottheit). In den meisten kath. Kirchen sind genau diese Zeichen des Sonnenkultes des Apollos und Altäre der Artemis (Maria) zu finden.

(2, 19) Jesus als Sohn Gottes entgeht kein Opfer noch Liebestat. Zur rechten Zeit scheidet er alles unnötige Wesen und Blendwerk ab, wie Metall-Glut die Schlacke aus.

(2, 20) Was Ephesus und Smyrna noch hassten, was auf Pergamus noch durch falsche bileamitische Propheten von außen einwirkte, das erhebt nun unter dem Sinnbild der Isebel Anspruch als Prophetin in der Gemeinde und verführt so zur falschen Lehre.

Bileam war ein Prophet der außerhalb Israels stand. Er zeigte um Lohn dem heidnischen König Balak den Weg, wie er Gottes Volk eine Falle stellen könnte (4.Mose 22-24). Isebel hingegen, die Tochter des heidnischen Königs Ethbaals (1.Kön. 16, 31), setzte sich durch ihre Heirat mit Ahab auf den Thron Israels und benutzte ihre hohe Stellung dazu, den wahren Gottesdienst durch Götzendienst zu verdrängen. Durch ihre Überredungskünste baute Ahab dem Sonnengott Baal einen Tempel. Auch der Mondgöttin Astarte errichtete er ein Ascherabild auf (1.Kön. 16, 32-33).

Fast 1000 Propheten wurden auf Staatskosten täglich versorgt (1.Kön. 18, 19). Um aber ihren Götzendienst als Staatsreligion ungehinderten Einfluss zu sichern, „*Rottete Isebel die Propheten des Herrn aus*". Nur die vom Hohepriester Obadja versteckten, entgingen ihrem Schicksal (1.Kön 18, 4).

Das Dekret des Kaisers Justian von 538 war der Beginn der Zeitperiode Thyatiras und endete mit der Reformation (1517). Im Dekret wurde erklärt, „*dass der Bischof von Rom die Häretiker verurteilen darf, ... und Er entscheidet, was man glauben darf.*" In dieser Zeit entschied der Bischof von Rom über das, was geglaubt werden musste.

Rougemont erklärt: „*Thyatira gibt den philosophischen Geschichtsforschern das Wort des unauflöslichem Rätsels, der Römischen Kirche*"

Die Papstkirche richtete noch eine schrecklichere Zwangsherrschaft auf, als die frühere Reichskirche. Unter Innocenz III. (1198 - 1216) ist das Ziel Gregor VII. erreicht. Der Papst ist der oberste souveräne Gesetzgeber der Kirche ... der oberste Richter von Klerus und Laienstand. Die Hierarchie der ganzen Welt ebenso wie die großen internationalen Orden sind ihm unmittelbar dienstbar und so seine „Organe" in allen Ländern.

„*Seit dem es päpstliches Recht war, dass gegen jede weltliche Gewalt, die sich dem Schalten der Inquisition widersetzte oder auch nur die weltliche Hilfe verlangte, dieselben Mittel aufzurufen sein, seitdem konnte in dieser Zeit des Höhepunktes der päpstlichen Macht niemand mehr daran denken, sich der Inquisition entgegenzustellen.*" (Geschichte der Religion S. 209, 261)

(2, 21) „*Die Zeichen der Sakramente erteilten wir ihnen nicht, sondern die Glieder des Antichrist unserem Volke. Doch eröffneten wir ihnen, so viel an uns ist, was die Sakramente geistlich bedeuten, dass sie in keine Weise auf die antichristlichen Zeremonien ihr Vertrauen setzen und bitten sollen, es möge ihnen nicht als Sünde zugerechnet werden, wenn sie gezwungen werden, die Gräuel des Antichrists zu hören und zu sehen.*"

Darauf antwortete Ökolampad : *„Er ist ein eifriger Gott und duldet nicht, dass die Seinen mit dem Antichrist an demselben Joche ziehen. Er hat keine Gemeinschaft mit Belial und mit der Finsternis. Wir hören aber, dass ihr aus Furcht vor Verfolgung euren Glauben also verleugnet und geheim haltet, dass ihr sogar mit den Ungläubigen Gemeinschaft habt und zu jenen verabscheuungswürdigen Messen geht, in welchen, wie ihr gelernt habt, der Tod und das Leiden Christi gelästert wird. ... Denn so es erlaubt ist, unter dem Antichrist den Glauben zu verbergen, wird es auch erlaubt sein, mit dem Türken anzubeten, mit Diokletian vor den Altären des Jupiter und der Venus anzubeten, und vielleicht mit geringer Gefahr.*“ (Die Röm. Waldenser S. 349 ; 366+)

Selbst in dieser langen Zeitperiode von 979 Jahren gab es viele Möglichkeiten den Wahren Glauben kennenzulernen und für sich selbst zu entscheiden, wem ich glaube. Zum Beispiel die Waldenser, die herumzogen als Krämer von Haus zu Haus, Stadt zu Stadt und Land zu Land. Sie kannten die Bibel fast auswendig und predigten überall.

(2, 22) Wie schon im A.T. wird auch im Neuen die innige Gemeinschaft zwischen Gott und den Seinen im Bild eines treuen Ehebundes dargestellt. Abweichungen davon als Ehebruch und Hurerei (Eph. 5, 23+) gebrandmarkt. Genau so wie Isebel und die Anbeter des Baals ihrem geweissagtem Schicksal nicht entrannen, so wenig auch die dadurch versinnbildlichten falschen Propheten im N.T. mit seinem ganzen Anhang (2.Kön. 9, 30+ ; 10, 19+)

(2, 23) Mit Kinder sind die, aus der Hauptgemeinschaft entstandenen Gemeinden gemeint, die sich aber nicht im Grundglauben unterscheiden. In Einzelheiten können sie Unterschiedlich sein, aber ihre Grundgedanken sind gleich. In der heutigen Zeit gibt es viele Kirchen und Gemeinschaften, aber alle wollen in der Ökumene zusammenstehen, treu nach dem Motto *„Zurück in den Schoß der Mutterkirche.*“ Die Strafgerichte Gottes über die Verführerin und die Verführten werden so offenkundig sein, dass alle Gemeinden die Hand dessen sehen, der nach eingehender Prüfung einen jeden nach seinen werken vergilt.

(2, 24) Wie bei den Gnostikern, ergab sich später auch in der Kirche des Mittelalters eine tiefere Erkenntnis unter dem Deckmantel geheimer mündlicher Überlieferung. Jedoch hatten nur die Obersten die unfehlbare Prophetengabe und somit den Schlüssel, die Schrift auf Grund derselben richtig zu deuten. Jesus entlarvt diese Erkenntnis als *„die Tiefen des Satans*“.

Die Bibel erwähnt nicht nur ein „Gottseliges Geheimnis, offenbart in Jesus Christus zum Heil aller, die daran glauben“ , sondern auch das „Geheimnis der Ungesetzlichkeit, zum verderben aller, die sich durch dessen Tiefe blenden lassen“ (1.Tim 3, 16 ; 2.Thess. 2, 7+)

(2, 25) Sie sollen trotz aller Verfolgung und falschen Prophetentums in der Welt, an den Glauben der rechten Lehre festhaltenden, bis Er kommt zur endgültigen Erlösung.

In diesem Vers ist die erste Ankündigung seines Kommens.

26 Und wer da überwindet und hält meine Werke bis ans Ende, dem will ich Macht geben über die
Heiden, 27 und er soll sie weiden mit einem eisernen Stabe, und wie eines Töpfers Gefäße soll er sie
zerschmeißen, 28 wie ich von meinem Vater empfangen habe; und ich will ihm geben den
Morgenstern. 29 Wer Ohren hat, der höre, was der Geist den Gemeinden sagt!

(2, 26) „*Das Bewahren der Werke Christi ist die Geduld und das tun der Gebote.*“ (Bengel) Welcher Gebote ? Die der zehn Gebote aus 2.Mose 20, 3-20.

(2, 27-29) Da die Heidenvölker und ihre Obersten sich gegen den Sohn auflehnen, tat ihnen der Vater kund, dass er seinem Sohn ihr Erbe zugedacht hat und der Welt Enden zum Eigentum. (Dan. 2, 44-45) Siehe auch Psalm 2

Kapiel 3

1 Und dem Engel der Gemeinde zu Sardes schreibe: Das sagt, der die sieben Geister Gottes hat und
die sieben Sterne: Ich weiß deine Werke; denn du hast den Namen, daß du lebest, und bist tot. 2
Werde wach und stärke das andere, das sterben will; denn ich habe deine Werke nicht völlig erfunden
vor Gott. 3 So gedenke nun, wie du empfangen und gehört hast, und halte es und tue Buße. So du
nicht wirst wachen, werde ich über dich kommen wie ein Dieb, und wirst nicht wissen, welche
Stunde ich über dich kommen werde. 4 Aber du hast etliche Namen zu Sardes, die nicht ihre Kleider
besudelt haben; und sie werden mit mir wandeln in weißen Kleidern, denn sie sind's wert.

(3, 1) Sardes ist die alte Hauptstadt Lydiens. Die Stadt war reich und stark befestigt. Sie galt als uneinnehmbar. Trotz der starken Mauern wurde sie von Cyrus und Antiochas ohne großen Kampf eingenommen (überrumpelt). Im 2. Jahrh. war in ihr ein Bischofsitz, bis sie im 16. Jahrh. durch die Mongolen zerstört wurde. Sardes, das heutige Sart, liegt 125 km östlich von Smyrna und ist eine kleine Stadt mit weitläufigen Ruinen.

Sardes scheint dem Namen nach eine lebendige Gemeinde gehabt zu haben, aber in Wirklichkeit sah es nicht so glänzend aus. Christus als der Besitzer und Spender aller Geistesgaben offenbart ihnen, dass Er, sie und ihre Gebrechen genau kennt.
Die Deutung des lydischen Namens ist „NEU“ und passt gut zu der erneuerten Kirche in der Reformation (1517 – 1798). Aber auch ihr Wesen, die geistliche Schlaffheit und Schläfrigkeit wird in diesem Vers genau wiedergegeben. „*Sardes ist die protestantische Kirche vor Spener und Wesley*“ (Rougemont, S.169) „ ... *in dieser Sardesgemeinde ist das prophetische Vorbild unserer protestantischen Kirche zu finden*“ (Sabel)

(3, 2) Die Werke der Reformation sind in den Augen Gottes nicht vollständig. Im Konzil zu Triet (1562) ist die Reformation gescheitert. Der Streitpunkt war die Tradition; „ ... *steht sie über Gottes Wort .... wenn nein, warum sind die Protestanten nicht konsequent und halten den Sabbat anstatt den Sonntag, den Tag, den wir Katholiken aus unserer erhobenen Position heraus als den Tag der Anbetung gesetzt haben ?*“
Satan in seiner Hinterlist untergrub von jeher entweder die Grundfeste der göttlichen Lehre bei gleichzeitiger Anmaßung des heiligen Schein oder aber er besudelt ihre Lauterkeit mit Unlauterkeit menschlicher Sitten; „*nicht anders ist es der Reformation ergangen.*“ (Schmid Pietismus S. 8)
Die protestantische Kirche bis 1750: „*Die Predigt, obwohl zuweilen ergreifend, freimütig und gefürchtet, war insgemein streitsüchtig, allegorisch, geschmacklos gelehrt oder gemein. Die Rechtgläubigkeit und unverdrossenste Kirchlichkeit vertrug sich mit weltlicher Gesinnung und roher Sitte.*“ (K.A. Hase Kirchengeschichte S. 489)

(3, 3) Die Kirche stellt nach ihrer Selbsteinschätzung eine Stufe der Vollkommenheit dar, auf der sie die Notwendigkeit einer inneren und äußeren Weiterentwicklung nicht erkannte und erkennt. Anspruchsvoll behauptet sie, das evangelische Christentum darzustellen, tatsächlich lässt sie das geistliche Leben dahin sinken.

„Der Grund lag in dem Tiefstand des religiösen und sittlichen Lebens, der mit der Restauration (1662) einsetzte. Die bischöfliche Kirche existierte, aber sie lebte nicht. Auch in der Zeit nach 1687, in dem zum Besitz religiöser Freiheit gelangten Dissentergemeinschaften (Andersgläubige Gemeinschaften) war geistlicher Schlaf an Stelle des religiösen Ernstes der Väter getreten." (D.Warneck RE. XIII S.136)

„Wunderbar segnete der Herr seine treuen Zeugen und die Reformatoren taten dem antichristlichen Reiche gewaltigen Abbruch, so lange sie Gottes Wort allein auf den Leuchter stellten und das erkannte Licht in Tat umsetzten. Sobald aber darin ein Stillstand eintrat, gewann die Gegenreformation der Jesuiten Boden, auch der 30 jährige Krieg konnte die protestantische Kirche aus ihrem Schlaf nicht aufwecken und `die toten Scheinchristen´ nahmen immer mehr zu." (L.Prager, Offb. I, 339)

(3, 4) Unter der toten Masse von Sardis gibt es ein „Häufchen heiligen Samens", wo sich heiliger Wandel und rechte Lehre paarten, Glauben- und Lebensgerechtigkeit so zusammen fanden.

Der Herr sieht vor allem auf die Reinheit des Kleides im Glaubensleben. Die Gerechtigkeit, die aus dem Glauben kommt und sich in den Werken zeigt ist hiermit gemeint. Sie lassen ihre Kleider reinigen (waschen), von Ihm selbst, in Seinem Blut. Der Lohn des Überwinders steht im genauen Gegensatz zum Standpunkt des Scheinchristen und im vollen Einklang mit dem Verhalten des Gläubigen. Ein reiner Glaubenswandel wird belohnt mit weißen Kleidern der Gerechtigkeit. Lebendiger Glaube erhält den Namen im Buch des Lebens und sichert ewiges Leben am Auferstehungsmorgen. Ein treues Bekenntnis des Namen Jesu in mitten der Welt verbürgt, dass der wahre Hohepriester am Tage des Gerichts den Namen des treuen Zeugen vor Gott und seinen Engeln bekennt und mit seinem Verdienst für ihn eintritt. Scheinchristen aber behalten ihre befleckten Kleider und am Tag des Endgerichts, fällt die ganze Sündenlast auf sie, weil Jesus nicht für sie eintritt.

5 Wer überwindet soll mit weißen Kleidern angetan werden, und ich werde seinen Namen nicht austilgen aus dem Buch des Lebens, und ich will seinen Namen bekennen vor meinem Vater und vor seinen Engeln. 6 Wer Ohren hat, der höre, was der Geist den Gemeinden sagt!

(3, 5) Der Heiligen Schrift ist eine Lehre der persönlichen Vorherbestimmung fremd. Jeder persönlich hält sein ewiges Schicksal in seiner eigenen Hand. Wer nicht ausharrt bis zum Ende und in die Sünde zurückfällt, wird schließlich aus dem Buch des Lebens getilgt und verfällt dem anderen Tod (2.Mose 32, 32 ; Ps.69, 29). Deshalb hat auch jeder zu wachen, dass er nicht selbst verwerflich wird (1.Kor. 9, 27).

„So wird die große Menge der Evangelischen eines Tages mit Schrecken ihren Namen aus dem Buche des Lebens ausgetilgt sehen" (Rougemont)

(3, 6) Wer die Warnungen Jesu beherzigt, der reinigt sich von allem „*Scheinchristentum*“ und hält so, seine Kleider rein.

7 Und dem Engel der Gemeinde zu Philadelphia schreibe: Das sagt der Heilige, der Wahrhaftige, der da hat den Schlüssel Davids, der auftut, und niemand schließt zu, der zuschließt, und niemand tut auf: 8 Ich weiß deine Werke. Siehe, ich habe vor dir gegeben eine offene Tür, und niemand kann sie zuschließen; denn du hast eine kleine Kraft, und hast mein Wort behalten und hast meinen Namen nicht verleugnet. 9 Siehe, ich werde geben aus des Satanas Schule, die da sagen, sie seien Juden, und sind's nicht, sondern lügen; siehe, ich will sie dazu bringen, daß sie kommen sollen und niederfallen zu deinen Füßen und erkennen, daß ich dich geliebt habe. 10 Dieweil du hast bewahrt das Wort meiner Geduld, will ich auch dich bewahren vor der Stunde der Versuchung, die kommen wird über den ganzen Weltkreis, zu versuchen, die da wohnen auf Erden. 11 Siehe, ich komme bald; halte, was du hast, daß niemand deine Krone nehme!

(3, 7) Philadelphia wurde von König Attalus Philadelphus II. 154 v. Chr. Gegründet. Der Name heißt übersetzt Bruderliebe. Das heutige Alschehr (bunte Stadt) liegt ca. 170 km östlich von Smyrna.

Dieser Gemeinde offenbart Christus sich als der alleinige Hohepriester und seine königliche Stellung wird durch die Schlüssel Davids bezeichnet.
Die Schlüssel Davids greift auf Jes. 22, 22 zurück, indem von Davids obersten Hofbeamten Eljakim gesprochen wird. Die Schlüssel auf Eljakims Schulter waren offenbar die Abzeichen der Amtsbefugnisse (zu vergleichen mit den Dienstgradabzeichen) über alle Güter und Vorräte, so dass er mit unbeschränkter Gewalt über alles am Hofe Davids verfügen und niemand die Anordnung rückgängig machen konnte. Wie Eljakim zu David stand, so steht nun Jesus zu seinem Vater. Dabei tritt er an Davids Stelle. (Hes. 37, 24 ; 34, 23 ; Jer. 23, 5 ; 30,9 ; Luk. 1, 32)

„*Als der heilige Hohepriester des wahrhaftigen Heiligtums im Himmel, der allein über das ewig geltende Kreuzesopfer als höchsten Gnadenschatz zu verfügen hat und der als wahrhaftige Messias der alleinige Heilsgrund ist, steht ihm die volle Entscheidung zu, wer und wer nicht zu versöhnen ist und wessen Name im Lebensbuch bleibt oder daraus getilgt wird. Als dem alleinigen König David des ewigen Reiches liegt es in seiner Hand, wer in seinem Reich zugelassen und wer davon ausgeschlossen wird.*“ (PAaZuE L.R.Conradi)
Diese Entscheidung wird in der letzten Zeitperiode, vor seinem kommen im Untersuchungsgericht (das seit 1844 tagt) gefällt.

(3, 8) In einer Zeit, die sich der Verwerfung von Gottes Wort als Zeichen ihrer Aufklärung brüstet, bewahrten Nachfolger Jesu ihren Glauben und bekannten Christus furchtlos als den wahrhaftigen Gottessohn. Am Ende des 18. Jahrh. Erreichte der Unglaube in der französischen Schreckensherrschaft seinen Gipfel. Man glaubte allgemein, das Christentum sei am Ende.

Die protestantischen Geistlichen huldigten fast alle offen „*den Vernunftglauben*“. Auch unter den Katholischen grassierte derselbe Unglaube. Viele von ihnen und die „Vornehmen“ traten häufig in Freimaurerorden ein und verkündeten ihre kahle und trostlose Menschenweisheit.

Durch die Bibelgesellschaften trugen und Prediger wie, Franke, Zinzendorf, Bengel (der die Bibel aus dem Grundtext übersetzte und durch seine Bibelauslegung das prophetische Wort wieder auf den Leuchter stellte), Wesley (1703-91), Whitefield (1714-70), Carey (1793 Indien), Morrison (1807 China) und Moffet (1817 Afrika) entstand eine im geistlichen Sinne Weltweite Mission (Weltmission).

Hauptsitze der Missionsgesellschaften entstanden in Landon (1795), Edinburg (1796), Boston (1810), Basel (1816), Newyork (18,20), Berlin (1823), Paris, (1824) und Dresden (1836). Sie alle öffneten die heilsame Kraft des Evangeliums und *„der Glauben an seine Wiederkunft, das Wort seiner geduldigen Erwartung wiederauflebt, wo die Weissagungen wieder der Gegenstand ernster Forschung wurden.*" (Rougemont S. 172)

Jesus hat Philadelphia nicht nur mit „geistlichen Segen" überschüttet, so dass aus dem toten Scheinchristentum eine lebendige Brüdergemeinde wurde, sondern er hat auch *„die überschwängliche Größe seiner Kraft*" an ihr offenbart, in dem er in der Heidenwelt *„eine große Tür*" auftat, die trotz der vielen Widersacher herrliche Erfolge erzielte. (So wie einst in der Zeit der Apostel 1.Kor. 16, 9 ; 2.Kor. 2, 12 ; Kol. 4, 3 ; Apg. 14, 27)

Im zweiten Teil des Verses steht *„eine kleine Kraft*". Dies bedeutet, dass es nicht viele Menschen sind, die in dieser Zeit mit Gott gehen, sondern es zählt nur wer: *„mein Wort behalten und hast meinen Namen nicht verleugnet*".

Durch die Gründung der Missionsgesellschaften in einem Zeitalter der Erfindungen, des Welthandels und dem Verkehr, den politischen Beziehungen und Verträge: *„Durch alles zusammen läutete Gott wie mit allen Glocken in die Christenheit hinein: Ich habe euch Bahn gemacht, nun gehet hin ; es ist Missionszeit jetzt.*" (Prot. MG. S. 77)

(3, 9) Die innere Geisteshaltung steht im Vordergrund, ob dieser nun von Heiden, Juden oder Namenschristen ausgeht. Wer der klaren Weisungen Gottes entgegensteht, offenbart damit, dass er zur „Schule Satans" gehört. Das es an einem solchen Geist in der Welt nicht fehlt, bezeugt die Menschheitsgeschichte. Trotz allem Widerstand der Gegner, mussten diese an den Erfolgen erkennen, dass sie Jesus widerstanden. Viele wurden selbst gründlich bekehrt und bezeugten so den zweiten Teil des Verses.

(3, 10) Jung-Stilling schreibt 1799: *„Wenn jemals Geduld und Gelassenheit in der Ausharrung bis zur Vollendung des Geheimnisses Gottes nötig war, so ist es jetzt. Die Vernunftmänner triumphieren, pochen und trotzen auf allen Seiten; es ist lächerlich sich an solchen Schimären, wie die Bibel enthält, zu glauben, ... das ist ja vollends Unsinn, die Aufklärung geht ihren Gang unaufhaltsam fort. ... Die Revolutionssucht, diese schrecklichste Versuchung unter allen ist es eben, welche Amerika zerrüttet, Europa geißelt und in Asien gärt.* " (S.118)

(3, 11) In den ersten drei Sendschreiben wird das kommen Jesu nicht erwähnt. Der Gemeinde zu Thyatira wird sie nur in der Ferne gezeigt, Sardes wird schon auf das plötzliche Erscheinen Jesu hingewiesen. Die vorletzte Gemeinde tröstet sich bereits damit, dass Er bald zu ihrer Errettung kommt. „*Halte, was du hast*" ist um so bedeutungsvoller, denn damit ist ihr die Siegeskrone im letzten Kampf verbürgt.

12 Wer überwindet, den will ich machen zum Pfeiler in dem Tempel meines Gottes, und er soll nicht mehr hinausgehen; und will auf ihn schreiben den Namen meines Gottes und den Namen des neuen Jerusalem, der Stadt meines Gottes, die vom Himmel herniederkommt von meinem Gott, und meinen Namen, den neuen. 13 Wer Ohren hat, der höre, was der Geist den Gemeinden sagt!

(3, 12-13) Dem Überwinder wird die köstliche Verheißung gegeben, dass er für alle Ewigkeit in Gottes Reich, dem neuen Jerusalem wohnen wird. In diesen zwei Versen wird alles zusammengepackt, was in den anderen 5 Zeiten für die Überwinder gesagt wurde.

14 Und dem Engel der Gemeinde zu Laodizea schreibe: Das sagt, der Amen heißt, der treue und wahrhaftige Zeuge, der Anfang der Kreatur Gottes: 15 Ich weiß deine Werke, daß du weder kalt noch warm bist. Ach, daß du kalt oder warm wärest! 16 Weil du aber lau bist und weder kalt noch warm, werde ich dich ausspeien aus meinem Munde. 17 Du sprichst: Ich bin reich und habe gar satt und bedarf nichts! und weißt nicht, daß du bist elend und jämmerlich, arm, blind und bloß. 18 Ich rate dir, daß du Gold von mir kaufest, das mit Feuer durchläutert ist, daß du reich werdest, und weiße Kleider, daß du dich antust und nicht offenbart werde die Schande deiner Blöße; und salbe deine Augen mit Augensalbe, daß du sehen mögest. 19 Welche ich liebhabe, die strafe und züchtige ich. So sei nun fleißig und tue Buße! 20 Siehe, ich stehe vor der Tür und klopfe an. So jemand meine Stimme hören wird und die Tür auftun, zu dem werde ich eingehen und das Abendmahl mit ihm halten und er mit mir.

(3, 14) Die Ruinen der Handelsstadt Laodizea liegen in der nähe der Stadt Gondjeli, 252 km südöstlich von Smyrna. Antiochus II. taufte zu ehren seiner Frau Laodike das alte Dispolis in Laudikea um. Diese Stadt war eine Gesundheitsort und bekannt durch eine heilsame Salbe. In der Nähe sprudelten heiße Salzwasserquellen, die bis zur Stadt in Tönernen Röhren geleitet wurden. Bis das Wasser in der Stadt war, war es lauwarm. Im Jahr 61 n. Chr. wurde die Gegend von einem Erdbeben erschüttert und die von der römischen Besatzungsmacht angebotene Hilfe wurde mit dem Hinweis abgelehnt, man sei reich und brauche keine Hilfe.

Bei der Synode von Laodizea 365, wurde der Sonntag als Ruhetag eingeführt. Diejenigen aber, die am Sabbat festhalten wollten, wurden schweren Verfolgungen der Kirche ausgesetzt. Timur verwandelte 1402 Laodizea in einen Trümmerhaufen.

Aus dem Wort Laudizea, laos = Volk und dikee = rechten (das Zuteilen dessen, was einem zukommt), wird Volksgericht oder „*die Zeit, wo Gott die Völker und sein Volk richten will*". Der innere Zustand, Geisteshochmut bei größter Geistesarmut, verursacht durch weltliches Behagen und Selbsttäuschung, sind bezeichnend für das Kirchentum der Endzeit. Mit Laodizea ist die Siebenzahl und damit die Fülle seiner verschiedenen Gestaltungen erreicht und auch die Zeit des Endgerichts über dieselbe.

„der Anfang der Kreatur Gottes“ oder *„der Uranfang der Schöpfung Gottes“* ; diesem sollte sich Laodizea anvertrauen, damit Er es auch durch sein Wort Neuschaffen und vollenden kann.

(3, 15) Das aus der Nähe heran geleitete „Heilwasser“ war lauwarm. Solewasser, das schon von Vornherein nicht gut schmeckt, kann noch einigermaßen gut getrunken werden wenn es heiße oder sehr kalte ist. Ist es jedoch lauwarm, möchte man es maximal zum Gurgeln benutzen, aber nicht mehr trinken.
Die Bezeichnung Christen im „heutigen Sinn“ sind Menschen, die auf beiden Seiten hinken; die nicht ganz für den Herrn, auch nicht ganz gegen ihn sein möchten. Sie wollen Gott lieben und zur gleichen Zeit die Welt, sind dabei aber nur Gottes Feinde und der Welt Freund.

Der Warme (Nachfolger Jesu) ist ein solcher, der den Herrn von ganzem Herzen liebt, sich von ihm verändern lässt und für sein Werk aufs entschiedenste eintritt. Der Kalte hingegen ist ein solcher, der sich seines Abstandes von Gott bewusst ist.

Der Laue (Christ) hingegen ist selbst zufrieden, wähnt sich sicher in Gottes Hand während er Satans Werke tut. Dieser laue Zustand in dem man meint genug „Christus“ zu haben, um nicht verloren zu gehen, aber zu wenig, um selig (gerettet) zu werden, diesen Typ Mensch hasst Christus.

Anfang des 20ten Jahrh. beklagen schon viele Prediger diese Haltung. Wie es heute im allgemeinem Glaubensleben aussieht ist in fast jeder Gemeinde deutlich zu erkennen und muss nicht weiter erläutert werden.

(3, 16) Wie lauwarmes, salziges Wasser im Mund Ekel erregt und es nur zum ausspucken reizt, so wird auch der Herr dieses Christentum, bestehend aus unglückseligen Hirten und selbst betrogene Gemeinden aus seinem Mund ausspeien, wenn sie seinem wahrhaftes Zeugnis und herzlichen Verlangen nicht entsprechen.

(3, 17) *„Die Kirche ist mit sich selbst äußerst zufrieden, außerordentlich ruhmredig im eigenem Betreff, aber hohl und leer am inneren Leben. Sie hat sich dem Geschmack der Welt zuvorkommend anbequemt, weshalb sie auch die Anerkennung, das Lob und die Gunst der selben erlangte. So halten sich denn die Laodizäer für reich, mit Schätzen überhäuft und bedürfen nichts Höheres, nichts Göttliches. Welch prächtige Gotteshäuser, welch wunderschönen Gottesdienst, welche einflussreichen und gebildeten Gemeinden, welche gelehrten, herrliche Prediger ... welche große Zahl von Missionaren auf dem Arbeitsfeld! Welche erstaunlichen Summen werden zusammengebracht für christliche Anstalten und edle Zwecke! ... Ist es nicht die Stimme unserer dermaligen Christenheit, die sich vernehmen lässt: Ich bin reich und habe gar satt und bedarf keines Dinges? Auf der anderen Seite ist es nicht ebenso sehr Tatsache, dass diese unsere heutige Christenheit ist, elend, jämmerlich, arm, blind und bloß ?“* (Geiß)

(3, 18) Gold ist der bezeichnende Ausdruck irdischen Reichtums. Geläutert vom Feuer, ist die Gerechtigkeit wie es durch das Feuer der Trübsal geläutert ist und dadurch eben als echtes Gold bewährt ist.

Die weißen Kleider sind die Feierkleider der Gerechtigkeit Christi, womit Er die seinen zum himmlischen Hochzeitsmahl schmückt (Sach. 3, 3). Die Augensalbe ist der Geist der Erkenntnis, der zwischen gutem und bösen zu unterscheiden versteht und durch das Wort Gottes einen untrüglichen Spiegel vorhält, die Sünde unter jeden Deckmantel zu offenbaren. Dies alles ist nach der Regel Jesajas (Jes. 55, 1) von allen umsonst zu erwerben, aber doch unter Aufgabe ihrer Selbstgerechtigkeit und Selbstüberschätzung.

(3, 19) Damit Laodizea aus ihrer Selbsttäuschung aufwacht, lässt er Trübsal über sie kommen. *„Mein Sohn, achte nicht gering die Züchtigung des HERRN und verzage nicht, wenn du von ihm gestraft wirst. Denn welchen der HERR liebhat, den züchtigt er; und stäupt einen jeglichen Sohn, den er aufnimmt.*“ (Hebr. 13, 5-6)

(3, 20) Die baldige Zukunft Jesu, bei dem der Gläubige nach Joh. 17, 24 ; Kol. 3, 4 ; Röm. 8, 23 in den Vollgenuss aller himmlischen Güter gelangt, ist der Grundton und der Hauptgegenstand der ganzen Offenbarung Jesu. Sie ist in die unmittelbare Nähe gerückt, so das sie „nahe vor der Tür“ ist (Matth. 24, 33). Ihre besondere Betonung soll das laue Laodizea aus seinem Selbstzufriedenen Zustand aufrütteln.

Er zwing sich aber niemanden auf, denn „So jemand meine Stimme hören wird und die Tür auftun, ... “. Auch mit Gewalt erzwingt er sich den Eingang nicht, sondern er zieht durch seine Gnade. Er will nicht nur hereinkommen, sondern er hat Wasser und Brot des Lebens in Fülle mit sich (Joh 6, 35 ; Offb 22, 17). Wer aber dem Herrn auftut, dem wird in dieser Endzeit nichts mangeln (Ps. 23)

21 Wer überwindet, dem will ich geben, mit mir auf meinem Stuhl zu sitzen, wie ich überwunden habe und mich gesetzt mit meinem Vater auf seinen Stuhl. 22 Wer Ohren hat, der höre, was der Geist den Gemeinden sagt!

(3, 21) Wer in diesem lauwarmen, selbstbetrügerischen und seelengefährlichen Zustand der Endzeit dennoch überwindet und dem bestrickenden Zauberland entrinnt, dem winkt der herrlichste Gnadenlohn, mit Jesu seinem ewigen Thron zu sitzen.

Hier ist von zwei Thronen die Rede. Von des Vaters Thron, auf dem nun Christus mit dem Vater sitzt und von seinem eigenen Thron, auf dem Christus mit den Überwindern sitzen wird.

(3, 22) Der Geist Gottes richtet diese Sendschreiben nicht nur an die sieben Gemeinden in Kleinasien, auch nicht nur an die Gemeinden in der Zeitperiode, sondern zu jedem einzelnen Nachfolger Jesu, damit er seinen Standpunkt erkennt und sich ändert.

Kapitel 4

Vor dem Thron Gottes

1 Darnach sah ich, und siehe, eine Tür war aufgetan im Himmel; und die erste Stimme, die ich gehört hatte mit mir reden wie eine Posaune, die sprach: Steig her, ich will dir zeigen, was nach diesem geschehen soll.

(4, 1) „*Nach diesem sah ich*" bedeutet, dass das erste Gesicht, Christus in seiner Gemeinde von der Zeit nach der Auferstehung bis zu seiner Wiederkunft, zu Ende ist und eine vollkommen neue Offenbarung beginnt. Das erste Gesicht zeigt wie der Herr in seiner Kirche regiert und stellt so ihr Vorbild dar.

Bei der ersten Offenbarung sah Johannes Christus in einer Vision zwischen Himmel und Erde. Nun in der zweiten, schaut er durch eine offene Tür im Himmel und wird aufgefordert zu ihm zu kommen. In diesem neuen Gesicht erklärt Johannes wie der Herr mit gerechter Verwaltung durch Christus alle Dinge regiert, die in und von der Welt seiner Kirche widerfahren wird.

Hinweis: An welchem Ort befindet sich Jesus Christus? Er ist IM Heiligen, nicht im Allerheiligem. Denn nur am Versöhnungstag (Yom Kippur) ging der Hohepriester in das Allerheilige. Johannes sah Ihn im Heiligen, bei den Leuchtern und nicht etwa auf der Erde, die er verlassen hat, um erst am Ende der Zeit wiederzukommen. Nicht wie beim ersten mal, in Niedrigkeit, sondern um sein Reich in Besitz zu nehmen und alle Gesetz und Gottlosen zu vernichten. Alle Menschen die sagen „*Christus wäre ihnen auf der Erde erschienen*" werden somit als Lügner entlarvt.

2 Und alsobald war ich im Geist. Und siehe, ein Stuhl war gesetzt im Himmel, und auf dem Stuhl saß
einer; 3 und der dasaß, war gleich anzusehen wie der Stein Jaspis und Sarder; und ein Regenbogen
war um den Stuhl, gleich anzusehen wie ein Smaragd. 4 Und um den Stuhl waren vierundzwanzig
Stühle, und auf den Stühlen saßen vierundzwanzig Älteste, mit weißen Kleidern angetan, und hatten
auf ihren Häuptern goldene Kronen.

(4, 2) Sofort, nach dem Johannes die himmlische Einladung vernimmt, ist er auch schon im Geist dorthin entrückt. Sofort direkt vor den Thron des Allmächtigen Gottes.

(4, 3) Johannes ist von solch einer Licht und Glanzesfülle umschlossen, dass er nur den Schein dieses Lichtes beschreiben kann. Jaspis könnte nach Offenbarung 21, 11 mit dem Diamanten vergleichen werden und Sarder (von rot) auf einen Rubin hinweisen. Smaragd hat die Farbe eines leuchtendes grün. Der Regenbogen (1.Mose 9, 11 +) als feststehendes Gedenkzeichen des immer währenden Gnadenbundes schmückt seinen Thron. Vergleiche die Herrlichkeit den Herrn mit Hesekiel 1, 26.

(4, 4) Die Bezeichnung Älteste bezieht sich auf Menschen und nicht auf Engel, auch kommen goldene Kronen nie bei ihnen vor, nur Überwinder bekommen Kronen und haben weiße Kleider an. Wie nun verklärte Heilige vor dem Thron Gottes stehen können bezeugt Matth. 24, 52 + und Eph. 4, 8.
Matthäus bezeugt die Auferstehung der „Bevorzugten“, Paulus ihre Himmelfahrt und Johannes sieht sie um Gottes Thron. Auch dürfen Henoch (1.Mose 21-24) und Elia (2.Kön 2, 2-14) ohne den Tod zu sehen direkt in Gottes Gegenwart.

Die Anzahl 24 erklärt sich durch „*den Schatten der zukünftigen Güter*“ (Hebr. 8, 1-5 ; 9, 11. 23. 24 ; 10, 1). Dienten die levitischen Priester dem Vorbild und Schatten des himmlischen Wesens, so ist auch die Zahl der Priesterältesten darin zu erkennen. Aus den Nachkommen Arons wurden die „Oberste im Heiligtum und Oberste vor Gott“ (1.Chr. 24, 1-18).

5 Und von dem Stuhl gingen aus Blitze, Donner und Stimmen; und sieben Fackeln mit Feuer brannten vor dem Stuhl, welches sind die sieben Geister Gottes. 6 Und vor dem Stuhl war ein gläsernes Meer gleich dem Kristall, und mitten am Stuhl und um den Stuhl vier Tiere, voll Augen vorn und hinten. 7 Und das erste Tier war gleich einem Löwen, und das andere Tier war gleich einem Kalbe, das dritte hatte ein Antlitz wie ein Mensch, und das vierte Tier war gleich einem fliegenden Adler. 8 Und ein jegliches der vier Tiere hatte sechs Flügel, und sie waren außenherum und inwendig voll Augen und hatten keine Ruhe Tag und Nacht und sprachen: Heilig, heilig, heilig ist Gott der HERR, der Allmächtige, der da war und der da ist und der da kommt!

(4, 5) In den Blitzen offenbart sich Gottes Majestät im Gericht. Stimme und Donner werden im hebräischen vielfach durch dasselbe Wort bezeichnet (2.Mose 9, 23 ; 19, 16 ; 1. Sam. 7, 10 ; Ps. 29, 3 ; Hiob 37, 2. 5 ; Joh. 12, 29). Die Machtfülle seines Geistes wird in den sieben Feuerfackeln angedeutet, die das menschliche Herz durchschaut.
Unaufhörlich wirkt der allmächtige Gott durch diese Machtmittel, deren Wirkung in der ganzen Welt verspürt wird, auf allen Gebieten und auf alle Wesen, um sich ihnen zu erkennen zu geben um ihre Erlösung oder ihr Gericht zu vollenden.

(4, 6) Durchsichtig wie Glas und glänzend wie Kristall, wie ein Meeresspiegel ähnlich. Diese Fläche ist nicht erstarrt und leblos, sondern ein Strom voll Geist und Leben, vom Thron Gottes hervorquellend.

Luther übersetzte das Wort animalia (aus der Vulgata) und übersetzte es mit Tier. In den meisten Bibelschriften steht das Wort (hebr. chaioth) animantia und zooa , wie : >lebende Wesen<. Hesekiel und Johannes schauten Gott auf seinem Thron (Hes. 1 ; Offb. 4) und dies so übereinstimmend, dass sie sich gegenseitig bestätigen und bestärken. Die hier mit lebende Wesen bezeichneten, werden in Hesekiel 10, 20 mit Cherubim wiedergegeben.
Um die Gegenwart Gottes im Allerheiligsten zu symbolisieren standen über der Bundeslade zwei Cherubim von getriebenem Gold (2. Mose 25, 18+ ; 2.Sam 6, 2)

(4, 7) Nach Hesekiel hat jeder Cherubin vier verschiedene Gesichter und gemeinsam erschienen sie als Thronträger. Bei Johannes verteilen sich die Gesichter auf je ein Cherubin. In beiden Gesichten sind sie die Hüter des Göttlichen.
Die Throne der irdischen Herrscher sind nach einer Himmelsrichtung gerichtet, und geschmückt mit Darstellungen von Tieren oder „Göttern". Gottes Thron aber, ist nach allen vier Seiten des Himmels gerichtet und wird von vier Lebensgestalten geziert, die das Leben aus Gott offenbaren. Der majestätische Löwe versinnbildlicht das Bild der Macht und Herrschaft, das Kalb (Farren) der Ausdauer und Fruchtbarkeit, im Menschen des Verstandes und Empfindens und im Adler die Schnelligkeit und des Scharfblicks.

(4, 8) Vergleiche die Lebewesen mit Jesaja 6, 2. Das dreimalige >heilig< gilt Gott, dem Allherrscher, der heilig ist, weil er war und durch sein >werde< alles entstand. Weil er ist und noch heute durch sein kräftiges Wort die ganze Schöpfung trägt. Und weil er kommt um alles ihm Untertan zu machen, „auf dass Gott sei alles in allem".

9 Und da die Tiere gaben Preis und Ehre und Dank dem, der da auf dem Stuhl saß, der da lebt von
Ewigkeit zu Ewigkeit, 10 fielen die vierundzwanzig Ältesten nieder vor dem, der auf dem Stuhl saß,
und beteten an den, der da lebt von Ewigkeit zu Ewigkeit, und warfen ihre Kronen vor den Stuhl und
sprachen: 11 HERR, du bist würdig, zu nehmen Preis und Ehre und Kraft; denn du hast alle Dinge
geschaffen, und durch deinen Willen haben sie das Wesen und sind geschaffen.

(4, 9-11) In dem unaufhörlichen singen der Lebewesen, in der Dreimal heilig, dieser „Nichtruhe" besteht die himmlische Sabbatruhe. Sie besteht nicht im „eitlem Nichtstun", sondern >in ewigen Lob und Preis<. So oft die Lebewesen als Vertreter der Schöpfung, Gott ihr Lob darbringen, so oft stimmen die 24 Ältesten, als die himmlischen Priester der Gemeinde Gottes, in diesem Lobgesang ein, indem sie ihre Kronen dem Schöpfer aller Dinge zu Füßen legen.

Kapitel 5

Das Buch mit den sieben Siegeln

1 Und ich sah in der rechten Hand des, der auf dem Stuhl saß, ein Buch, beschrieben inwendig und auswendig, versiegelt mit sieben Siegeln. 2 Und ich sah einen starken Engel, der rief aus mit großer Stimme: Wer ist würdig, das Buch aufzutun und seine Siegel zu brechen? 3 Und niemand im Himmel noch auf Erden noch unter der Erde konnte das Buch auftun und hineinsehen. 4 Und ich weinte sehr, daß niemand würdig erfunden ward, das Buch aufzutun und zu lesen noch hineinzusehen.

(5, 1) Das fünfte Kapitel schlisst sofort an das vierte an, der Schauplatz ist immer noch der gleiche Ort im Himmel. Johannes sieht nun eine Buchrolle auf der Rechten dessen, der auf dem Thron sitzt. Der Vater erscheint hier als der Inhaber der Ratsschlüsse über das Weltall. „*Das Geheimnis ist des Herrn, unseres Gottes*", und erst durch göttliche Offenbarung wird es ein Teil in mir. Gott selbst bezeugt ; „*Ist solches nicht bei mir verborgen und versiegelt in meinen Schätzen ?*" (5.Mose 32, 34) Vergleiche auch mit Psalm 139, 16 ; Daniel 10, 21. „*Gott sind alle seine Werke bewusst von der Welt her*" und hat sie in den Reden der Propheten für uns zuvor aufgeschrieben (Apg. 15, 15-18)

Um den Begriff Buchrolle, „*beschrieben inwendig und auswendig*" zu verstehen ist es wichtig die damalige Buchform zu verstehen. Es wurde auf Tierhäute (das passt auf keine Kuhhaut), Pergament- und Papyrusstreifen geschrieben. Die Blätter waren in Spalten aufgeteilt und wurden auf Stäben mit Handgriffen versehen, aufgerollt. Bis heute noch bestehen die Schriften der Juden in ihren Synagogen aus solchen Buchrollen. Während gewöhnlich die Schriftrollen nur auf einer Seite beschrieben waren, so war das von Johannes geschaute, ähnlich wie bei Hesekiel 2, 10 auch auf der anderen Seite beschrieben. Er wird auf die Wichtigkeit und Reichhaltigkeit, der darin enthaltenen Geheimnisse hingewiesen, die durch die Siebenzahl ihre Vollständigkeit und Tiefe des darin enthaltenen Geheimnisses und die göttliche Gewissheit bezeugt.

(5, 2-3) Niemand unter denen im Himmel, noch auf oder unter der Erde, auch niemand im Weltall, auch Henoch, Mose, Elia, und die Ältesten konnte sich melden. Sie blieben alle Stumm und gaben so ihre Unwürdigkeit und Unfähigkeit zu, in die Geheimnisse des ewigen Ratschlusses Gottes einzudringen und diese anderen zu offenbaren.
Die Tiefen des Geheimnisses der Erlösung war nicht nur Gerechten, Propheten und Königen verborgen, sondern auch den Engeln (1.Petrus 1, 10-12). Auch die Durchführung bis zur Vollendung, wie es sich in der Geschichte bis an das Ende entwickelt, war und ist immer noch etwas verborgenes. (Matth. 24, 36)

(5, 4) Ohne Tränen wurde die Offenbarung nicht geschrieben, ohne Tränen wird sie weder gewürdigt noch verstanden und ohne „starkem Geschrei und Tränen" wäre sie auch nicht möglich geworden (Hebr. 5, 7). Selbst die Vollendung wird nicht ohne diese geschehen.

5 Und einer von den Ältesten spricht zu mir: Weine nicht! Siehe, es hat überwunden der Löwe, der da ist vom Geschlecht Juda, die Wurzel Davids, aufzutun das Buch und zu brechen seine sieben Siegel.

(5, 5) Das prophetische Wort der Vergangenheit ist der sichere Trost für die Zukunft. Seitdem im Paradies der Kampf begonnen hat, ist die Frage: Wer wird dem Verführer endgültig den Kopf zertreten? Der Sieg des Löwen aus Juda (1.Mose 49, 9), der Wurzel Davids (Jes. 11, 10), macht ihn würdig, die Siegel zur Offenbarung zu brechen, weil er es auch bis zum Ende siegreich durchführt. Er hat alle Versuchungen bestanden, alle Leiden ertragen, die Schrecken des Todes geschmeckt, die Fesseln des Grabes gesprengt, das Gefängnis gefangen geführt, dem Starken den Raub genommen und sitzt als Sieger zur Rechten des Vaters. Die endgültige Wirkung des Sieges ist bereits gesichert, aber die Durchführung und Vollendung wartet noch auf die Verwirklichung.

6 Und ich sah, und siehe, mitten zwischen dem Stuhl und den vier Tieren und zwischen den Ältesten stand ein Lamm, wie wenn es erwürgt wäre, und hatte sieben Hörner und sieben Augen, das sind die sieben Geister Gottes, gesandt in alle Lande. 7 Und es kam und nahm das Buch aus der Hand des, der auf dem Stuhl saß. 8 Und da es das Buch nahm, da fielen die vier Tiere und die vierundzwanzig Ältesten nieder vor dem Lamm und hatten ein jeglicher Harfen und goldene Schalen voll Räuchwerk, das sind die Gebete der Heiligen, 9 und sangen ein neues Lied und sprachen: Du bist würdig, zu nehmen das Buch und aufzutun seine Siegel; denn du bist erwürget und hast uns Gott erkauft mit deinem Blut aus allerlei Geschlecht und Zunge und Volk und Heiden 10 und hast uns unserm Gott zu Königen und Priestern gemacht, und wir werden Könige sein auf Erden.

(5, 6) Aus der Ankündigung heraus müsste jetzt der gewaltige Löwe Judas als Erlöser erscheinen, aber anstatt des Löwen nur ein Lämmlein, „wie wenn es erwürgt wäre“. Das Lamm erschien mitten im Thron, weil Christus der Mittelpunkt der Schöpfung und der Erlösung ist und somit, mit dem Vater alles beherrscht, an der Weltregierung teilnimmt und das Geheimnis der Zukunft offenbart.

Das Horn ist das Bild der Macht und Stärke, das Auge der Weisheit und Erkenntnis und sieben die Zahl der Fülle. (Matth. 28, 18) Die sieben Augen werden als die sieben Geister Gottes beschrieben, welche von ihm aus in alle Welt ausgehen. Auf gleiche Weise redet auch Sacharja von dem Lamm (Sach. 3, 9 ; 4, 10) Die Natur des Lammes, voll Demut und Geduld ist wunderbar mit der Allmacht und Allwissenheit gepaart.

Hat Er durch sein Opfertod als das wahre Lamm Gottes den Grund zur Erlösung gelegt, so ist er als der Inhaber der sieben Hörner und Geister Gottes auch mit der Fülle Gottes ausgerüstet, sie aufs herrlichste zu vollenden.

(5, 7) Nur das Lamm Gottes, voll Wundmalen und mit der Fülle Gottes ausgerüstet, kann die dargebotene Schriftrolle, in welcher die Vollendung des ewigen Ratsschlusses verschlossen lag, empfangen.

(5, 8) „*Wonne und Freude ergriffen die gesamte Schöpfung ; Lebewesen, Älteste, Engel und alle Kreaturen vereinigten sich in der Verherrlichung des Lammes. Galt in Kapitel 4 das Loblied dem Vater als Schöpfer, so priesen hier alle miteinander das Lamm als Erlöser.*“
Die 24 Ältesten erscheinen durch die Schalen voll Räucherwerk als Priester. Schon im Schattendienst des A.T. ist das Rauchwerk ein Symbol für die Gebete Israels vor Gott und wird von den Priester dargegeben.

(5, 9) In diesem neuen Lied verherrlichen die Ältesten, im Namen der Erlösten, die Erlösung in ihrem vollem Umfang.
Die vier Worte „Geschlecht (Stamm), Zunge, Volk, Heiden (Nation)“, bedeuten das ganze menschliche Geschlecht, die gesamte Welt.

(5, 10) Voll Sehnsucht blicken die Ältesten vorwärts auf die Zeit, wenn Christus auf der neuen Erde regiert und sie loben Gott für diese selige Hoffnung.

11 Und ich sah und hörte eine Stimme vieler Engel um den Stuhl und um die Tiere und um die Ältesten her; und ihre Zahl war vieltausendmal tausend; 12 und sie sprachen mit großer Stimme: Das Lamm, das erwürget ist, ist würdig, zu nehmen Kraft und Reichtum und Weisheit und Stärke und Ehre und Preis und Lob.

(5, 11) Das erwähnen der „*Stimme vieler Engel um den Stuhl und um die Lebewesen*“ erinnert an Daniel 7, 9. 10 , wo der Vater das Gericht abhält.

(5, 12) Dies ist der siebenfache Lobgesang der Engel, die in dem der Lebewesen und Ältesten mit einstimmen.

13 Und alle Kreatur, die im Himmel ist und auf Erden und unter der Erde und im Meer, und alles, was darinnen ist, hörte ich sagen: Dem, der auf dem Stuhl sitzt, und dem Lamm sei Lob und Ehre und Preis und Gewalt von Ewigkeit zu Ewigkeit! 14 Und die vier Tiere sprachen: Amen! Und die vierundzwanzig Ältesten fielen nieder und beteten an den, der da lebt von Ewigkeit zu Ewigkeit.

(5, 13) Vom Thron Gottes aus geht der Lobpreis von den Lebewesen über die Älteste und die Engel auf die ganze Schöpfung über. Alle beten Gott und das Lamm an.

(5, 14) Die Lebewesen sprechen das bedeutungsvolle Amen. Sie leiten die Huldigung des Lammes ein und beschließen sie auch, denn sie sehen darin das ganze Streben ihres Waltens erfüllt. Durch die Wirkung des Sieges ist der Einklang der Schöpfung wieder gesichert und wenn zur Vollendung geführt, wird die ganze Kreatur in voller Harmonie mit ihrem Schöpfer, herrlicher als je zuvor dastehen.

Kapitel 6

Die Öffnung der ersten sechs Siegel

1 Und ich sah, daß das Lamm der Siegel eines auftat; und hörte der vier Tiere eines sagen wie mit einer Donnerstimme: Komm! 2 Und ich sah, und siehe, ein weißes Pferd. Und der daraufsaß, hatte einen Bogen; und ihm ward gegeben eine Krone, und er zog aus sieghaft, und daß er siegte.

(6, 1) Das sechste Kapitel schlisst sofort an das fünfte an, der Schauplatz ist immer noch der Himmel, in der Versammlung vor dem Thron Gottes. Die Buchrolle, verschlossen mit den sieben Siegeln, befindet sich nun in den Händen des Welterlösers. Er allein wurde würdig erfunden, den Inhalt der Buchrolle kundzutun.

Die richtige Bedeutung der sieben Siegel stehen im engen Bezug zu dem ersten Gesicht. In diesem erscheint Christus als der treue Oberhirte der Gemeinden, der den inneren Zustand der Kirche und ihrem Verhältnis zu ihm aufdeckt. In dem zweiten Gesicht geht es vor allem um Gott, der Herr des Weltalls und Christus, als der Herr der Welt, Natur und Gemeinde Gottes. Er, der sich als Lamm den Sieg erstritten hat, tritt nun auf seine Feinde nieder zuwerfen. So ist nun zu erwarten, dass es sich hier um Aufschlüsse über die Regierungen der Weltgeschichte handelt, sofern diese dem Reich Christi, seinem Kampf und Sieg über die Welt im Bezug stehen. So hat es nach der Öffnung der Siegel nicht mehr mit Gemeindezuständen und Hirtenermahnungen zu tun, sondern von Krieg, Hungersnot, Pest und anderen Plagen ist die Rede.

Die Siegel bieten in ihrer Siebenzahl ein neues Gesamtbild, das den selben Zeitraum wie die Sendschreiben umspannt, aber das Wachstum der Gemeinde Gottes nach außen unter dem weltlichen Druck erleuchtet.

(6, 2) Dem Johannes wurde nicht aus der geöffneten Schriftrolle vorgelesen, sondern unter dem Sinnbild eines siegreichen Reiters auf weißem Pferd der Siegeslauf des Reiches Christi auf Erden vorgeführt. Dies ist das Wort Gottes, welches siegreich durch die Welt zieht und dessen Worte wie Pfeile ins Herz treffen. Die Farbe weiß ist die der Unschuld, Reinheit und des Sieges, und gibt die Verkündigung des Wortes Gottes wieder. Der Bogen ist das Wort Gottes (Hab. 3, 8+ ; Ps. 45, 5+; Jes. 49, 2).

Ehe dieser Reiter in den Kampf zieht wird ihm bereits die Siegeskrone gegeben. Ehe der Kampf begann, hatte er im Grunde schon gesiegt. Es ist der Sieger schlechthin, dass er gesiegt hat und siegen wird. Treffender könnte der Sieg Christi, durch Tod und Auferstehung nicht dargestellt werden. (1.Joh. 5, 4)

Hinweis: Das erste Siegel, sowie auch die folgenden, spielen sich auf der Erde ab.

3 Und da es das andere Siegel auftat, hörte ich das andere Tier sagen: Komm! 4 Und es ging heraus ein anderes Pferd, das war rot. Und dem, der daraufsaß, ward gegeben, den Frieden zu nehmen von der Erde und daß sie sich untereinander erwürgten; und ward ihm ein großes Schwert gegeben.

(6, 3) Bei der Entsiegelung des zweiten Siegels der Schriftrolle, schnellt das „Komm!“ eines anderen, der vier Lebewesen hervor.

(6, 4) Ein gewaltiger Krieger auf einem Blutrotem Pferd kam hervor, der den Frieden, welchen der erste Reiter brachte, wieder raubte. Dies bewirkte, dass sich die Menschen untereinander bekämpften und erwürgten und das ganze mit großem Blutvergießen. Dieser Krieg ist unter den Christen ausgebrochen und wurde um der Religion willen geführt. Die eigentliche Ursache allen Unfriedens liegt aber im Abfall von Gott. Das Israel unter dem König Asa zeigt ein Beispiel dazu (2. Chron. 15, 3-6).

Auf der Synode zu Ephesus 449 stritt man sich über die Natur Christi. Dort beklagten sich die Bischöfe, dass solche, die nicht freiwillig unterschreiben wollten, in der Kirche eingesperrt wurden, *„zur Gesellschaft gab man ihnen Soldaten und Mönche mit Säbeln und Knüppel und lehrte sie so unterschreiben.“* (Hesele Kirchengeschichte II S. 379) *„Bei all diesen Streitigkeiten spielten die zahllosen Mönche eine Hauptrolle, sie kämpften mit solcher Leidenschaft, dass sie Faust, Prügel und Schwert dabei gebrauchten.“* (Redenbacher, Weltgeschichte S. 294) Gegen Ende des 4. Jahrh. wurde die Gesetzgebung so beeinflusst, dass sie nicht nur gegen die Heiden, „sondern auch gegen die Ketzer der Glaubenszwang eingeführt wurde, und die Weigerung, die orthodoxe Staatsreligion zu bekennen, mit Verbannung bestraft wurde.“ (Hinschius Staat u. Kirche S.193)

5 Und da es das dritte Siegel auftat, hörte ich das dritte Tier sagen: Komm! Und ich sah, und siehe, ein schwarzes Pferd. Und der daraufsaß, hatte eine Waage in seiner Hand. 6 Und ich hörte eine Stimme unter den vier Tieren sagen: Ein Maß Weizen um einen Groschen und drei Maß Gerste um einen Groschen; und dem Öl und Wein tu kein Leid!

(6, 5) Bei der Entsiegelung des dritten Siegels spricht das dritte der vier Lebewesen das „Komm!“.

Das schwarz des Pferdes und die Wage des Reiters deuten auf Trauer, Not, Hunger, Teuerung und Abwesenheit des Lichtes. Vergleiche mit Klagelied 4, 7-9.
Der Reiter auf dem Blutrotem Pferd warf die Brandfackel des Krieges unter die Christen. Der Reiter auf dem schwarzem Pferd verursachte eine Teuerung am wichtigsten, dem Wort Gottes. Die Gestalt der Christenheit wurde dunkel vor Schwärze, in der Gefangenschaft des geistigen Babels.

(6, 6) Bei reicher Ernte hörte man auf das Getreide genau abzumessen (1.Mose 41, 49). Zur Zeit der Not aber „müssen sie das Brot essen nach dem Gewicht und mit Kummer“ (Hes. 4, 10. 16). Nach der Aussage der Himmlischen Stimme sollte das Maß für die Ernährung, das eines Sklaven sein (wie Suidas bezeugt). Ein Tagelöhner konnte sich für das Geld (einen Groschen) nur für eine Mahlzeit Weizen kaufen.

Hatte er noch eine Familie zu versorgen, musste er Gerste kaufen. Das Gerstenbrot aber aßen nur ganz arme Leute, oder wurde als Strafe den römischen Soldaten vorgesetzt.

Das schwarze Pferd, die Wage, die hohen Preise, das sorgfältig abgewogene Getreide, sind alles bezeichnende Sinnbilder des Brotmangels und der Teuerung, aber nicht Mangel an Lebensmittel, sondern wie in Amos 8, 11 am „*Wort des Herrn*“.

Wie Teuer das Wort Gottes geworden war, schildern Flathe, Casparin und andere. „*Und was man nicht weniger vergeblich sucht, das ist die Bibel.*“ Es wurden nicht auf einen Schlag die Bibel verboten, sondern es wurde versucht, die Gewohnheit eine Bibel zu besitzen und darin zu lesen zu unterdrücken. Dann verkündete man die Gefahr, die das lesen des einfachen Laien in der Bibel verursacht und verbot den Gebrauch der Volkssprache in Sachen der Religion.

„*Es gefällt den allmächtigen Gott, dass der Gottesdienst in einer geheimen Sprache abgehalten werde aus Furcht, dass er ja nicht von der ganzen Welt vernommen werde und ins besondere nicht von den einfachen Leuten.*“ (Gregor VII) „*Die heilige Schrift ist so tief, dass nicht nur die einfachen und unwissenden Leute, sondern auch die verständigen und gelehrten Menschen sie nicht erforschen könnten*“ (Innocent III).

Die Bibel ist aus dem Leben der Menschen verschwunden. Es blieben einige Exemplare in den Händen von Professoren und Priestern, aber für das Volk unwiderruflich verloren. „*Die allgemeine Regel ist; wo Rom herrscht, gibt es keine Bibel; wo es halb herrscht, etliche und wo es nicht herrscht, viele.*“ (Le Christianisme III, S. 247)

Öl und Wein gehörten zur Zu-kost der Armen. In dem sie unbeschädigt blieben, trifft der Herr dadurch eine weise Fürsorge. Öl dient zur Zubereitung von Speisen, wurde aber auch für das Licht benutzt und Wein erquickt und ernährt. Öl ist das Sinnbild des Heiligen Geistes (Sach. 4), welcher die Aufrichtigen erleuchtet. „*Es soll nicht durch Heer oder Kraft, sondern durch meinen Geist geschehen, spricht der Herr Zebaoth.*“ Es ist das köstliche Salböl, die Augensalbe, wodurch Blinden die Augen geöffnet werden.

7 Und da es das vierte Siegel auftat, hörte ich die Stimme des vierten Tiers sagen: Komm! 8 Und ich sah, und siehe, ein fahles Pferd. Und der daraufsaß, des Name hieß Tod, und die Hölle folgte ihm nach. Und ihnen ward Macht gegeben, zu töten das vierte Teil auf der Erde mit dem Schwert und Hunger und mit dem Tod und durch die Tiere auf Erden.

(6, 7) Bei der Entsiegelung des vierten Siegels spricht das vierte der vier Lebewesen das „Komm!“.

(6, 8) Die Farbe des Pferdes (chloros) ist blassgrün, gelbgrün, bleich, fahl und nach 3. Mose 13, 49 bezeichnet als Aussatz. Auch in der Medizin gibt es den Ausdruck chlorosis (Bleichsucht). Der Reiter des Pferdes wird Tot genannt und der Hades folgt ihm nach. Ihm wird die Macht verliehen, den vierten Teil der Bewohner der Erde zu töten.

In jeder Gestallt und Form rafft er die Menschen zuhauf weg und der Hades nimmt seine unzähligen Opfer auf. In dem sich der Tod auf den vierten Teil der Menschen beschränkt, handelt es sich hierbei nicht um das Endgericht, sondern um eine Blutige Verfolgung der Gemeinde Gottes.

Das dritte Siegel erstreckte sich bis in das finstere Mittelalter, das vierte aber in die Zeit, in dem der Tod das Los aller war, die an der göttlichen Wahrheit festhielten.

Gasparin schrieb dazu: „*Die Juden wurden von der römischen Kirche aufs schrecklichste verfolgt. Den andersgläubigen Christen erging es noch schlimmer. Der schwarze Tod verwandelte ganze Provinzen in Wüsten. Aufstände verursachten Raub und Mord allenthalben, die Kreuzfahrerhorden sogen das Land aus, persönliche Fehden füllten als Zwischenakte die Pausen zwischen den Kriegen. Die Landleute schmachteten unter einer schrecklichen Knechtschaft. Das durchschnittliche Leben war noch nie so tief gesunken, die Bevölkerung noch nie so zurückgegangen. Zur zeit der Hungersnot aß man Menschenfleisch. Um das Bild zu vollenden, was unsere Erde zur Glanzzeit Innozenz II. war, ist noch hinzuzufügen, dass während Europa den Höhepunkt des Elends, der Unwissenheit und Erniedrigung erreichte, Asien den unvergleichlichen Grausamkeiten des Tschingischan ausgeliefert war, und Amerika 20000 menschliche Schlachtopfer durch die Azteken in Mexiko als Opfer dargebracht wurden. Die Erdteile die sich nicht kannten, schienen damals von irgendwelchem wilden Wetteifer ergriffen zu sein.*“ (Le Christianisme III S. 257+)

Die Bekenner des Evangeliums erging es noch schlimmer. „*Zuerst mordeten sie dieselben in Massen, wo sie das vermochten und dann, als die Schrecken durch die Seelen der Menschen gefahren, suchten sie die „Ketzer“ einzeln auf, für den Tod oder den Kerker durch die Inquisition. ... Niemand war vor der Inquisition sicher, ihre Spürhunde lauerten allenthalben auf das edle Wild.*“ (Ranke, Röm. Päpste I, S. 213)

9 Und da es das fünfte Siegel auftat, sah ich unter dem Altar die Seelen derer, die erwürgt waren um des Wortes Gottes willen und um des Zeugnisses willen, das sie hatten. 10 Und sie schrieen mit großer Stimme und sprachen: HERR, du Heiliger und Wahrhaftiger, wie lange richtest du nicht und rächest unser Blut an denen, die auf der Erde wohnen? 11 Und ihnen wurde gegeben einem jeglichen ein weißes Kleid, und ward zu ihnen gesagt, daß sie ruhten noch eine kleine Zeit, bis daß vollends dazukämen ihre Mitknechte und Brüder, die auch sollten noch getötet werden gleich wie sie.

(6, 9) Keines der Lebewesen spricht ein Komm, auch erscheint kein weiterer Reiter auf einem Pferd, sondern Johannes sieht die fielen Millionen Seelen der getöteten Nachfolger Jesu, „*gleichsam wie durch ein Durchscheinbild vom Himmel herab auf Erden, wo sie hingeschlachtet worden.*“ (PAaZuE.129) Der Beginn dieses Siegels ist die Verfolgungszeit der Waldenser und anderer Zeugen Jesu und reicht bis zum Beginn der Endzeit.

Das Bild des Opferaltars, ist die des Alttestamentlichen Brandopferaltar (3.Mose 4, 7). Dieser Opferaltar stand vor der Stiftshütte im Vorhof.

Hinweis: Ein Teil des Blutes wurde ins Heiligtum getragen. Der übrige Rest des Opfertieres wurde außerhalb des Lagers verbrannt (3.Mose 4, 11+). Das im Schattendienst angedeutet wurde, erfüllte sich in Jesus, dem Lamm Gottes. (Hebr. 13, 11 +) Also steht dieser Altar, auf Erden und nicht im Himmel. So ist dieser nicht mit dem Rauchaltar im himmlischen Heiligtum zu verwechseln. Hier gibt es auch keinen Hinweis darauf, das irgendeine Seele nach dem Tod in den „Himmel" kommt.

Viktorinus schreibt: „*Darunter ist die Erde zu verstehen, unter welcher sich der Hades befindet, wo der Ruheplatz der Heiligen ist.*" (Comment cap. 12) „*Der Brandopferaltar ist das Symbol der Scheiterhaufen und Kreuze, an denen so viele Gläubige starben.*" (Rougemont)

(6, 10) Das auf Erden vergossene Blut schreit in ähnlicher Weise zu Gott um Rache, wie das Blut Abels (1.Mose 4, 10) oder die Steine in der Mauer schreien und die Balken antworten in Habakuk 2, 11.

Biblische Lehre über das Blut und die Seele: Die Seele bezeichnet den ganzen Menschen (1.Mose 2, 7). Auch das Blut ist die Seele (5.Mose 12, 23).Die Seele kann sterben und erschlagen werden. (5.Mose 19, 11 ; Richt. 16, 30). So kann der Begriff Seele auch mit Blut wiedergegeben werden. Somit schreit das Blut als Zeuge der Erwürgten und nicht die Erwürgten selbst.

(6, 11) Weiße Kleider sind ein Zeichen der Gerechtigkeit Christi. Aus dem Wortlaut des Trostes ergeht, dass es sich hier nicht um einen wirklichen Vorgang handelt, sondern wie sie bisher geruht hatten, sollten sie weiter ruhen. Die Seelen sind nicht lebendig geworden, oder sogar auferstanden, sondern sie werden in dieser Zeit vor allen Nationen gerechtfertigt.

Alles wurde versucht, um die Rechtgläubigen vor den Augen der Welt herabzuwürdigen. In der Reformationszeit wurde erkannt, dass diese keine Ketzer, sondern Märtyrer um des Wortes und des Zeugnisses Jesu willen waren.

12 Und ich sah, daß es das sechste Siegel auftat, und siehe, da ward ein großes Erdbeben, und die Sonne ward schwarz wie ein härener Sack, und der Mond ward wie Blut; 13 und die Sterne des Himmels fielen auf die Erde, gleichwie ein Feigenbaum seine Feigen abwirft, wenn er von großem Wind bewegt wird. 14 Und der Himmel entwich wie ein zusammengerolltes Buch; und alle Berge und Inseln wurden bewegt aus ihren Örtern. 15 Und die Könige auf Erden und die Großen und die Reichen und die Hauptleute und die Gewaltigen und alle Knechte und alle Freien verbargen sich in den Klüften und Felsen an den Bergen 16 und sprachen zu den Bergen und Felsen: Fallt über uns und verbergt uns vor dem Angesichte des, der auf dem Stuhl sitzt, und vor dem Zorn des Lammes! 17 Denn es ist gekommen der große Tag seines Zorns, und wer kann bestehen?

(6, 12) Das sechste Siegel sind die Zeichen in der Natur, die das Gericht Gottes einleiten und die Nähe des großen Tages des Herrn ankündigen. Dieser Gerichtstag ist etwas bekanntes, denn von Henochs Zeiten an predigten Propheten, Apostel und Jesus selbst, von den bevorstehenden Gericht und den damit verknüpften Zeichen in der Natur.

Das erste Zeichen, „*war ein großes Erdbeben*“, das mit einer nie zuvor gesehenen Heftigkeit und Ausdehnung wütete.

Hamburger Korrespondent 12. Dezember 1755: „*Am Tage Allerheiligen, des Morgens um neun Uhr, fühlte man durch ganz Portugal und hauptsächlich in der Hauptstadt Lissabon ein solches schreckliches Erdbeben, als jemals in irgendeinem Weltteil gewesen ist. Diese Stadt, welche die reichste in ganz Europa war, ... ist gegenwärtig nichts als ein Scheiterhaufen, worunter mehr als hunderttausend Menschen lebendig begraben wurden.“ „Das Erdbeben erfolgte gleich nach einem Orkan, welches ein schreckliches Seewasser verursachte, das den Tajo unglaublich hoch anschwellte. Zur gleicher Zeit barsten die Haustüren und sprangen aus ihren Angeln; auch die Mauern und Erker stürzten ein.“ „Diese schreckliche Verwüstung ist in weniger als zehn Minuten geschehen.“ „Die erste Erschütterung nötigte schon viele zur Flucht, ... allein die zweite Erschütterung verwandelte sogleich alles in einen Scheiterhaufen und zwar so heftig, dass man nicht stehen konnte, sondern auf Händen und Füßen fortkriechen musste.“ „Anderthalb Stunden nach der zweiten Erschütterung gab die See das fürchterlichste und betrübendste Schauspiel für diejenigen, welche sich auf der selben befanden. ... Das Meer verschlang einen Damm, aus Marmor erbaut, auf den sich dreitausend Menschen geflüchtet haben.“*

„*Das Erdbeben wurde weithin durch Europa, Afrika und selbst Asien verspürt und ging unter dem Ozean nach Amerika hinüber. Aber seine Zerstörungswut ließ es an Lissabon aus.“ „Es war wohl ein Gottesgericht über diese Stadt; denn die Schätze aus den brasilianischen Gold und Diamantengruben waren zur Eitelkeit und Fleischeslust schnöde verwendet worden. So versank der königliche Palast mit seinen überreichen Kostbarkeiten völlig in die Erde. Das erste Hauptgebäude aber, welches zusammenfiel, war das Inquisitionsgericht; ihm folgte das prachtvolle Jesuitenkollegium und begrub alle seine Bewohner.“* (Redenbacher)

„*Das große Erdbeben wurde in den Alpen, an den Schwedischen Küsten, auf den antillischen Inseln, in den großen Seen von Kanada, wie in Thüringen und in dem nördlichen Flachland von Deutschland, in kleinen Binnenwassern der baltischen Ebenen empfunden.“ „Man hat berechnet, dass am 1.Nov. 1755 ein Erdraum gleichzeitig erbebte, welcher an Größe viermal die Oberfläche von Europa übertraf.“* (Humboldts Kosmos I, S.149)

Der Hamburger Korrespondent vom11.Februar 1756 machte auf die zunehmende Häufigkeit der Beben aufmerksam: „*Allein sollte man wohl glauben können, dass wir seit 1750 mehr als 80 Erdbeben in und in der Gegend von Europa angeben können. Man hat nachgewiesen, dass die Erdbeben diesmal 61 Tage vom 1. November bis 31. Dezember angehalten.*“

Das zweite Zeichen gleicht einem, die über die verstockten Ägypter kamen (2.Mose 10, 22). Auch beim Tod Jesu am Kreuz „*ward eine Finsternis über das ganze Land*“ (Luk. 23, 44). Bezeichnend ist auch, dass nach der Verfolgungs- und Trübsalzeit, „*Sonne und Mond ihren Schein verlieren*“ (Mark. 13, 24) sollen und zwar, als wären sie in einem härener Sack.

Am 19. Mai 1780 war im nördlichen Teil von Nordamerika ein ganz merkwürdig dunkeler Tag. Augenzeugen nannten es eine übernatürliche, unerklärbare Erscheinung. *„Es konnte keine Sonnefinsternis sein, weil dazumal der Mond beinahe voll war; auch lag die Ursache nicht an einem bewölktem Himmel, denn das Firmament war so klar, dass man die Sterne leuchten sah. Dennoch trat von 9 Uhr morgens bis zur gewöhnlichen Stunde des Sonnenuntergangs eine solche Dunkelheit ein, dass die Arbeit eingestellt, Licht in den Häusern angezündet werden musste und dass die Haustiere sich zur Ruhe legten, als ob es Nacht wäre; und obgleich die Sonne während der ganzen Zeit sichtbar war, so war doch ihr Aussehen so, als hätte sie alle Lichtkraft verloren.*" (D. Geiß) Dazu schreibt der Astronom Herschel: *„Der finstere Tag in Nordamerika war eine jener wundervollen Naturerscheinungen, von denen stets mit Interesse gelesen wird, die aber keine Philosophie zu erklären weiß. "*

Drei Jahre später wurde Europa mit einer Dunkelheit bedeckt, *„die wohl nicht ganz so dicht dennoch länger anhielt und weit und Breit Furcht und Erstaunen erweckte.*" Sie erstreckte sich von Lappland bis nach Afrika aus. *„Am Schlusse Junis hatte er ganz Syrien wie ein Leichentuch bedeckt und war am 18. Juli an das Altaigebirge vorgedrungen. Die Verfinsterung herrschte den größten Teil des Sommers vor und verlieh der Sonne einen unnatürlichen, matte, rosigrote Färbung und gab auch dem Tag und der Nacht ein überirdisch, düsteres Aussehen*" (Naturkunde I S.279)

Wobei die Hamburger Neue Zeitung am 18. Juli 1783 über das aussehen der Sonne schrieb: *„Die Strahlen und Glanz verschwinden und sie sieht aus, als wenn man sie durch ein mit Ruß angelaufenes oder rotgefärbtes Glas betrachtet.*"

Das dritte Zeichen ist die Färbung des Mondes. *„Wie wohl am 19.Mai 1780 der Mond beinahe voll war, so war doch nach Augenzeugen „die Finsternis des darauf folgenden Abends so stockdicht, als sie noch nie wahrgenommen wurde." „Der Mond, obgleich voll, gab kein Licht.*" (History of Beverly)

In der Neuen Hamburger Zeitung vom 18. Juli 1783 wird folgendes geschrieben: *„Sonne und Mond gehen immer blutrot auf und unter.*"

13 und die Sterne des Himmels fielen auf die Erde, gleich wie ein Feigenbaum seine Feigen abwirft, wenn er von großem Wind bewegt wird.

(6, 13) *„Und die Sterne werden vom Himmel fallen*" (Mark. 13, 25) weissagte Jesus für die Zeit nach der Trübsal. Humboldt schrieb: *„Der ungeheure Sternschuppenschwarm vom November 1799 wurde fast nur in Amerika, von Neu-Herrenhut in Grönland bis zum Gleicher, gesehen. Der Schwarm vom 13-14. November 1832 war nur in Europa, der vom 13 November 1833 nur in den Vereinigten Staaten von Amerika sichtbar.*" (Kosmos I, 280)

„Die fallenden Sterne kamen nicht, als ob sie von mehreren Bäumen geschüttelt wurden, sondern nur von einem." „Auch vielen sie nicht, wie reifes Obst fällt, weit entfernt davon, sondern sie flogen, sie wurden abgeworfen. Wie das unreife,

welches zuerst dem Wind widersteht. Wenn es aber unter heftigem Drucke von seinem Halt losbricht, fliegt es im Fall schnell in gerader Richtung." (Journal of Commerce, 14.Novermber 1833)

Bemerkenswert ist, dass es Astronomen erst im 18. Jahrh. aufgefallen ist, dass es „Sternenregen" gibt. Nach Humboldt sind Sternschnuppen, Feuerkugeln und Meteorsteine *„kleine mit planetarischer Geschwindigkeit sich bewegende Massen, welche im Weltraum nach den Gesetzen der allgemeinen Schwere in Kegelschnitten um die Sonne fliegen.*" (S. 83)

Was das Periodische Erscheinen angeht, so gibt W. Meyer (S.159), selbst zu, dass anstatt jede 33 Jahre zu kommen, *„1899 der Schwarm der sogenannten Leoniden uns schmählich im Stiche gelassen hatte.*"

Hinweis: Es ist Endzeit. Das siebente Siegel wird erst in Kapitel 8 geöffnet und endet auch sofort im ersten Satz. Ab Offenbarung 8, 2 beginnt ein neues Gesicht, das die Zeit und die Geschehen, in der Endzeit entfaltet.

(6, 14) Als sich die Herrlichkeit des Herrn auf dem Sinai offenbarte, erbebte die Erde (Ps. 114, 4). In Hebr. 12, 26 verheißt er: *„Noch einmal will ich bewegen nicht allein die Erde sondern auch den Himmel.*" Jesaja berichtet : *„Denn die Fenster der Höhe sind aufgetan, und die Grundfesten der Erde beben. Es wird die Erde mit Krachen zerbrechen, zerbersten und zerfallen. Die Erde wird taumeln wie ein Trunkener und wird hin und her geworfen wie ein Hängebett; denn ihre Missetat drückt sie, dass sie fallen muss und kann nicht stehen bleiben.*" (Jes. 24, 18-20)

(6, 15) Es hat sich nichts geändert, seit der Zeit als Adam sündigte (1.Mose 3, 8).

(6, 16) Was für sinnlose und vergebliche Gebete. Noch vor kurzer Zeit hielten sie es unter aller Würde zum lebendigen Gott zu beten, so schreien sie jetzt zu toten Felsen und Bergen, die selbst in ihren Grundfesten wanken. Wie unsinnig ist aber ihre Bitte, wie können wankende Felsen und Berge zitternde Menschen vor dem Angesicht Gottes schützen? Vergleiche auch die Aussagen von Amos 9, 1+ und Jesaja 24, 18.
Gott ist der Vater der Liebe und das Lamm das Sinnbild der Geduld und Langmut. Es könnte auch gesagt werden; *„vor dem Zorn verhöhnender Vaterliebe und verschmähter Lammesgeduld*". Wie weit muss es gekommen sein und Schuld und Frevel aufs höchste gesteigert sein, wenn sie zornig geworden sind? Hat doch das Lamm Gottes noch im letzten Augenblick für seine Feinde gebetet.

(6, 17) Gott lässt helles Licht aus seinem prophetischem Wort scheinen, aber die Gottlosen achten nicht darauf. Seine treuen Boten verkünden die Nähe dieses Tages, aber sie spotten und behaupten „Es bleibt alles, wie es von Anfang der Schöpfung gewesen ist." (2.Petrus 3, 4)
Auf die Frage, *„wer kann bestehen?*" wird im nächsten Kapitel (7) die Antwort gegeben.

Kapitel 7

Auf die Frage, „*wer kann bestehen*?“ aus dem vorhergehendem Kapitel (Offb. 6, 17) und den Worten „*darnach sah ich*“ wird ein neues Gesicht eingeleitet, das dem inneren Zusammenhang nach aus dem Kapitel 6 hervorgeht. Die Reihenfolge der einzelnen Gesichte offenbart mehr die inneren logischen Zusammenhänge, als die äußere Zeitfolge der Erfüllung.

Das sechste Siegel wuchs aus der Frage der unter dem fünften Siegel geschauten Märtyrer heraus und schildert die besonderen Strafgerichte Gottes, die den Verfolgern dieser, in der Endzeit treffen wird. Das neue Gesicht offenbart einen Vorgang, der sich nicht nach dem Abschluss der Endzeit abspielt, sondern direkt nach den angekündigten Zeichen beginnt. Das siebente Siegel wird erst in Kapitel 8 eingeführt.

Die Verse 1 bis 8 enthalten einen Zwischenakt, der eine gewisse Selbstständigkeit oder als besonderes Gesicht gesehen wird. Die anschließenden Verse (9-17) sind ein zweites Zwischengesicht. Beide zusammen offenbaren nicht nur die unzählbare Zahl von Erlösten, sondern auch die von Gott erwünschte Vollzähligkeit.

Die Versiegelten

1 Und darnach sah ich vier Engel stehen auf den vier Ecken der Erde, die hielten die vier Winde der
Erde, auf daß kein Wind über die Erde bliese noch über das Meer noch über irgend einen Baum. 2
Und ich sah einen anderen Engel aufsteigen von der Sonne Aufgang, der hatte das Siegel des
lebendigen Gottes und schrie mit großer Stimme zu den vier Engeln, welchen gegeben war zu
beschädigen die Erde und das Meer; 3 und er sprach: Beschädiget die Erde nicht noch das Meer noch
die Bäume, bis wir versiegeln die Knechte unsers Gottes an ihren Stirnen!

(7, 1) Die „*vier Ecken der Erde*“ bezeichnen die Himmelsrichtungen. Bei den „*vier Winde der Erde*“ handelt es sich um Krieg, Volksaufstand, Krankheit und Hungersnot, sowie Naturkatastrophen, wie z.B. Erdbeben und Stürme. Im Licht von Matthäus 24 kann es sich nicht um gewöhnliche „Winde“ handeln, denn diese geschehen „hin und wieder“ und bezeichnen nur den Anfang der Wehen (Matth. 24, 9). Auch sind es keine außergewöhnliche Vorboten des Endes, worauf die Versiegelung in der Endzeit beginnt. Somit handelt es sich beim Loslassen der Winde des letzten Zornesgerichtes, um die sieben Plagen vor der Wiederkunft Christi, die über die gesamte Erde gehen werden.

Nachfolger Jesu werden in der Endzeit sogar noch größere Kriegsnöte, Aufruhr, Erdbeben und Verfolgung durchmachen müssen, aber die Bewahrung wird offenbarer werden. Die Engel halten alle vier Winde und wenn diese losgelassen werden, entfesseln sich nicht nur alle Naturkräfte, sondern auch alle Kräfte im Völkerleben die sich in mancherlei Kriegsgewirr, jeder gegen jeden verwirklichen wird.

Wenn jene vier Engel die unterworfenen Geistesmächten nicht zurückhalten würden, so wäre die Weltgeschichte schon damals, unmittelbar nach der Eröffnung des fünften Siegels, in einem vernichtender Weltensturm vernichtet worden. Dieser Weltensturm wird entstehen, wenn plötzlich alle vier Winde zugleich mit aller Macht, ungehindert, unaufhörlich und durcheinander stürmen können. Dies bezeugen Jesaja 24 ; Haggai 2, 6-7 und Offenbarung 6, 12-17.

(7, 2) Johannes sieht einen anderen Engel, *„von der Sonne Aufgang*“ aufsteigen, *„der hatte das Siegel des lebendigen Gottes*“. Weil das Heil und ewiges Leben von diesem Boten Gottes ausgeht, sieht Johannes ihn von Anfang der Sonne her aufsteigen, als die wahre Sonne der Gerechtigkeit (Mal 3, 20). Wie die Sonne allmählich im Osten aufsteigt und an Klarheit und Macht bis zum vollen Mittag wächst, so entwickelt sich auch dieses Versiegelungswerk der Endzeit von kleinen Anfängen, bis es die ganze Erde umfasst.

(7, 3) Mit gewaltiger Stimme ruft er den vier Engeln (aus Offb. 7, 1) zu, mit dem loslassen des letzten Weltensturm solange zu warten, bis das allerwichtigste Werk auf Erden, die Versiegelung der Knechte Gottes erledigt ist.

Ein versiegeln bedeutet, das etwas fest aufgeschrieben ist, was nicht verändert werden kann. Denn durch das Siegel wird dieses bestätigt. Da das Siegel auf ihrer Stirn ist, handelt es sich um Geist und Seele des Menschen. Frei übersetzt; „Diese tun es, aus ihrer vollen Überzeugung und können auch nicht von etwas anderem überzeugt werden.“ Da es „Knechte Gottes“ sind, also „Nachfolger Jesu“ unterscheiden sie sich von den restlichen Menschen, die auf der ganzen Erde, zu diesem Zeitpunkt (im heute) leben.

4 Und ich hörte die Zahl derer, die versiegelt wurden: hundertvierundvierzigtausend, die versiegelt waren von allen Geschlechtern der Kinder Israel: 5 Von dem Geschlechte Juda zwölftausend versiegelt; von dem Geschlechte Ruben zwölftausend versiegelt; von dem Geschlechte Gad zwölftausend versiegelt; 6 von dem Geschlechte Asser zwölftausend versiegelt; von dem Geschlechte Naphthali zwölftausend versiegelt; von dem Geschlechte Manasse zwölftausend versiegelt; 7 von dem Geschlechte Simeon zwölftausend versiegelt; von dem Geschlechte Levi zwölftausend versiegelt; von dem Geschlechte Isaschar zwölftausend versiegelt; 8 von dem Geschlechte Sebulon zwölftausend versiegelt; von dem Geschlechte Joseph zwölftausend versiegelt; von dem Geschlechte Benjamin zwölftausend versiegelt.

(7, 4) Wie ist der Ausdruck *„von allen Geschlechtern der Kinder Israel*“ zu verstehen. Wird hierbei das Natürliche oder das Geistige Israel bezeichnet. (?)

Würde man hier das natürliche Volk der Kinder Israel (Juden) einsetzen, also die Judaisten, würden die Offenbarung Jesu Christi vollkommen auseinander fallen. Das gleiche würde geschehen, wenn man sich nur auf bekehrte Juden (Judenchristen) beziehen würde, denn was wäre mit den anderen „Nachfolgern Jesu“ ? So gut wie das neue Jerusalem (Kap. 21) nicht das geteilte Jerusalem der heutigen Zeit ist und der Name „Juden“ in den sieben Sendschreiben (Offb. 2-3) gerade das Gegenteil bedeutet, nämlich das geistige Israel, so sind auch hier die „Kinder Israel“, der typische Knecht Gottes, sein Auserwählter, der sein Recht unter den Heiden (Gesetzlosen, oder die nicht nach seinem Gesetz leben) ausbreitet (Jes. 42-43).

Die Bibel selbst liefert den Beweis, dass es sich immer um das Israel des Geistes handelt, von dem Paulus bezeugt : *„Hier ist kein Jude noch Grieche, hier ist kein Knecht noch Freier, hier ist kein Mann noch Weib; denn ihr seid allzumal einer in Christo Jesu. Seid ihr aber Christi, so seid ihr ja Abrahams Same und nach der Verheißung Erben.*“ (Gal. 3, 28-29) Jesus bezeugte „dem Samen Abrahams“ dem Israel des Fleisches, dass sie nicht automatisch auch „Abrahams Kinder“ dem Israel des Geistes sind (Joh. 8, 30-45) und sprach ihnen so die Kindschaft Abrahams entschieden ab (Joh. 8, 39). Alle Bezeichnungen des alten Israel werden unverändert auf das neutestamentliche angewendet. z.B. „das auserwählte Geschlecht“ (1.Petrus 2,9) ; „heiliges Volk“ ; „das Volk des Eigentums“ ; „die zwölf Geschlechter Israels“ (Jak. 1, 1) ; „das Israel Gottes“ (Gal 6, 16).

Unumstößlich steht fest, dass es sich bei der Versiegelung um den geistlichen Samen Abrahams handelt, dessen Vollendung *„als das rechte Israel Gottes*“ in der Endzeit im Vordergrund steht.

„Das Gesicht gilt den zu dieser letzten Zeit lebenden wahren Christen aus allen Nationen, dem rechten Israel jener Tage ; und nicht das ist seine Bedeutung, dass Gott sie allesamt, alle einzeln am Leben erhalte, sondern dass er sie als seine Knechte vor sich und ihrem eigenen Herzen bestätigen, dass er sie als solche für die Welt und füreinander kenntlich machen und so von der Welt aussondern (womit denn die bis dahin nicht statthafte äußerliche Scheidung der Gläubigen von den Ungläubigen von ihm selbst eingeleitet wird), und dass er auch durch die Stürme der Endkatastrophe bis an das Ende ein rechtes und ganzes Gottesvolk, wie er es im Zwölfstämmevolk anlegte, sich erhalten wird.“ (Kliefoth Chr. Eschatologie S. 206)

Die Versiegelung und Kenntlichmachung der Knechte Gottes (Nachfolger Jesu) steht in enger Beziehung zu der endgültigen Versöhnung und Erlösung als dem krönendem Schlusswerk Gottes, dass die einmal als Knechte Gottes versiegelt sind, bleiben es auch in alle Ewigkeit.
Um die Versiegelung und alle Momente in der Offenbarung richtig zu erfassen, ist es wichtig, den Verlauf der hohepriesterlichen Versöhnung zu verfolgen, und zwar bis zu ihrem Gipfelpunkt am Versöhnungstag des Jubeljahres, und den Verlauf im Wesen des Mittleramtes des wahren Hohenpriesters Jesu darzustellen.

Was mit einem Siegel bestätigt wurde konnte keiner wiederrufen (Esth. 8, 8 ; Dan. 6, 18 ; Matth. 27, 66). Die Bedeutung des Siegels und der Brauch wird in der Bibel über 70 mal bezeugt. Besonders häufig wurden Siegelringe getragen, auch Siegelsteine wurden benutzt. Auf beiden wurde der Namen oder ein Symbol eingezeichnet. Über jedes größere Geschäft wurde ein Vertrag abgeschlossen und dieser mit den Siegelring, meist beider Parteien, bestätigt. Wie weit verbreitet ein Siegelring war, bezeugt bereits 1. Mose 38, 17+. Auch als der Pharao den Joseph zum Mitregenten erhöhte, verlieh ihm seinen Siegelring (1. Mose 41, 42).

In der Bildersprache wird der Siegelring und das Siegelzeichen oft als Symbol innigster Zugehörigkeit oder Verwandtschaft verwendet. Gott hält seine Erwählten einen Siegelring gleich (Hagg. 2, 23); Christus ist der Abdruck des göttlichen Wesens (Hebr. 1, 3); Der Apostel trägt das Todessiegel Christi an seinem Leib (2.Kor. 4, 10); Die Knechte Gottes sind an der Stirn mit dem göttlichen Abzeichen (Siegel) versehen (Offb. 7, 3). Auch wurden Siegelringe nicht nur an der rechten Hand, sondern auch an einer Schnur befestigt um den Hals getragen (Hohel. 8, 6). Am anschaulichsten zeigt sich dies in der Amtstracht des Hohenpriesters. Auf den Schulterstücke des Leibrocks waren, in zwei Onyxsteine, je sechs Namen der Stämme Israels eingraviert. Diese Steine *„seien zum Gedächtnis für die Kinder Israel, dass Aaron ihre Namen auf seinen beiden Schultern trage vor dem HERRN zum Gedächtnis."* (2.Mose 28, 9-12) Auch waren auf den zwölf Edelsteinen des Brustschildes die Sigelinschrift der zwölf Stämme Israels eingezeichnet, *„zum Gedächtnis vor dem HERRN allezeit."* (2.Mose 28, 15-30) Und am Anschaulichsten (2.Mose 28, 36-38), das Stirnblatt mit der Innschrift *„Heilig dem HERRN"*.

(7, 5-8) Der Ehrenname Israel weist schon darauf hin, dass es sich bei den versiegelten um Geistgeborene handelt. Auch sind die Stämme vollzählig, in tausendfacher Fülle vorhanden.

Das Vorbild der Tausend, aus dem Alten Testament, ist 4.Mose 31. Die Israeliten waren durch Bileam zum Götzendienst verleitet worden. Ehe Mose starb, sollten die Midianiter gerächt werden. Als Vertreter der Gesamtgemeinde wurden aus jedem Stamm je 1000 Kämpfer entnommen, um im Vertrauen auf den Herrn gegen die Übermacht der Midianiter zu ziehen. Nach dem Sieg erhielt die gesamte Gemeinde ihren Anteil. Von den 12000 Krieger fehlte nicht einer, wohin alle Männer Midians umgekommen waren. (4.Mose 31, 49) So wird es auch im letzten Kampf sein, wenn das Israel des Geistes im schwersten Kampf mit den Mächten der Finsternis bestand hat. Jeder der zwölf Stämme wird vollzählig da sein und nicht ein Kind Gottes wird beim Antritt seines Erbteiles fehlen.

Die Reihenfolge und Auswahl der zwölf Stämme ist nicht dem Alter nach geordnet, auch verdrängt Manasse den Stamm Dan. Die Auslassung des Stammes Dan zeigt, dass es hier nicht auf die Vollzahl der natürlichen Geschlechter ankommt. Die Voranstellung der Söhne der Sklavin deutet an, dass hier nicht länger Freier oder Sklave oder aus einen bestimmten Stamm, sondern *„ob in Christus, eine neue Kreatur , die beschnitten im Herzen und im Glauben, Gottes Gebote hält"* (Gal. 3, 28 ; 6, 15 ; 1.Kor. 7, 19).

Die Versiegelung des wahren Israels in der Endzeit ist das wichtigste Werk auf Erden, mit ihr schließt Gottes Gnadenwerk.

Die große Schar aus allen Völkern

9 Darnach sah ich, und siehe, eine große Schar, welche niemand zählen konnte, aus allen Heiden und Völkern und Sprachen, vor dem Stuhl stehend und vor dem Lamm, angetan mit weißen Kleidern und Palmen in ihren Händen, 10 schrieen mit großer Stimme und sprachen: Heil sei dem, der auf dem Stuhl sitzt, unserm Gott, und dem Lamm! 11 Und alle Engel standen um den Stuhl und um die Ältesten und um die vier Tiere und fielen vor dem Stuhl auf ihr Angesicht und beteten Gott an 12 und sprachen: Amen, Lob und Ehre und Weisheit und Dank und Preis und Kraft und Stärke sei unserm Gott von Ewigkeit zu Ewigkeit! Amen.

(7, 9) Die begrenzte Zahl der 144000 Versiegelten in der Endzeit stehen hier die unzählbare Schar aller Erlösten gegenüber. Diese kommen bei der Erscheinung des Herrn aus ihren Gräbern und werden gleichzeitig mit den 144000 Versiegelten ihm entgegen gerückt in das neue Jerusalem im Himmel. Sie tragen weiße Gewänder als Zeichen ihrer vollendeten Glaubensgerechtigkeit, und Palmen in ihren Händen zum Zeichen ihres Sieges über Sünde und Tod.

(7, 10) Eine andere Übersetzung: „Und sie rufen mit gewaltiger Stimme und sprechen: *„Das Heil unserem Gott, der auf dem Thron sitzt, unserm Gott, und dem Lämmlein!* “

(7, 11-12) Sie haben als Diener Gottes bei der Erlösung der Menschenkinder mitgeholfen und immer wieder Gottes Beistand erfahren. Nun ist nach tausendjährigen Kämpfen mit den Mächten der Finsternis die ganze himmlische Familie aus erlösten Menschen und ungefallenen Engeln auf ewig vereint. (Eph. 3, 15) Sie werfen sich vor Gott nieder, ihn anzubeten und bestätigen das Lob der Erlösten.

13 Und es antwortete der Ältesten einer und sprach zu mir: Wer sind diese, mit den weißen Kleidern angetan, und woher sind sie gekommen? 14 Und ich sprach zu ihm: HERR, du weißt es. Und er sprach zu mir: Diese sind's, die gekommen sind aus großer Trübsal und haben ihre Kleider gewaschen und haben ihre Kleider hell gemacht im Blut des Lammes. 15 Darum sind sie vor dem Stuhl Gottes und dienen ihm Tag und Nacht in seinem Tempel; und der auf dem Stuhl sitzt, wird über ihnen wohnen. 16 Sie wird nicht mehr hungern noch dürsten; es wird auch nicht auf sie fallen die Sonne oder irgend eine Hitze; 17 denn das Lamm mitten im Stuhl wird sie weiden und leiten zu den lebendigen Wasserbrunnen, und Gott wird abwischen alle Tränen von ihren Augen.

(7, 13) Wer sind sie und woher kommen Sie, sind gewöhnlich die ersten Fragen, die man an Fremde stellt. Manchmal traut man sich nicht zu fragen, oder meint einen besseren Zeitpunkt schon zu finden. Scheinbar bemerkt einer der Ältesten das Verlangen des Johannes um genaue Auskunft und stellt er ihm nun die Frage. Vorbild für solches handeln ist Jesus in seiner Lehrart bei den Jünger und bei der Samariterin (Joh. 4, 9-40).

(7, 14) Johannes spricht dem Ältesten volles Wissen zu und spricht ihn mit „Mein Herr“ an. Die Auskunft lautet, dass diese aus der „großer Trübsal“ kommen. Aus Matth. 24, 21 wird klar, dass das neutestamentliche Volk Gottes diese große Trübsal treffen soll.

Aber, wer sind diese, wenn es heißt; sie *„haben ihre Kleider gewaschen und haben ihre Kleider hell gemacht im Blut des Lammes.*“ Handelt es sich hierbei um Namenschristen, oder um Nachfolger Jesu, die in der „großer Trübsal“, in der Kraft Christi bestanden.

(7, 15) Sie haben überwunden und sind ohne Sünde vor dem Thron Gottes. Nun können sie „ihm Tag und Nacht“ dienen, und er wird „über ihnen wohnen“. Etwas besseres können sich Nachfolger Jesu nicht vorstellen und dies ist ihr Ziel.

(7, 16) In der „großer Trübsal“ mussten die wahren Nachfolger Jesu hungern, durst leiden und waren oft ohne Obdach der Hitze oder Kälte ausgesetzt.

(7, 17) Nun werden sie nie wieder Leid erfahren, denn das Lamm „mitten im Stuhl“ Gottes wird für sie sorgen.

Kapitel 8

Das siebente Siegel

1 Und da es das siebente Siegel auftat, ward eine Stille in dem Himmel bei einer halben Stunde.

(8, 1) Als das Lamm das Siegel bricht, spricht kein Lebewesen ein Komm, es erscheint kein Reiter auf einem Pferd, noch meldet sich eine erwürgte Seele. Kein Erdbeben, noch Zeichen an Sonne, Mond und Sternen. Sondern; „Es ist vollbracht".

Das sechste Siegel aus Offb. 6, 14-17, was die Endzeit einläutete ist zu Ende. Das siebente Siegel, das geöffnet wird, endet auch sofort im ersten Satz.

Eine halbe Stunde Stille, Ruhe. Nichts geschieht mehr in der Geschichte der Erde. Es wird eine Parallele wie bei der Vollendung der Schöpfung sichtbar. SABBAT, es ist vollbracht (1.Mose 2, 2-3). *„Der Sieg des Heils des Reiches Gottes hat sich über alles ohne Ausnahme erstreckt. Darum ist nun eine gänzliche Stille, die völlige, feierliche, selige Ruhe eines Weltensabbats in dem Himmel.*" (Prager I. 597)

Eine halbe Stunde ist viel im Verhältnis zu den gesehenen Gesichten der Offenbarung, die Johannes miterlebt hat. So hat er einen Eindruck dieser Sabbatstille, ehe ein neues Gesicht beginnt.

2 Und ich sah die sieben Engel, die da stehen vor Gott, und ihnen wurden sieben Posaunen gegeben.
3 Und ein andrer Engel kam und trat an den Altar und hatte ein goldenes Räuchfaß; und ihm ward viel Räuchwerk gegeben, daß er es gäbe zum Gebet aller Heiligen auf den goldenen Altar vor dem Stuhl. 4 Und der Rauch des Räuchwerks vom Gebet der Heiligen ging auf von der Hand des Engels vor Gott. 5 Und der Engel nahm das Räuchfaß und füllte es mit Feuer vom Altar und schüttete es auf die Erde. Und da geschahen Stimmen und Donner und Blitze und Erdbeben.

(8, 2) Ab hier beginnt ein neues Gesicht. Es unterscheidet sich von denen, die vorher gegeben wurden. Als erstes gab Christus selbst das Gesicht der sieben Gemeinden. Die vier Lebewesen machen auf die ersten Siegel aufmerksam. Hier aber werden sieben Engel mit dem blasen der Posaunen beauftragt.

Posaunen sind Gerichts-, Angriffs-, Sieges- und Versammlungszeichen. In diesem Zusammenhang werden die Weissagungen als „Gottes Kriege gegen die Feinde seines Reiches" (Bengel) bezeichnet.

Eine genauere Untersuchung der neuen Gesichtsgruppe ergibt, dass die Zeit genau die selbe umfasst, wie die der sieben Gemeinden und sieben Siegel, aber von einem anderen Standpunkt aus, den Kampf zwischen dem Reich des Lichts und der Finsternis beleuchtet.

(8, 3-4) Johannes schaut vor dem Blasen der sieben Posaunen einen als Engel oder als himmlisches Wesen bezeichnete Person. Diese lässt vor Gottes Thron viel Rauchwerk aufsteigen, dass mit den Gebeten aller Heiligen vermengt die sichere Erhörung schafft.

Wenn auch der Name des Engels nicht genannt wird, so ist doch der Mittelpunkt des ganzen der wahre Hohepriester nach der Ordnung Melchisedeks, der umgeben von den 24 Ältesten und unzähligen Engeln sein Amt im wahrhaftigen himmlischen Zelt waltet. Nur sein allvermögender Name sichert dem Gebet die gewünschte Erhörung und gibt dem Gebet erst die rechte Würze sowie duftenden Wohlgeruch vor dem Vater (Joh. 14, 13-14 ; 16, 23-24).

Gerade weil Christus als der wahre Hohepriester die Heiligen zur rechten seines Vaters vertritt, werden ihre Gebete Erhört. Nur allein sein Verdienst ist diese Erhörung zuzuschreiben.

(8, 5) Dasselbe Wesen, dasselbe Rauchfass und die gleiche Füllung, versprechen den gläubigen Betern Segen und verursacht Gottes Strafgerichte über ihre Feinde. So verursacht missachtete Gnade auch desto schwerere Strafgerichte.

Die über Jerusalem ausgeschütteten Feuerkohlen (Hes. 10, 2) bedeuteten Gottes Strafgerichte über die dem Götzendienst ergebenen Stadt. In ähnlicher weise bedeutet auch hier, das auf die Erde ausgeschüttete Feuer, Gottes Strafgerichte über die abgefallene Christenheit.

Die ersten sechs Posaunen

6 Und die sieben Engel mit den sieben Posaunen hatten sich gerüstet zu posaunen. 7 Und der erste Engel posaunte: und es ward ein Hagel und Feuer, mit Blut gemengt, und fiel auf die Erde; und der dritte Teil der Bäume verbrannte, und alles grüne Gras verbrannte.

(8, 6) Mit den Ausschütten des Feuers vom Altar auf die Erde sind die sieben Engel gerüstet, den Völkern das Signal zum Kampf gegen die abgefallene Christenheit zu geben. Der Hauptsitz ist in der römischen Weltmacht zu suchen und sobald ein Engel die Posaune ertönen lässt, werden *„große Völker mit Haufen“* wieder das geistige Babel erweckt. Ihre Führer fühlen sich wie einst Kores, wie von einer höheren Macht getrieben (Jer. 50, 9 ; Jes. 45, 1).

Die sieben Posaunen teilen sich in je zwei Teile zu vier und drei, wie auch bei den sieben Gemeinden und sieben Segeln, auf. Dem geschichtlichen Verlauf entsprechend sind die ersten Posaunen die vier Haupteinfälle der Goten, Vandalen, Hunnen und des Herulers Odoaker in das römische Reich.

(8, 7) Von hunnischen Massen gedrängt, baten die Goten 376 um Aufnahme in den römischen Reichsverband. Kaiser Valens gewährte ihnen dies, aber unter harten Bedingungen. Unter Theodosius I. gelang es für kurze Zeit der Goten Herr zu werden. Im April 395 wurde Alarich zum König ernannt und richtete seine „dämonische Zerstörungswut“ zuerst gegen Griechenland. Von dort aus zog er gegen Italien. „Als sich Alarich den Vorstädten Mailands näherte, hatte er die stolze Genugtuung, den Kaiser der Römer vor sich fliehen zu sehen.“ (Gibbon VI, 38)

Unter Stilocho gelang die Befreiung noch einmal. Aus den deutschen Völkern heraus rückten große Horden gegen das römische Reich. Rhodogast rückte vom nördlichen Deutschland aus bis an die Tore Roms und hinterließ den Resten seines Heeres die Vollendung des Verderbens in Richtung Westen (405). Die Städte Mainz, Worms, Straßburg, Speyer, ... wurden zerstört. Alarich brach 408 wieder nach Italien auf und schlug sein Lager vor den Mauern Roms auf. Am 24. August 410 wurde das salarische Tor geöffnet und von der zügellosen Wut der Völker Deutschlands überrollt.

„*Schon längst fühlten wir den Zorn Gottes und versöhnten ihn nicht. Unsere Sünden sind der Barbaren Stärke, unser Laster die Niederlage des römischen Heeres, und als ob es mit diesen Niederlagen nicht genug wäre, wird es fast noch ärger durch innerliche Bürgerkriege als durch das Feindesschwert aufgerieben. Unglücklich waren die Israeliten, mit denen verglichen Nabuchodonosor ein Diner Gottes genannt wird; unglücklich auch wir, die wir Gottes Missfallen so erregt haben, dass sein Zorn in Wut der Barbaren gegen uns wütet.*" (An Helidor Kap. 16)

8 Und der andere Engel posaunte: und es fuhr wie ein großer Berg mit Feuer brennend ins Meer; und der dritte Teil des Meeres ward Blut, 9 und der dritte Teil der lebendigen Kreaturen im Meer starben, und der dritte Teil der Schiffe wurden verderbt.

(8, 8) Ein anderer Völkerstamm, der mit einem großen brennenden Berg verglichen wird, soll dass Meer verwüsten. Königreiche werden in der Bibel meist mit einem Berg versinnbildlicht. Wie Persien in Sach. 4, 7 und das Reich Gottes in Dan. 2, 35. 45. In Jeremia (51, 24) wird die babylonische Weltmacht „ein schädlicher Berg" genannt, der alle Welt verderbt und deshalb vom Herrn selbst gestürzt werden soll.

Bonifazius, der römische Stadthalter Nordafrikas, durch einen Nebenbuhler beim Hofe verdächtigt, rief die spanischen Vandalen zu Hilfe. Im Mai 429 setzten die Vandalen und Alanen nach Afrika über. Das durch Genserich geführte Volk von 50 – 80`000 Mann folgte ihm und innerhalb von 12 Jahren hatten sie das afrikanische Drittel des römischen Reiches durch Raub, Mord und verwüsten erobert, und das Reich der Vandalen gegründet.

Genserich beschloss eine Seemacht zu schaffen, die Wälder des Atlas boten ihm einen unerschöpflichen Vorrat von Bauholz. Seine neuen Untertanen waren in der Schiffbaukunst erfahren. Mitten im Frieden nahm er Karthago (das afrikanische Rom) ein und machte es 439 zur Hauptstadt seine Vandalenreiches. Jetzt war Genserich der gewaltige Seekönig und rüstete seine Flotte um Sizilien anzugreifen. Er eroberte Lilybäum, belagerte Palermo und bedrohte Unteritalien.

„*Genserich mit seiner Armee war also der brennende Berg, den der Sturmwind von Westen her über das afrikanische Drittel des römischen Reiches hinwehte, wodurch dann Blut genug vergossen wurde, um das Meer zu färben, auch die Menschen, die auf der See in den Schiffen Nahrung trieben, getötet und mit ihren Schiffen zertrümmert wurden.*" (Siegesgeschichte S. 255)

Als Valentian III. von Maximus ermordet wurde, rief dessen Witwe Eudoxia Genserich zu hilfe. „*Im Zorn darüber rief sie den Meerkönig Genserich in Afrika nach Italien herüber. Dieser, schon lange nach dessen Schätzen lüstern, erschien alsbald mit einer mächtigen Flotte (455). Rom wird blass und tot vor entsetzen, als es seine Landung hört. Der neue Kaiser will fliehen; das Volk steinigt ihn auf der Straße. Der fürchterliche Vandale kommt vor Rom und nimmt es ohne Mühe ein. Bischof Leo erhielt nur das Versprechen, dass es vor Feuer und Schwert verschont bleiben soll. Dafür wird es 14 Tage lang gründlich ausgeplündert. Unter den geraubten Kostbarkeiten befanden sich auch die heiligen Tempelgeräte, welche Titus von Jerusalem nach Rom gebracht hatte.*" (Redenbacher, Weltgeschichte S. 282)

(8, 9) Zusammen mit Vers 8 ergibt dies, dass der Berg, also Genserich, viele kämpfe im Meer ausfechten wird und viel erobern und zerstören wird. Aus der Geschichte kann man dies gut erkenne. Kaiser Majorian versuchte 457 durch die Schaffung einer Flotte, mit 300 großen Galeeren und einer Masse von Transport und kleineren Schiffen, die Macht Genserich`s im Mittelmeer, von Carthagena in Spanien aus zu brechen. Genserich wurde jedoch von der heran drohenden Gefahr gewarnt und er überraschte die unbewachte Flotte. „*Viele Schiffe wurden versenkt oder genommen oder verbrannt und die Rüstungen von drei Jahren in einem einzigen Tag vernichtet.*" (Gibbon VII S.25) Beide Teile des römischen Reiche (Ost und West) beschlossen zusammen gegen Genserich vorzugehen. Von Byzanz aus starteten über 1000 Schiffe mit einem Landungsheer von 100000 Mann.

„*Die Gefahr war groß und der kombinierte Angriff schien gelingen zu sollen. Marcellian gewann Sardinien, Heraklius, die Städte von Tripolis und zog auf dem Landwege gegen Karthago; da erbat Genserich eine Waffenruhe von fünf Tagen. ... Der Seekönig wartete aber nur auf das eintreten günstigen westwindes, rüstete Brander, bemannte seine Schnellsegler und griff (wohl in der Nacht), während die erwartete Briese sich erhob, ... mit allen seinen Kriegsschiffen an. Eine furchtsame Katastrophe traf die stolze Armada; sie ging, trotz heldenhaften Wiederstandes einzelner Kapitäne, in Flammen und Blut unter.*" (Onken, AG. II, 2, I, 169)

Alles eroberte holte sich Genserich zurück und bevor er starb (477), sah er noch den gänzlichen Untergang des römischen Reiches.

10 Und der dritte Engel posaunte: und es fiel ein großer Stern vom Himmel, der brannte wie eine Fackel und fiel auf den dritten Teil der Wasserströme und über die Wasserbrunnen. 11 Und der Name des Sterns heißt Wermut. Und der dritte Teil der Wasser ward Wermut; und viele Menschen starben von den Wassern, weil sie waren so bitter geworden.

(8, 10) Der erste Schlag traf Rom zu Land, der zweite seine Seemacht und der dritte seine Flüsse, Bäche und Quellen. Attila und seine Hunnen führten den dritten Schlag. Er erschien plötzlich am politischen Horizont und begann die Donau und den Rein hinaufzuziehen.

Der römische Welt fehlte es an einem zusammenhängendem Gemeinschaftsleben. Es war nicht nur in Ost und West geteilt, sondern hatte im Westen germanische Lebensweisen aufgenommen. Im Hunnischen Reich hingegen hielt einer mit Autorität (Attila) alles im Zaum und lenkte so nicht nur sein Land, sondern auch seine Streitkräfte. Über seinen plötzlichen Tod (453) schrieb Ranke: „*Die Welt atmete auf, wie so oft beim verschwinden eines Gestirns, von welchen man Unglück erwartete. Man möchte sagen: es gibt auch an dem politisch-nationalen Horizont Kometen.*“ (Weltgeschichte IV, 292)

(8, 11) Wermut ist ein durch und durch bitteres Kraut, was alles bitter macht was mit ihm in Berührung kommt. Wie Wermut alles Wasser bitter machen würde und wie ein Gift auch den Tod verursachen kann, so sollte dieser Meteor auch überall Bitterkeit und Tod bringen.

Die Hunnen zogen 375 von den Grenzen Chinas aus über die Wolga und schoben die Goten und andere Völker unwiderstehlich gegen Rom. Um 433 wurde Attila Herrscher der Hunnen. Seine Residenz war in Westungarn. An der Spitze von 700´000 Mann verließ er 450 sein Reich und durchzog Österreich, Süddeutschland und drang bis nach Orleans vor. Bei Chalons kam es im Sommer 451 zu einer großen Völkerschlacht. „*Die Völker von der Wolga bis zum Atlantischen Meer waren auf der Ebene von Chalons versammelt; viele dieser Völker hatten jedoch Parteiung, Besiegung oder Auswanderung geteilt, und der Anblick ähnlicher Waffen und Feldzeichen, die einander bedrohten, bot das Bild eines Bürgerkrieges.*“ (Gibbon VI, 269)

Nun musste Attila sich zurückziehen. Er ging aber über die Alpen nach Oberitalien, machte die Stadt Aquileja dem Erdboden gleich. Attila selbst nannte sich „die Geißel Gottes“. Sein Schutzgott war ein eisernes Schwert. Um diesen Kriegsgott zu ehren, errichteten die Hunnen einen Holzhaufen, pflanzten das Schwert darauf und weihten ihm jährlich das Blut von Schafen, Pferden und hunderten Gefangenen.

„*Attila, als der Günstling des hunnischen Mars erlangte bald einen geheiligten Charakter, der seinen Eroberungen größere Leichtigkeit und dauerhaften Bestand gab. Die Barbarenfürsten bekannten in der Sprache der Schmeichelei, dass sie es nicht vermöchten, die göttliche Majestät des Königs der Hunnen festen Blickes in das Auge zu fassen*“ (Gibbon VI, 218)

12 Und der vierte Engel posaunte: und es ward geschlagen der dritte Teil der Sonne und der dritte Teil des Mondes und der dritte Teil der Sterne, daß ihr dritter Teil verfinstert ward und der Tag den dritten Teil nicht schien und die Nacht desgleichen.

(8, 12) Unter den ersten drei Posaunen wurde das Drittel von Erde, Bäume, Meer, Wasserquellen, Schiffen und Menschen getroffen. Nun wird das Drittel an Sonne, Mond und Sternen, damit auch Tag und Nacht getroffen.

Es sind Leuchtkörper, die Licht und Wärme auf die Erde bringen. Aus der Traumgeschichte des Josephs (1.Mose 37, 9-10) wird klar, wer mit Sonne Mond und Sterne Gemeint ist. Betrachtet man Daniel 8, 10, so beziehen sich Sterne auf die Starken eines Volkes. Somit ist mit der Sonne die höchste Regierungsgewalt, der Mond die Konsulargewalt und die Sterne der Senat gemeint.

Nach der Verheerung des römischen Reiches zur Zeit der Völkerwanderung, verschwindet langsam die bisherige Regierungsgewalt und die Völkerstämme reißen sich diese mit Gewalt an sich. Nach Daniel 2 und 7 entstehen zehn Teilreiche aus dem Eisernen Römerreich, die in den 10 Zehen gezeigt werden.

Bengel erläutert : „*Unter all dem Getümmel ging eine Provinz nach der anderen, als Spanien, Afrika, Gallien, Pannonien, Britannien, Illyrien verloren. Zuletzt machte Odokar, der 476 nach Italien und gegen Rom kam, dem Kaiserreich selbst ein Ende und 493 bekam Theodorich die Oberhand.*" *Redenbacher: „Nach dem gesteinigten Maximus kamen in 21 Jahren acht Kaiser. Mann kann nicht sagen, sie regierten, aber sie führten einen Titel. Es gab bessere darunter; sie waren aber alle Spielbälle deutscher Fürsten. ... Als der 15 Jährige Romulus ein Jahr lang den Purpur getragen und sein Vater die fremdem Truppen nach Gallien schicken wollte, stand dies Söldnerheer, welches aus Herulern, Rugiern, Schiren, und anderen Germanen bestand, unter seinem Anführer, dem tapferen Edling Odokar, auf und verlangten den dritten Teil der Äcker Italiens. Dieser ließ sich am 23. August 476 zum Kaiser ausrufen, ... Der hübsche Knabe musste nur den Purpur ablegen und wurde auf das schöne Landgut des Lukullas bei Neapel verwiesen, ... Das war also der letzte römische Kaiser Romulus, wie der starke Gründer Roms, genannt.*" (Weltgeschichte S.282)

Das Amt des Konsuls bestand in Rom bis 534 und Konstantinopel bis 553. Dieses Amt war in der Kaiserzeit „*wie der Mont neben der Sonne scheint*". Er hatten im Senat die Gewalt über Frieden oder Krieg und diente somit dem Kaiser, Senat und dem Volk. Die alte Würde aber verblich im laufe der Zeit, so dass ihre Inhaber lediglich ernannt wurden, um im Jahr dem Volk ein Fest zu geben. Da dessen Kosten zu ungeheuren Summen stiegen, fand sich kein Senator mehr bereit, es anzunehmen.

13 Und ich sah und hörte einen Engel fliegen mitten durch den Himmel und sagen mit großer Stimme: Weh, weh, weh denen, die auf Erden wohnen, vor den andern Stimmen der Posaune der drei Engel, die noch posaunen sollen!

(8, 13) Ein besonderes Zwischengesicht führt die zweite Gruppe der Posaunen ein, die wegen des zunehmenden Abfalls und noch schrecklicheren Selbstüberhebung desto stärkere Züchtigungen ankündigen.

Wie es am Ende des sechsten Jahrhunderts stand schreibt der Bischof Gregor I. : *„Wie könnte ein Volk mit solcher Grausamkeit unter den Gläubigen den Tod verbreiten, wenn nicht das Leben von uns, die wir Bischöfe heißen, es aber nicht sind, mit sehr großen Sünden belastet sind? Da wir aber das uns Zustehende vernachlässigen und auf das denken, was uns nicht zusteht, so verbinden sich unsere Sünden mit den Streitkräften der Barbaren, unsere Schuld schärft die Schwerter der Feinde und die Kräfte des Reiches schwinden dahin. Wie werden wir es verantworten, dass wir das Volk, dessen unwürdige Vorsteher wir sind, auch noch durch die Last unserer Sünden bedrücken? ... Die Gebeine werden durch fasten gequält, im Herzen sind wir aber voll Hochmut. Der Leib hüllt sich ins Bettlerkleid, der Hochmut des Herzens aber übertrifft den Purpur. ... Der sehr heilige Mann mein Mitbischof Johannes, will allgemeiner Bischof genannt wein. Ich bin gezwungen auszurufen und zu sprechen: O Zeiten, o Sitten! Siehe, alles in Europa ist in der Willkür der Barbaren anheimgegeben, Städte sind zerstört, feste Plätze geschliffen, Provinzen entvölkert, kein Bebauer wohnt mehr im Lande, täglich und nicht vergebens lechzen die Götzendiener nach dem Blute der Gläubigen.“*

Der Adler als Aasfresser (Matth. 24, 28) kündet vom Gericht und krächzt sein dreifaches Wehe über die, die auf der Erde wohnen. Die Ankündigung verschärfter Gerichte ergibt sich aus anderen Bibeltexten, wo das einbrechen verheerender Feinde mit dem fliegen des Adlers zu seiner Beute verglichen wird. (5.Mose 28, 49 ; Hos. 8, 1 ; Hab. 1, 8 ; Jer. 48, 40 ; 49, 22 ; Hes. 17, 3) Je größer der Abfall, desto schärfer Gottes Zuchtrute. Je näher das Weltende, desto deutlicher die Vorboten des kommenden Endgerichts.

Kapitel 9

1 Und der fünfte Engel posaunte: und ich sah einen Stern, gefallen vom Himmel auf die Erde; und ihm ward der Schlüssel zum Brunnen des Abgrunds gegeben. 2 Und er tat den Brunnen des Abgrunds auf; und es ging auf ein Rauch aus dem Brunnen wie ein Rauch eines großen Ofens, und es ward verfinstert die Sonne und die Luft von dem Rauch des Brunnens. 3 Und aus dem Rauch kamen Heuschrecken auf die Erde; und ihnen ward Macht gegeben, wie die Skorpione auf Erden Macht haben.

(9, 1) Das fünfte Kampfsignal kündigt das erste der drei Wehen an.

Der Stern der vom Himmel auf die Erde fällt erinnert an Jesaja 14, 12 und Lukas 10, 18. Satan, als *„Fürst der Finsternis"* ist nicht nur das Hauptwerkzeug, sondern auch der Hauptanstifter aller Verfolgung, der sich menschlichen Werkzeuge bedient um die ganze Welt zu verführen (Offb. 12, 9 ; 13, 2). Das Wesen des Irrsterns weist sich dadurch aus, dass ihm Schlüssel des Abgrundes gegeben wird.

Die Erfüllung der Posaune muss nach dem Sturz des weströmischen Reiches durch die germanisch und romanischen Völker gesucht werden.
Mohammed (geb. 570 zu Mekka) stammt aus der Familie Haschim, die den Schlüssel zur Kaaba, dem arabischen Volksheiligtum, erblich angehört. Dächsel schreibt: *„Als forschender Geist und zu einem gesalbten Gottes für sein Volk sich berufen fühlend, geriet er gar bald aus der Bahn der Wahrheit; von Anfang an zeigte sich in geistiger Hinsicht etwas krankhaftes an ihm, unter Träumen und Halluzinationen kam das Kind der Religion, die er gestiftet hat, zur Welt, und der Koran von ihm sagt, er habe den Schlüssel Gottes empfangen, um damit die wahre Religion und den Himmel aufzuschließen."* (Weltgeschichte)
Der Koran erkennt dem Mohammed die Schlüsselgewalt zu ; *„Das Schwert, sagt Mohammed, ist der Schlüssel zu Himmel und Hölle; ein Tropfen Blut in Gottes Sache vergossen, eine Nacht unter Waffen zugebracht, nützt mehr als zwei Monate Fasten und Beten; wer immer in der Schlacht fällt, dessen Sünden sind verziehen."* (Gibbon)

(9, 2) Abgrund (abüyyos) bezeichnet das Bodenlose, den Abgrund (1.Mose 1, 2 ; 7, 11 ; 8, 2 ; Lk. 8, 31 ; Röm 10, 7 ; Offb. 9, 1. 2. 11 ; 11, 7 ; 17, 8 ; 20, 1. 3).

Das Reich der Finsternis ist ein unergründlicher Abgrund. Brunnen und Zisternen sind immer sorgfältig verschlossen. Um eine Ausuferung der Finsternis darzustellen, wird dies in einer Brunnenöffnung beschrieben. Nach seiner Öffnung durch den Irrstern, qualmt die Irrlehre wie dichter Rauch, so das dieser Sonne und Luft verfinstert. Mit Sonne und Luft, ist das helle Licht des Evangeliums gemeint.
Die Lehre Mohammeds von dem „einigen wahrhaften Gott" ist ein Fortschritt über die Vielgötterei des Heidentums, doch ist der Koran nur ein zusammengesuchtes Buch und mit seinen fünf Hauptgeboten, bestehend in Äußerlichkeiten (Waschungen, Gebet, Fasten, Wallfahrt und Almosen) und sein Lohn ist ein Paradies voll sinnlicher Genüsse. Dem Islam fehlt der göttliche Erlöser, das klare erleuchtende Gotteswort, das Sittengesetz der Liebe und die

erneuernde Kraft des heiligen Geistes. Es werden zwar Abraham, Jakob, Mose, Jona und Jesus aufgezählt, aber Mohammed überragt alle.

(9, 3) Von der Ferne aus gesehen kamen aus dem Rauch mächtige Heuschreckenschwärme hervor. Die Macht der Skorpione liegt darin, aus der Deckung heraus ihren Giftstachel im Schwanz einzusetzen. Dieser Stich verursacht große Schmerzen und kann ,bei einigen Arten, zu einen schnellen oder langsamen Tod führen.

4 Und es ward ihnen gesagt, daß sie nicht beschädigen das Gras auf Erden noch ein Grünes noch einen Baum, sondern allein die Menschen, die nicht haben das Siegel Gottes an ihren Stirnen. 5 Und es ward ihnen gegeben, daß sie sie nicht töteten, sondern sie quälten fünf Monate lang; und ihre Qual war wie eine Qual vom Skorpion, wenn er einen Menschen schlägt. 6 Und in den Tagen werden die Menschen den Tod suchen, und nicht finden; werden begehren zu sterben, und der Tod wird vor ihnen fliehen.

(9, 4) Ein Verbot gegen die Schädigung der zum Unterhalt so nötigen Fruchtbäume, Getreide und Vieh wurde von Mohammed erlassen. Vielleicht hatte er 5.Mose 20, 19 im Blick.
Abu Beker erließ folgende Verordnung : „*Leute, ich habe zehn Dinge euch zu empfehlen, welche ihr genau beobachten müsst. Täuscht niemand und stehlt nicht, handelt nicht treulos und verstümmelt niemanden, tötet weder Kinder noch Greise noch Weiber, beraubt der Palme nicht ihrer Rinde noch verbrennt sie, schlagt nicht die Fruchtbäume ab und zerstört nicht die Saatfelder, tötet nicht Schafe noch Ochsen noch Kamele außer für eueren Lebensunterhalt. Ihr werdet geschorene finden, schlagt sie mit dem Säbel auf die Tonsur; ihr werdet auch Leute in Zellen (Einsiedler) finden, lasst sie in Ruhe, damit sie in der Erfüllung ihrer Gelübde fortfahren*“ (Onken, Der Islam I. 249)
Der Koran selbst schärft immer wieder ein, verstockte Götzendiener, die an der Tonsur zu erkennenden sind (Bilder verehrenden Mönche) ohne weiteres zu töten. Dem Bilderdienst in jeder Form feind, vernichtete der Islam nicht nur alle Götzen und Heiligenbilder, sondern auch deren Verehrer, wenn sie nicht davon abließen.

Es werden alle Menschen davon betroffen sein, außer die, die das Siegel Gottes an ihrer Stirn haben. Wie geht das, wenn die Versiegelung erst am Ende der Tage stattfinden wird? Schon Hesekiel spricht von den Versiegelten (Hes. 9, 4). Die Versiegelung geschieht innerlich und wird in der Endzeit äußerlich, durch den Druck der Verhältnisse, wie in Offb. 13, 14 beschrieben wird, zu tage treten.
Der zunehmende verfall der Kirche verursachte die Abtrennung großer Gemeinschaften in Syrien, Mesopotamien, Armenien und Abessinien. Diese blieben vor dem zunehmenden Aberglauben, Bilderdienst, Heiligenverehrung und endlosen Zeremonien bewahrt. Sie blieben mit ihrem Glauben auf biblischen Grund und ruhten auch noch Jahrhunderte am siebenten Wochentag (Samstag). Die verfolgten Gemeinschaften suchten den Schutz der Mohammedaner und von dort aus wanderten sie in den späteren Jahrhunderten über Bulgarien in ganz Europa aus. Sie wurden in Italien Pateriner, Catharer, Chazari genannt, in Frankreich Albigenser und erschienen in ganz Europa als entschlossene Bestreiter des Papsttums, als Vorläufer der Reformation.

(9, 5) Die Grasschädigende Wirkung der Heuschrecken wird ausgeschaltet und ihr dafür einen Schwanz mit Giftstachel des Skorpions gegeben. Ein Stich ist sehr schmerzhaft, bei einigen Arten ist dies auch für den Menschen tödlich.

In 1.Könige 12 wird erwähnt, dass Rehabeam die Last des Volkes nicht erleichtern wollte, sondern „*euch mit Skorpionen züchtigen*" (1.Kön 12, 11). Gemeint ist damit die bedrückende Behandlung. („sie quälten fünf Monate lang" siehe Erklärung in Vers 10)

(9, 6) In der Tat waren darin die Anhänger des Mohammed von Anfang an Meister. „*Sie machten die Existenz der unterworfenen Völker zu einer elenden, rechtlosen, in materieller und geistiger Beziehung wie an Gift dahinsiechend, so dass im Vergleich mit ihr ein völliger Untergang noch besser und ehrenvoller gewesen wäre.*" (Dächsel WG)

7 Und die Heuschrecken sind gleich den Rossen, die zum Kriege bereitet sind; und auf ihrem Haupt wie Kronen, dem Golde gleich, und ihr Antlitz gleich der Menschen Antlitz; 8 und hatten Haare wie Weiberhaare, und ihre Zähne waren wie die der Löwen; 9 und hatten Panzer wie eiserne Panzer, und das Rasseln ihrer Flügel wie das Rasseln an den Wagen vieler Rosse, die in den Krieg laufen; 10 und hatten Schwänze gleich den Skorpionen, und es waren Stacheln an ihren Schwänzen; und ihre Macht war, zu beschädigen die Menschen fünf Monate lang. 11 Und hatten über sich einen König, den Engel des Abgrunds, des Name heißt auf hebräisch Abaddon, und auf griechisch hat er den Namen Apollyon. 12 Ein Wehe ist dahin; siehe, es kommen noch zwei Wehe nach dem.

(9, 7) Heuschrecken, Skorpione, edle Rosse und behände Reiter sind im Morgenlande heimisch und werden in der Bibel oft als Wirklichkeit und Bild gebraucht. Zum Beispiel die Einfälle der Midianiter in Kanaan, die Reiterscharen Nebukadnezars in Ägypten und der Meder in Babylonien (Richter 6, 5 ; Jer. 46, 23 ; 51, 27)

Hesekiel beschreibt in 23, 42, dass die Wüstensöhne Arabiens „schöne Kronen auf ihre Häupter" haben. Gemeint sind die verschieden artige Turbane.

(9, 8) „Die Ismaeliten stürmten heran, ein Volk auf Rossen und Kamelen reitend und den Kopfbund ums lange Haar." (Hieronymus) Ihre Zähne „wie die der Löwen" deuten ihren Mut und ihr ungestümes Angreifen an. Dass die Araber mit solch einem Löwenmut kämpften geht aus dem Koran hervor und wird von den Geschichtsschreibern allgemein anerkannt.

(9, 9) Der Koran berichtet in Sure 21, dass schon in der Zeit Davids die Israeliten zu ihrer Verteidigung Panzer anfertigten. Sure 16 berichtet von den „*Panzer, welche zur Verteidigung im Kriege dienen*". Im Buch „Der Islam" von D.A.Müller wird folgendes berichtet: „*Die Köpfe waren durch Helme, die Leiber durch Panzerhemden geschützt; daher hörten wir so viel von abgehauenen Beinen und Armen.*" (I. 112)

Das Bild von dem Rasseln, was hier gebraucht wird, beschreibt auch Joel in den Versen 2, 4-9. Es ist der Krach von Pferden, Kriegern mit Panzer, „*die in den Krieg laufen*".

(9, 10) Der Islam hatte nicht nur das Schwert um die Menschen durch Waffengewalt zu quälen, sondern durch Aufdrängung ihrer Religion. Die Ausübung dieser Religion war wie der Stachel des Skorpions, der die Gefühle schmerzlich verwundete.

Die hier angegeben prophetischen Zeit von fünf Monaten wird, wie immer ; der Monat zu je 30 Tagen, ergibt 150 Tage berechnet. Im prophetischen Maßstab *„je einen Tag für ein Jahr“* (Hes. 4, 6) sind dies dann 150 Jahre. Die Eroberungszüge der Araber begannen mit der Flucht Mohammeds aus Mekka (622), den Ausgangspunkt arabischer Zeitrechnung und endeten mit der Gründung Bagdads als Sitz der Kalifen (722). *„Krieg hörte auf, die Leidenschaft der Sarazenen zu sein; weder Erhöhung des Soldes, noch Wiederholung von Geschenken vermochte die Nachkommen jener freiwilligen Krieger anzulocken, die sich in der Hoffnung auf Beute und Paradies unter die Fahnen Abubekers und Omars gescharrt hatten.“* (Gibbon X, 126)

(9, 11) Aus dem Verhalten der Heuschrecken geht heraus, das sie sich zwar im Schwarm zusammenfinden, aber keinen Anführer (König) haben. Auch Sprüche 30, 27 beschreibt dies. Aber hier wird ausdrücklich darauf hingewiesen, dass diese einen König, den Engel des Abgrunds als Anführer haben.

Das Hebräische abaddon bezeichnet das Verderben in engster Verbindung mit dem Tod und der Unterwelt (Hiob 26, 6 ; 28, 22 ; 31, 12 ; Ps. 88, 12 ; Spr. 15, 11). Dieser König ist als Abaddon das leibhaftige, fleischgewordene Verderben und heißt deshalb Apollyon auf griechisch und wird noch einmal in dieser Sprache erwähnt, um ja sicher zu stellen, dass jeder Mensch, der es liest auch versteht.

(9, 12) Die gewaltsame Ausbreitung des Islam durch die Araber war eine schreckliche Wehe für die verweltlichte, in Aberglauben und Bilderdienst gesunkenen Kirche. Aber es kommen noch zwei weitere. Es ist also eindeutig, dass sich Menschen nicht von ihrem schlechten Weg abwenden ließen, sondern in ihrem denken, wollen und tun weiter machen, egal was sich in ihrer Umwelt so abspielt.

13 Und der sechste Engel posaunte: und ich hörte eine Stimme aus den vier Ecken des goldenen Altars vor Gott, 14 die sprach zu dem sechsten Engel, der die Posaune hatte: Löse die vier Engel, die gebunden sind an dem großen Wasserstrom Euphrat. 15 Und es wurden die vier Engel los, die bereit waren auf die Stunde und auf den Tag und auf den Monat und auf das Jahr, daß sie töteten den dritten Teil der Menschen.

(9, 13) Es ist der selbe Ort, von dem die Stimme kommt wie in Offenbarung 8, 4. Der goldene Räucheraltar, der unmittelbar vor dem Allerheiligsten stand, wo Gottes Gegenwart sich offenbarte, diente im täglichen Versöhnungsdienst nicht nur als Räucheraltar, sondern auch mit seinen vier goldenen Hörnern als wichtiger Sühne-Ort. *„Auf seinen Hörnern“* mussten die besonders schweren Unterlassungssünden von Priestern und des gesamten Volkes versöhnt werden. Wie auch am großen Versöhnungstag alle Sünden *„einmal im Jahr mit dem Blut des Sündopfers“* (2.Mose 30, 10 ; 3.Mose 4, 7. 18 ; 16, 18) versöhnt wurde.

(9, 14) Eine Stimme sprach *„Löse die vier Engel, ...“*. Wer kann diesen Befehl vom goldene Räucheraltar geben, als allein der himmlische Hohepriester selbst, der dort seinen Dienst für die Menschen verrichtet.

Bezeichnend ist es, dass gerade in dieser Zeit der alles versöhnende himmlische Dienst aus den Augen verloren wurde und anstelle der vergebliche Dienst irdischer Priester entstand. So versündigten sich die „Christen“ am Mittlerdienst Christi, der vor dem goldenen Räucheraltar den versöhnenden himmlischen Dienst versah.

Die Zahl vier ist die Erdweltzahl und wird in den vier Himmelsrichtungen zum Ausdruck gebracht. Aus der Ortsbezeichnung „an dem großen Wasserstrom Euphrat“ geht ihr Machtbereich hervor und das gebunden sein in der damaligen Beschränkung an diesen Orten. Diese Text weist also auf eine Weltmacht hin, die nicht nur an dem Ort des Euphrat gebunden war, sondern auch als solche wieder von neuem gelöst wird.

Ein enger Zusammenhang besteht in der fünften und der sechsten Posaune, denn diese „neue“ Weltmacht wird nicht beschrieben, sondern wird nach einiger Zeit wieder zum Vorschein kommen. In den 150 Jahren der fünften Posaune hatten die Araber den Islam über drei Weltteile ausgebreitet. Als sich Bagdad zur Zentralstadt des islamischen Weltreiches entwickelte, wurden die Kriege eingestellt, eine friedliebende Kultur der Wissenschaft und des Handels entstand.

„Die Ausbreitung des Islams kommt ins stocken, und erst das Soldatenvolk der Türken beginnt 200 Jahre später sie neu in Fluss zu bringen“ (Islam I , 474)
„Der Ursitz der Türken lag jenseits des Kaspischen Meeres und im 10. Jahrhundert breitete sich ein Schwarm dieser nordischen Hirten über die Persischen Königreiche aus. Der Sieg des Zendekan (1038) gründete in Persien die Dynastie der Hirtenkönige. ... Die Gesamtheit der türkischen Nation bekehrte sich mit Eifer und Inbrunst zur Religion Mohammeds.“ „Nach der Eroberung von Bagdad (1060) wurde er vor den Kalifen geführt, auf einen zweiten Thron gesetzt und ihn zum weltlichen Stellvertreter des Stellvertreters des Propheten erklärt.“ (Gibbon XI 1-13) Durch die bestimmte Benennung des Ausgangsortes (Wasserstrom Euphrat), wird die Richtigkeit dieser Deutung erkannt.

(9, 15) Durch die Bezeichnung „auf die Stunde und auf den Tag und auf den Monat und auf das Jahr“ wird nicht auf die Dauer oder den Zeitpunkt der Plage hingewiesen, sondern Gott hat diese Mächte zubereitet (sich zubereiten lassen), damit sie genau in dem von ihm vorgesehenen Moment losgelassen werden können, um ihr Werk auszurichten.

Auch der Prophet Daniel berichtet, dass der Gott Israels auch der Heiden König ein und absetzt und den Weltmächten ihre Grenzen gibt. (Dan. 2, 21)

16 Und die Zahl des reisigen Volkes war vieltausendmal tausend; und ich hörte ihre Zahl. 17 Und also sah ich die Rosse im Gesicht und die daraufsaßen, daß sie hatten feurige und bläuliche und schwefelige Panzer; und die Häupter der Rosse waren wie die Häupter der Löwen, und aus ihrem Munde ging Feuer und Rauch und Schwefel. 18 Von diesen drei Plagen ward getötet der dritte Teil der Menschen, von dem Feuer und Rauch und Schwefel, der aus ihrem Munde ging. 19 Denn ihre Macht war in ihrem Munde; und ihre Schwänze waren den Schlangen gleich und hatten Häupter, und mit denselben taten sie Schaden.

(9, 16) *„Eine Heeresmacht der ganzen Erde, eine Welt in Waffen ist gemeint." „Myriaden türkischer Reiter kämpften mit skythischer Tapferkeit und dem Fanatismus Neubekehrter.*" (Gibbon XI, 14)

(9, 17) Die Steppensöhne Asiens waren schon von Kindesbeinen auf mit Pferden zusammen aufgewachsen. So ist es nicht verwunderlich, dass sie als „eine Einheit" gesehen werden. Ihre Häupter, wie die der Löwen, zeigt ihren Mut und Tapferkeit.

Auffallend ist, dass hier von Schwefel die Rede ist. In der Schriftsprache wird immer dann der Schwefel dem Feuer beigefügt, wenn es sich um schwere Gottesgerichte handelt, als kräftiges Mittel zur vollen Zerstörung, wie bei der Zerstörung von Sodom und Gomorra (1.Mose 19, 24 ; Hes. 38, 22). In jener Zeit fand man heraus, dass aus eine Mischung von Salpeter, Schwefel und Kohle und einen Funken, eine große Kraftentladung verursachte. Wird diese in eine Röhre eingeschlossen und mit einer Kugel verschlossen, wird diese beim zünden mit unwiderstehlicher Schnelligkeit ausgeschlossen.

(9, 18) In den letzten drei Plagen zusammen wurden insgesamt „der dritte Teil der Menschen" getötet. Nicht nur allein durch Krieg und Raub, sondern auch aus der Lehre, die „aus ihrem Munde ging" wurden die Menschen geplagt, verfolgt und getötet.

(9, 19) *„Bei den Osmanen aber zeigte sich gegenüber den Christenvölker der wildeste Fanatismus des Islam und war weit gefährlicher als eins die Flut der Hunnen und Mongolen, weil sie erstaunlich wohlgeordnet war und kraftvoll geführt wurde. Unersättlich war Mohammed II. in seiner Eroberungsgier und in seiner Neigung christliches Blut zu vergießen.*" (PAaZuE S.246)

20 Und die übrigen Leute, die nicht getötet wurden von diesen Plagen, taten nicht Buße für die Werke ihrer Hände, daß sie nicht anbeteten die Teufel und goldenen, silbernen, ehernen, steinernen und hölzernen Götzen, welche weder sehen noch hören noch wandeln können; 21 und taten auch nicht Buße für ihre Morde, Zauberei, Hurerei und Dieberei.

(9, 20) Die eigentliche Ursache der Strafgerichte wird hier am Ende der sechsten Posaune gegeben. Die Gerichtsreife bezieht sich auf den Götzendienst und die Allgemeinheit des Mordens, der Zauberei, Unzucht und Diebstahl. Wie im AT, so steht auch im NT die Anbetung der Dämonen und der von den Menschen gemachten Bilder an erster Stelle der Strafgerichte Gottes. Die Bestrafung Israels, im AT wirft ein Licht auf die der Gemeinde im NT.

Das Anbeten von Heiligen und ihren Bildnissen war und ist weit verbreitet. Sogar Feiertage, die sich auf die Anbetung von Sonne, Mond und Götzendienst beziehen wurden eingeführt und von den Heiden so übernommen, dass es kaum einen Unterschied zu den Alten Rieten gab. (Ostern ; Weihnachten ; ...)

Faustus wirft solchen Christen vor: *„Ihr habt die Götzen im Märtyrer verwandelt, die ihr in ähnlichen Gebeten göttlich verehrt und versöhnt die Schatten der Toten mit Wein und Fleisch.*" Hefele schreibt (IV, 40): *„Sie sangen vor ihnen Psalmen, beteten sie an und hofften Hilfe von diesen Bildern. Viele bekleideten sie mit leinenen Tüchern und wählten sie zu Taufpaten für ihre Kinder. Einige Priester und Kleriker kratzten sogar die Farbe von den Bildern ab, mischten sie in Hostien und in Wein und reichten sie nach der Messe (als Segensspruch) dar. Wieder andere legten den Leib des Herrn in die Hände der Bilder, woraus dann die Kommunikanten ihn empfingen."*

(9, 21) Luther schreibt: *„Denn gerade als wären der vorherigen Sünden zu wenig, da wir Gott mit Messen, Fegefeuer, Heiligendienst und andere mehr Eigenwerk und Gerechtigkeit aufs höchste (wiewohl unwissend) erzürnt und alle Winkel mit solchen großen Abgöttereien erfüllt haben und gemeint, Gott darin sonderlich zu dienen, so fahren wir darüber zu und verfolgen das liebe Wort, so uns zur Buße von solchen Gräueln beruft, und verteidigen wissentlich und mutwillig solche Abgötterei mit Feuer, Wasser, Strick, Schwert, Fluchen und Lästern, dass nicht Wunder wäre, ob Gott nicht allein Türken, sondern eitel Teufel über Deutschland ließe. ... Also ist der Türke auch unser Schulmeister und muss uns stäupen und lehren Gott fürchten und beten, sonst verfaulen wir ganz in Sünden und aller Sicherheit.*" (EA. XXXII, 75, 80)

Kapitel 10

Der Engel mit dem Büchlein

1 Und ich sah einen andern starken Engel vom Himmel herabkommen; der war mit einer Wolke bekleidet, und ein Regenbogen auf seinem Haupt und sein Antlitz wie die Sonne und Füße wie Feuersäulen, 2 und er hatte in seiner Hand ein Büchlein aufgetan. Und er setzte seinen rechten Fuß auf das Meer und den linken auf die Erde; 3 und er schrie mit großer Stimme, wie ein Löwe brüllt. Und da er schrie, redeten sieben Donner ihre Stimmen. 4 Und da die sieben Donner ihre Stimmen geredet hatten, wollte ich sie schreiben. Da hörte ich eine Stimme vom Himmel sagen zu mir: Versiegle, was die sieben Donner geredet haben; schreibe es nicht!

(10, 1) Wie in Offenbarung 7 die Gerichte Gottes unterbrochen werden, so nun hier auch. Dort werden die vier Engel an den vier Ecken der Erde gehalten um die Knechte Gottes zu versiegeln und ein Engel „*von der Sonne Aufgang, der hatte das Siegel des lebendigen Gottes und schrie mit großer Stimme*". Nun sieht Johannes hier einen „starken Engel vom Himmel herabkommen". Sein Handeln ist eng verbunden mit dem sechsten Siegel, denn das siebente Siegel, und sogleich das dritte Wehe, beginnt erste in Offb. 11, 15.

Die Beschreibung des Engels ist sehr bedeutungsvoll. Eine Wolke ist sein Gewand, sein Angesicht ist von der Herrlichkeit des Herrn verklärt, über seinem Haupt schillert der Regenbogen als Zeichen göttlicher Bundesgnade. Seine Füße sind Feuersäulen, die sein Werk unerschütterlich fest macht und alles verzehrt, was sich ihm hinderlich in den Weg stellt. Durch die Eigenschaften, die von dem Vater und dem Sohn entlehnt sind, weist sich dieser Engel „*als ein Vorbote desjenigen Herrn, welcher, wenn er in der Wolke vom Himmels kommt, den Seinen Gnad und Verklärung schenken und seinen Feinden das letzte Gericht bereiten wird.*" (Kliefoth)

Wie einst Johannes der Täufer der Engel war, der den Weg des Herrn bereitet, so versinnbildet dieser Engel ein ähnliches Werk in der Endzeit.

(10, 2) Der himmlische Bote hält in seiner linken Hand ein geöffnetes Buch. Er setzt zum Zeichen der weltweiten Botschaft, die zu Wasser und zu Land ihren Lauf durch die gesamte Welt machen soll, seinen rechten Fuß auf das Wasser und den Linken auf das Land.

(10, 3) Seine Stimme ist so laut, dass sie einem Löwen, wenn er brüllt ähnelt. Als er die Botschaft aus dem Buch in seiner Linken, aller Welt kund tat, hörte Johannes im Widerhall, wie ein Echo, das reden Gottes als Siegel, in den sieben Donner betätigt.

Donner werden im allgemeinen als die „Stimme Gottes" wiedergegeben und weisen auf das Gericht hin. Für die Auserwählten ist dies eine verständliche Zusicherung göttlicher Hilfe (Joh. 12, 28-30). Vergleiche mit 2.Mose 20, 18-21, das Volk fürchtete sich und hörte die Stimme Gottes als „*Donner und Blitz und den Ton der Posaune*"; „*Mose aber sprach: Fürchtet euch nicht*" und „*machte sich hinzu in das Dunkel, darin Gott war.*"

(10, 4) Johannes versteht den Inhalt des Buches und der sieben Donner Gottes, aber eine himmlische Stimme verbietet ihm, das gehörte auf zu schreiben.

5 Und der Engel, den ich sah stehen auf dem Meer und der Erde, hob seine Hand gen Himmel 6 und schwur bei dem Lebendigen von Ewigkeit zu Ewigkeit, der den Himmel geschaffen hat und was darin ist, und die Erde und was darin ist, und das Meer und was darin ist, daß hinfort keine Zeit mehr sein soll; 7 sondern in den Tagen der Stimme des siebenten Engels, wenn er posaunen wird, soll vollendet werden das Geheimnis Gottes, wie er hat verkündigt seinen Knechten, den Propheten.

(10, 5-6) Das, was der Engel mit gewaltiger Stimme der ganzen Welt verkündigt hat, bekräftigt er mit einem Eid bei dem Ewigen, dem Schöpfer des Himmels und der Erde und betont ; *„dass hinfort keine Zeit mehr sein soll*“. Keine Zeit bedeutet, dass sich kein neues Reich, wie zum Beispiel das Perser oder das Römerreich bilden soll, bis alles vollendet ist. Es bleibt also alles bei dem, wie es zu dieser Zeit ist, mögen die Menschen tun was sie wollen, es wird kein neues „Weltreich“ wie eines der Alten entstehen.

(10, 7) Das, was der Herr als frohe Evangeliumskunde schon den alttestamentlichen Propheten kundtat und auf dessen endgültige und alles vollendende Erfüllung wartende Schöpfung, tritt mit sicherer Vollendung mit der siebenten Posaune ein. Noch eingehender wird in Offb. 14, 6 auf den lauten Ruf eingegangen.

8 Und ich hörte eine Stimme vom Himmel abermals mit mir reden und sagen: Gehe hin, nimm das offene Büchlein von der Hand des Engels, der auf dem Meer und der Erde steht! 9 Und ich ging hin zu dem Engel und sprach zu ihm: Gib mir das Büchlein! Und er sprach zu mir: Nimm hin und verschling es! und es wird dich im Bauch grimmen; aber in deinem Munde wird's süß sein wie Honig. 10 Und ich nahm das Büchlein von der Hand des Engels und verschlang es, und es war süß in meinem Munde wie Honig; und da ich's gegessen hatte, grimmte mich's im Bauch. 11 Und er sprach zu mir: Du mußt abermals weissagen von Völkern und Heiden und Sprachen und vielen Königen.

(10, 8) Um welches Büchlein es sich hier handelt, lässt sich an Hand der gemachten Angaben feststellen. Es ist das Buch Daniel, das erst am Ende der Zeit in Verbindung mit der Offenbarung verstanden wird. Aber alles nur so weit, wie es in der Geschichte der Menschheit fortgeschritten ist. Dem “Nachfolger Jesu“ wird nur soviel entschlüsselt um selbst zu erkennen, an welchem Ort in der Zeitspanne er sich befindet und was sich in naher Zukunft ereignen wird, um andere Menschen wach zu rütteln und zu warnen, das das Gericht Gottes vor der Tür ist (und tagt).

(10, 9) Gottes Wort ist Speise für den inwendigen Menschen, dass er dies in sich aufnimmt und innerlich verarbeiten muss, damit es für den Geist des Menschen zum Leben wird.

In dem Büchlein muss nicht nur große Freude, sondern auch Leiden beschrieben sein. Schon Hesekiel (Hes. 2, 9 –3, 3) erlebte das gleiche, er musste die prophetische Rolle voll *„Klage, Ach und Weh*“ essen. Weil es eine göttliche Botschaft war, schmeckte sie *„süß wie Honig*“, aber auch um der bitteren Enttäuschung, der Ablehnung dieser Botschaft *„in bitterem Grimm*“ und *„ganz traurig*“. Auch Jeremia beschrieb dies in Jeremia 15, 16-18.

(10, 10) In dem Johannes den Inhalt des Büchleins durch das essen des selben aneignet, müssen wichtige Angaben dem weiteren Bericht der Offenbarung deutlich hervortreten. Allen Anforderungen entsprechend, handelt es sich um das Büchlein, des Propheten Daniel.

Wichtige Angaben sind bis zur Endzeit versiegelt, sollen aber dann erschlossen werden (Daniel 12, 4). Die darin gemachten Zeitangaben sind so wichtig, dass deren bestimmtes Eintreffen durch einen Schwur bekräftigt wird. (Danil 12, 7)

Die beiden Bücher (Daniel und Offenbarung) ergänzen sich gegenseitig und wachsen in einander, sodass nur die Einheit aus beiden Büchern der Schlüssel zum Verständnis beinhaltet.

(10, 11) Johannes erhielt mit diesen Worten den Hinweis, dass „das Ende noch nicht so bald da sei“ (D. Richter 1840). Es wird in den nächsten Kapiteln um die „Endzeit“ gehen, wie die Nachfolger Jesu und die Menschheit sich verhalten wird.

Kapitel 11

Die beiden Zeugen

1 Und es ward ein Rohr gegeben, einem Stecken gleich, und er sprach: Stehe auf und miß den Tempel Gottes und den Altar und die darin anbeten. 2 Aber den Vorhof außerhalb des Tempels wirf hinaus und miß ihn nicht; denn er ist den Heiden gegeben, und die heilige Stadt werden sie zertreten zweiundvierzig Monate.

(11, 1) Im direktem Anschluss an die neue Weisung *„Du musst abermals weissagen“* (Offb 10, 11), wird Johannes ein Rohrstab übergeben um *„den Tempel Gottes und den Altar“* zu messen. Es handelt sich hierbei nicht um das Messen des Tempels um die Maße bekannt zu geben, sondern um das genaue Abgrenzen, was zum Tempel gehört und was davon abgeschieden ist. *„Und die darin anbeten“*, können nur Nachfolger Jesu sein, die Gott im Geist anbeten, denn diese *„gehören in der Wirklichkeit des Wesens schon in die Reihen Bezirke hinein, die Gottes und des Lammes Thron in der Mitte haben“*. (D.Richter)

Das Einsseihen des Allerheiligen mit dem Heiligen bezeugt den Anbruch des endgültigen Versöhnungstages; sowie, dass die Anbeter in diesem Tempel mit gemessen werden sollen. Das kann nur bedeuten, dass diese Anbeter durch ihren lebendigen Glauben *„das vollkommene Mannesalter Christi“* erreicht und in ihm die Heiligung erlangt haben, *„ohne welche wird niemand den HERRN sehen“* (Hebr. 12, 14) wird.

(11, 2) Den Vorhof soll er nicht mit messen, denn dieser lag außerhalb des Tempelhauses. Dieser Bereich lag unter freiem Himmel und bedeckte die größte Fläche. Dort stand der Brandopferaltar und in den späteren Tempelbauten wurden mehrere Vorhöfe gebaut, die von geräumigen Vorhallen umgeben waren. In diesen Vorhöfen wurde angebetet und die Propheten verkündeten dort ihr Wort. Der Vorhof mit dem Opferaltar deutet auf die Erde, denn dort wurde das Lamm Gottes geopfert. Christus ist mit seinem eigenem Blut in das himmlische Tempelhaus eingegangen, mit dem Verdienst seines einmaligen Opfers, das zur Sühnung aller Schuld genügt.

In Matth. 8, 12 ; Luk. 6, 22 ; Joh. 9, 34 ; 3.Joh. 10 stehen die gleichen griechischen Worte, die mit *„hinauswerfen“* ; *„ausgestoßen“* ; *„absondern“* ; *„verwerfen“* übersetzt werden. *„Der Vorhof soll durch Nichtmessen von dem Heiligtum ausgeschieden, aus dem selben weggeworfen, dem Weltlichen hingegeben, ins Gebiet des Unheiligen verwiesen werden ; der Tempel dagegen nebst Altar und Anbetenden soll durch das Ummessen als das vom Weltlichen abgesonderte Heilige hingestellt werden.“* (Kleifoth) Somit ist eine gründliche Scheidung von der wahren und falschen Anbetung gegeben.

Das der Vorhof schon zu Zeiten Israels „zertreten“ wurde, beweisen die Propheten. Sie klagen das Volk an, dass sie ihre eigenen Opfer, nach eigenen denken opfern, anstatt den Weg des Herrn zu gehen. So war die geistlose Darbringung von Opfern dem Herrn ein Gräuel (Jes. 1, 10+ ; 66, 3) und entsprach dem zertreten seines geheiligten Vorhofs.

Nach dem Kreuzestod Christi sollte aller Opferdienst im irdischen Vorhof enden. Aber die Namenschristen opfern weiterhin, nicht mehr Schlachtopfer, sondern Kerzen, Geld, Gebete, ... Nicht nur der Vorhof, sondern auch die Heilige Stadt soll den Völkern 42 Monat zum zertreten gegeben werden. Gleiche Ursache erzeugt gleiche Wirkung. Die 42 Monate sind die viereinhalb Jahrzeiten oder 1260 Jahrtage und fallen somit in die Zeit bis zur zweiten Wehe. Der „Mensch der Sünde", als die geistige Weltmacht, der sich „in den Tempel Gottes" auf Erden setzt und seinen Gottesdienst den Menschen aufzwingt, ist mit den 42 Monaten gemeint. Dieser verschleiert den wahren Versöhnungsdienst im Himmel und veränderte das Wort Gottes so, dass nicht nur der Vorhof als Anbetungsstätte sondern der Begriff „die Heilige Stadt" auf die ganze Erde ausgeweitet werden muss.

Wie das verschlingen des Büchleins eine symbolische Handlung war, so ist in Verbindung mit der sechsten Posaune auch dies eine Symbolische Handlung. Die entartete Christenheit traf das zweite Wehe, weil sie dem Dämonen und Bilderdienst ergeben war. Der Engel (Offb. 10) verkündete nicht nur den Ablauf aller prophetischen Zeit und den Anbruch der Endzeit an, sondern auch das Ende der Zertretung des Heiligtums und somit der wirkliche Versöhnungstag angebrochen ist.

3 Und ich will meinen zwei Zeugen geben, daß sie weissagen tausendzweihundertundsechzig Tage, angetan mit Säcken. 4 Diese sind die zwei Ölbäume und die Fackeln, stehend vor dem HERRN der Erde. 5 Und so jemand sie will schädigen, so geht Feuer aus ihrem Munde und verzehrt ihre Feinde; und so jemand sie will schädigen, der muß also getötet werden. 6 Diese haben Macht, den Himmel zu verschließen, daß es nicht regne in den Tagen ihrer Weissagung, und haben Macht über das Wasser, es zu wandeln in Blut, und zu schlagen die Erde mit allerlei Plage, so oft sie wollen.

(11, 3) Aus den Worten „meinen zwei Zeugen" kann folgendes erkannt werden. Als erstes sollen sie nicht erst entstehen, sondern sie sind schon da und als zweites, geht aus dem Wortlaut heraus, dass der Redner Christus sein muss.

„Die beiden Zeugen sind Sinnbilder von Mächten und Kräften" (Ebrard) oder Gesetz und Evangelium, oder Altes und Neues Testament; da sie Jesu Zeugen sind oder von Jesus zeugen.

Aus dem ersten Siegel heraus, kann die Reinheit des Zeugnisses im ersten Jahrhundert erkannt werden. Unter dem dritten Siegel deutet der Reiter auf dem schwarzem Pferd und der Reiter mit der Wage das selbe an, wie das weissagen in Säcken. Der Sack ist ein Zeichen der Buße und Trauer und wird oft als Gewand der Propheten erwähnt.

In der Zeitangabe, *„tausendzweihundertundsechzig Tage*", besteht ein enger Zusammenhang mit dem in Vers 2 erwähnten 42 Monaten. Denn diese Zeit ist dem zertreten der heiligen Stadt und des Vorhofs gegeben und somit das Mittelalter mit der Herrschaft des Papsttums.

(11, 4) Die zwei Zeugen werden nun noch näher erklärt. In Sacharja 4 ist die Lösung zu erkennen, denn „nicht durch Heer oder Kraft, sondern durch meinen Geist“ (Sach.4, 6) und „Es sind die zwei Gesalbten, welche stehen bei dem Herrscher aller Lande“ (Sach.4, 14).

Das Alte und das Neue Testament stehen vor dem Thron Gottes, als die zwei Hauptzeugen. Niemand kann sie auslöschen, denn sie sind nicht nur die zwei Leuchter, sondern auch die zwei Ölbäume. Außerdem sind sie aus der Reichweite der Menschen, direkt vor dem Thron Gottes und somit unserem „Machtbereich“ entzogen.

(11, 5) „*Denn der HERR, dein Gott, ist ein verzehrendes Feuer und ein eifriger Gott.*“ (5.Mose 4, 24) Die Kraft Gottes ist in beiden Testamenten, sie ist nicht nur Öl des Geistes zum Heilen, sondern auch Brennstoff zum verzehren des Bösen.

(11, 6) Die zwei Zeugen, das Alte und das Neue Testament beinhalten eindeutige Beweise, das dies hier in diesem Vers geschriebene wahrhaft nachvollziehbar ist. Das Wort Gottes, das durch Propheten ausgesprochen wurde hatte nicht nur im Alten Testament (z.B. 2.Mose 7, 19-20 ; 1.Kön. 17, 1) sondern auch im Neue Testament kraft diese Dinge und mehr zu tun.

7 Und wenn sie ihr Zeugnis geendet haben, so wird das Tier, das aus dem Abgrund aufsteigt, mit ihnen einen Streit halten und wird sie überwinden und wird sie töten. 8 Und ihre Leichname werden liegen auf der Gasse der großen Stadt, die da heißt geistlich "Sodom und Ägypten", da auch der HERR gekreuzigt ist. 9 Und es werden etliche von den Völkern und Geschlechter und Sprachen ihre Leichname sehen drei Tage und einen halben und werden ihre Leichname nicht lassen in Gräber legen. 10 Und die auf Erden wohnen, werden sich freuen über sie und wohlleben und Geschenke untereinander senden; denn diese zwei Propheten quälten die auf Erden wohnten.

(11, 7) Das Tier, ist eine Politische Macht und da es aus dem Abgrund kommt, bringt es auch diese Lehre mit. Johannes beschreibt es als „*Tier aus dem Abgrund*“ und Daniel (Dan. 7) als „*das Tier*“, als ob es etwas bekanntes wäre. Daniel sieht das vierte Tier aus dem sturmgepeitschten Völkermeer aufsteigen. Doch sind es die gleichen Systeme, die hier beschrieben werden? Johannes betont die satanische Natur um diese deutlich hervorzuheben.

7 Und wenn sie ihr Zeugnis geendet haben, so wird das Tier, das aus dem Abgrund aufsteigt, mit ihnen einen Streit halten und wird sie überwinden und wird sie töten. 8 Und ihre Leichname werden liegen auf der Gasse der großen Stadt, die da heißt geistlich "Sodom und Ägypten", da auch der HERR gekreuzigt ist. 9 Und es werden etliche von den Völkern und Geschlechter und Sprachen ihre Leichname sehen drei Tage und einen halben und werden ihre Leichname nicht lassen in Gräber legen. 10 Und die auf Erden wohnen, werden sich freuen über sie und wohlleben und Geschenke untereinander senden; denn diese zwei Propheten quälten die auf Erden wohnten.

Die römische Weltmacht soll im Ausgang des 18. Jahrh. , da die 1260 Jahre der Gewaltherrschaft als die zweite Erscheinungsform enden, in eine neue dritte eintreten. Diese dritte und letzte politische Weltmacht, die sich durch große Völkerwanderungen und Volksherrschaften auszeichnet wird in der Geschichte als „*Das Zeitalter der Revolution*“ eingeführt.

Was die Bibel mit *„die Zeit des Endes“* beschreibt, beginnt in der Weltgeschichte mit einer Revolution. Ein passendes Zeichen, denn mit einem „aufbegehren“ begann alles und durch dieses System wird es auch enden.

Gewaltherrschaft erntet Gewaltherrschaft. Jahrhunderte lang wurde dem französischem Volk das Wort Gottes vorenthalten, kaum einer konnte lesen. Aus der daraus entstandenen Lücke wurde aus Unglauben eine „Weltliteratur“ geschaffen. Der berühmte Voltaire (ein Freimaurer) war an vielen Höfen ein gern gesehener Gast, der dort die Vernunftreligion einführte. Diderot gab 1751 eine Enzyklopädie heraus, die als *„übersicht allen menschlichen Wissen“* galt.
Diese Enzyklopädie wurde weit verbreitet und galt in den Kreisen „der lesenden“ bald als ein zweites Evangelium. Ein anderer Prophet des neuen Geistes war Rousseau, der das Christentum als überlebt darstellte und seine „Naturreligion“ als Ersatz anbot.

Die Unabhängigkeitserklärung Nordamerikas (1776) brachte den Stein auch in Europa ins rollen. Frankreichs Hilfstruppen verpflanzten den Keim des Freiheitsdranges einer neuen Welt in die alte, in der Hoffnung diese „zu verjüngen“. Mit Hilfe der Philosophen setze man sich über alle Religion hinweg und fing an öffentlich den Unglauben und Atheismus zu verteidigen. Durch das gegensteuern der Geistlichkeit schaukelte sich der Kampf auf, bis er reif für eine Umwälzung war.

Die französische Revolution, gesteuert durch Vordenker aus den Kreisen der Freimaurerei hatte zum Ziel, die Religion, den König samt des ganzen Systems des Adels abzuschaffen um sich selbst als Ersatz anzubieten. Genau so wurde es auch durchgesetzt ; *„Freiheit, Gleichheit Brüderlichkeit“* wurde Propagiert bis König und Papst beseitigt wurde und anstelle dieser eine Bürgerliche Regierung und die „Vernunftreligion“ eingesetzt wurde.

Der Fall der Bastille entfesselte im eigenen Land den Krieg aller gegen alle, obwohl vorher propagiert wurde, *„der Krieg sei nun an die Kette gelegt, die Volksmacht sei der künftige Riese, in Frankreichs leuchtendem Beispiel ginge die Morgensonne der Freiheit der Völker auf.“* (Klopstock Werke V, 417).
Eine allgemeine Zerstörungswut bemächtigte sich des französischen Volkes und ein furchtbarer Hass gegen alles, was bisher Geltung hatte, trat zutage. Schlösser und Abteien wurden verwüstet und ihrer Besitzer erschlagen. Das Tragen geistlicher Tracht wurde verboten (1792), um Gleichheit zu schaffen wurden alle Ehrentitel abgeschafft. Am 17. August wurde ein Revolutionstribunal „zur Bestrafung der Verbrechen wieder die Freiheit“ errichtet. Schnell füllten sich die Gefängnisse. Im September entledigte man sich dieser durch den sogenannten „Septembermord“ bei denen fast alle hingerichtet wurden.

Bibel und Religion waren so verpönt, dass man sich dieser Worte nicht bediente. Es hieß „Krieg dem Fanatismus“, wobei man diesen als „blinden und übertriebener Religionseifer“ fest schrieb und somit *„der Glaube an irgendeine Religion, die Abhängigkeit an den Glauben seiner Väter, die Überzeugung von der Notwendigkeit eines Gottesdienstes – kurz jene gegenseitige Ehrfurcht die man sich zusteht.“* bezeichnete.

Der Gesetzgeber schrieb *„Die Nation hat ihren Vorurteilen entsagt; sie schwört dem Fanatismus ab, das Reich der Philosophie beginnt*!“ Die Kirchen wurden ausgeraubt, der Gottesdienst verboten, das geringste Zeichen von Religionsausübung war ein Hauptverbrechen. Der nackte Atheismus wurde zum Staatsgesetz erhoben und bekundete die Verfolgungswut, die alles Vorhergehende an Grausamkeit übertraf. Ende 1793 waren alle kirchlichen Handlungen untersagt und die Priester, die nicht geflohen sind mussten auf die Verfassung schwören. Erst ende 1794 nach Robespierres Sturz endeten die Drangsal.

„Der Bruch mit dem gesamten Vermächtnis des Christentum und der christlichen Kultur überhaupt war durch das herrschende Jakobinertum vollzogen.“ (Onken I 607) *„Der Satan schien Frankreich in seinen Tempel verwandelt zu haben; die Karikatur des Heiligen war auf die höchste Stufe getrieben.*“ (Hergenröther II, 753)

(11, 8) Eine Eigenart des Wortes Gottes ist durch Namen das Wesen der Sache auszudrücken. Durch eine Änderung des Wesens tritt somit auch eine Namensänderung ein, die dem neuen Zustand entspricht. Wie z.B. Jerusalem die „Stadt des Friedens“ bezeichnete, solange Israel auf den Weg des Rechts ging. Sowie sie sich aber abwand, wurde sie zu „Sodom und Gomorra“. (5.Mose 32, 32 ; Jes. 1, 10 ; Jer. 23, 14; Hes. 16, 46+)

Um den Fall der Christenheit darzustellen genügte nicht nur eine Bezeichnung, sondern es mussten mehrere sein, um die Tiefe ihres fallen zu beschreiben. Der Ausdruck „Große Stadt“ weist auf Daniel 4, 27 hin und erinnert an das Babel eines Nebukadnezars, der im Geist der Selbstüberhebung sich über Gott dem Schöpfer und Erhalter aller Dinge setzte. Auch war Babel die erste Stadt (1.Mose 10 ,10) und im Turmbau wurde das Gottesfeindliche Streben sichtbar. So offenbart sich der Geist Babels in jeder Tat eines Menschen, wodurch man sich im vollen Bewusstsein über sein eigenen Wissen, Können und der Allwissenheit und Allmacht Gottes stellt, so wie es sich in der Französischen Revolution bestätigt.

Sodom deutet auf ein Vollmaß fleischlicher Un-Natur und Gesetzlosigkeit hin (1.Mose 19, 5-9). Im November 1793 wurde folgendes zum Gesetz erhoben: „Denen, die im Sinne der Revolution handeln, ist alles erlaubt.“ So war die Ehe nur noch eine Formsache und die Freudenmädchen wurden aus öffentlichen Mitteln unterhalten. Man erklärte: „die Scheidung sei die Schutzgöttin der Ehe, denn mit der Vielweiberei beginne die Sittlichkeit.“ Man kleidete sich mit durchsichtigen Stoffen und Regierungsbeamte forderten öffentlich zur Unsittlichkeit auf.

Wie der Pharao zu Mose sagte: „Ich weiß nichts von dem HERRN“ (2.Mose 5, 2) so tat es auch Frankreich. Das Losungswort der Revolution war *„Krieg dem Fanatismus*!“ was mit *„Kreuzigt ihn*!“ gleichzusetzen ist, denn es hatte den gleichen Sinn: *„Krieg und Tod Christi, seinen Zeugen und dem Glauben*“.

Bei der Abschaffung des Christentum stimmten auch katholische und protestantische Geistliche zu. Erzbischof Gobel (Paris) trat geschlossen mit seinem Klerus vor das Konvent um öffentlich dem Christentum zu entsagen. Dabei hatten sie Jakobinermützen auf. Der Pfarrer von Kolmar war der erste, *„der die Bibel ins Feuer warf und öffentlich erklärte: es gebe und brauche keiner Offenbarung.*“ (Almanach 1797 S.58)

(11, 9) Ein Leichnam, Toter ist stumm. Wenn ein Prediger getötet ist, so spricht und wirkt er nicht mehr. *„Wenn also die zwei Zeugen, in denen wir Gesetz und Evangelium erkannt haben, vom Tier aus dem Abgrund getötet werden soll, so wird ihnen alle Wirksamkeit genommen, innerlich und äußerlich.*“ (Ebrard S.343)
Vom Altertum her galt es als ein abscheulichen Frevel, einen Leichnam nicht zu begraben (Ps.79, 2 ; 1.Sam. 17, 46 ; Jer. 7, 33). Wie man in Paris verfuhr spottet jeder Beschreibung und ist in den Geschichtsbüchern (Kirchengeschichte) beschrieben. Alles, was mit dem Christlichen Glauben zu tun hatte wurde aufs äußerste mit Hohn und Spott in den Dreck gezogen und später verbrannt oder zertreten. Das Lied „Lobet Gott“ wurde zu „lobet Gott, den Bürger“. Das Schrecklichste aber war, dass Priester und Prediger dabei mit machten.
An den schändlichen Tod der beiden Zeugen nahm „alle Welt“ regsten Anteil und wurde sogar „gut“ geheißen.

(11, 10) Die große Menge des Volkes in Frankreich war ungebildet, roh und mit Schuld beladen und gelangte plötzlich zur Herrschaft. Diese sahen die Bibel als ein Quälgeist an, denn in der scharfen Kritik gegen Sünde und Unglauben wurden sie ständig daran erinnert, dass sie sich gegen Gott erhoben und empörten. In ihrem ungebildeten Wahn machten sie die Schrift für alles verantwortlich, was in ihrem Namen geschehen war.
In den Augen der Welt waren die Propheten Gottes schon immer die weltverwirrenden Quälgeister gewesen. *„Bist du, der Israel verwirrt?*“ (1.Könige 18, 17) sprach Ahab zu Elia. So auch die beiden besessenen: *„Bist du hergekommen, uns zu quälen, ehe denn es Zeit ist?“* (Matth. 8, 29)

11 Und nach drei Tagen und einem halben fuhr in sie der Geist des Lebens von Gott, und sie traten auf ihre Füße; und eine große Furcht fiel über die, so sie sahen. 12 Und sie hörten eine große Stimme von Himmel zu ihnen sagen: Steiget herauf! und sie stiegen auf in den Himmel in einer Wolke, und es sahen sie ihre Feinde. 13 Und zu derselben Stunde ward ein großes Erdbeben, und der zehnte Teil der Stadt fiel; und wurden getötet in dem Erdbeben siebentausend Namen der Menschen, und die andern erschraken und gaben Ehre dem Gott des Himmels. 14 Das andere Wehe ist dahin; siehe, das dritte Wehe kommt schnell.

(11, 11) Nach einer Zeit der völligen Unterdrückung des Wortes Gottes, in dem der Unglaube in einer Schreckenszeit für alle Menschen endete, sollten die zwei Zeugen mit Lebensgeist aus Gott gefüllt und mit Geisteskraft „des Auferstandenen“ wirken. Aus der Unterdrückung heraus entstanden Bibel-, Missions- und Traktatgesellschaften, sowie aus dem Umschwung der (Natur)Ideale heraus, wurden Rechte für die nichtchristliche und nichtzivilisierte Menschheit herbeigeführt. Aus dieser Freiheits- und Humanitätsbewegung kam auch der Gedanke der Abschaffung des Sklavenhandels und der Sklaverei.

Als an 1.Oktober 1791 die Nationalversammlung zusammen trat begann die Schreckensherrschaft. Als Urheber und Steuerelement sind die Jakobiner (im allgemeinen Freimaurer) zu beachten. Nach 3½ Jahren der Schreckensherrschaft sicherte die neue Verfassung 1795 wieder Glaubensfreiheit. „Das System des Schreckens, Drucks, Blutvergießens macht immer mehr der Gerechtigkeit und gesetzlichen Freiheit Platz. Zertrümmert ist der tausendköpfige Despotismus der Jakobiner, gefallen sind die Götzen, Robespierre, Marat und ihre Jünger!" (Almanach, August 1795)

(11, 12) Die Feinde sollen die Auferstehung und Erhöhung des Wortes Gottes sehen. Die beiden Zeugen waren wieder im Bewusstsein der Völker zu Ehren gekommen. Nach dem Sturz Napoleons 1815 berichtet D. Geiseler (S.9) „*Zu sichtbar hatte hier die Hand Gottes zum Heile der Völker gewaltet, ... So verschwand im Läuterungsfeuer dieser Zeiten der Unglaube des 18. Jahrh. völlig und Glaube und Frömmigkeit erhoben sich dagegen mit neuer Kraft.*"

(11, 13) „*Bemerke, dass das große Erdbeben, d.h. die große Umwälzung im Lande des Papsttums, zu der Zeit nur im zehnten Teil der Stadt vor sich geht. Welches ist aber dieser zehnte Teil der Stadt, der fallen soll? Unzweifelhaft ist es Frankreich. Dieses Königreich ist der beträchtliche Teil der zehn Hörner oder Staaten, welche die große babylonische Stadt bilden. Es ist höchst wahrscheinlich, dass Gott nicht die schrecklichen Gräueltaten der Verfolgung ungestraft gehen lässt, welche Frankreich heute ausübt. Solche, welche die (waren) Protestanten verfolgen, wissen nicht, wo Gott sie hinführt. Dies ist nicht der Weg, auf dem er Frankreich zum Gipfel der Herrlichkeit leiten will. Wenn es dort hinkommt, wird es deshalb sein, weil es einen anderen Weg einschlägt. Dieser zehnte Teil der Stadt fällt, mit Bezug auf das Papsttum, er wird mit Rom oder der römischen Religion brechen.*" P. Jurieu 1686 (L`accomplissement des propheties II, 245-257)

Der Bruch mit dem Papsttum, dem Christentum allein, würde nicht als „das große Erdbeben" beschrieben, wenn nicht ; „*Eine Umwälzung so tiefgreifend und so allgemein, wie sie in Europa seit der Völkerwanderung kaum je wieder erlitten hatte, war durch die französische Revolution und die aus ihr erzeugten Kriege bewirkt worden. Das ganze Staatensystem des Kontinents war in seinen Grundfesten erschüttert, das Ehrwürdigste, in jahrhundertlangen Prozess Gebildete umgestürzt, das Festeste zerbrochen, das Heiligste zerstört worden.*" (D. Flathe)

Die Zahl 7000 ist geistlich zu nehmen. Es handelt es sich ausdrücklich um den Tod von „namhaften" Menschen, also von solchen, die eine „*hohe Stellung bekleiden, die mehr sind als die gewöhnlichen Menschen.*" Alle die nicht ins Ausland flohen wurden dem Henker, der Guillotine übergeben (königliche Familie, Minister, Generäle, Bischöfe, Adel, Priester, Beamte). Es verschwanden alle Wappenschilder, Orden und Amtstrachten.

(11 ,14) Die in Offb. 9 abgebrochene Kette der sieben Posaunen wird hier wieder aufgenommen. Dies zeigt eindeutig, das alles dazwischenliegende zu der sechsten Posaune gehört.

Die siebente Posaune

15 Und der siebente Engel posaunte: und es wurden große Stimmen im Himmel, die sprachen: Es sind die Reiche der Welt unsers HERRN und seines Christus geworden, und er wird regieren von Ewigkeit zu Ewigkeit.

(11, 15) Jede Posaune kündete von gewaltigen Veränderungen in der Welt, die siebente aber kündet von der aller gewaltigsten und alles vollendende Umwälzung an. Mit ihr ist der Höhepunkt erreicht, da Gottes Geheimnis vollendet und alles, was von den Propheten vorhergesagt ist, sich ganz erfüllt. Das Gelingen der vollen Ausführung steht für die Bewohner des Himmels so sicher, der Sieg ist ihnen so gewiss, dass sie schon jetzt den Sieg verkünden.

16 Und die vierundzwanzig Ältesten, die vor Gott auf ihren Stühlen saßen, fielen auf ihr Angesicht und beteten Gott an 17 und sprachen: Wir danken dir, HERR, allmächtiger Gott, der du bist und warest, daß du hast angenommen deine große Kraft und herrschest; 18 und die Heiden sind zornig geworden, und es ist gekommen dein Zorn und die Zeit der Toten, zu richten und zu geben den Lohn deinen Knechten, den Propheten, und den Heiligen und denen, die deinen Namen fürchten, den Kleinen und Großen, und zu verderben, die die Erde verderbt haben.

(11, 16-17) Die 24 Ältesten, die Thron Gottes umgeben, fielen bei der Übergabe des versiegelten Buches nieder, dankten ihm, dass es sie mit seinem Blut erkauft und zu Königen und Priestern erhoben habe.

(11, 18) Die Ältesten überschauen bereits den ganzen Verlauf der Vorgänge, die sich im Verlauf zum ergreifen der Weltherrschaft durch den Herrn abspielen. Je lauter das Evangelium von dem Königreich Christi in aller Welt gepredigt wird, desto mehr lehnen sich die Nationen auf. Wie Gott Israel strafte und Jerusalem nicht schonte, so wird Er auch in der Endzeit die ganze Welt sichten und reinigen von allem, was gegen Ihn und nicht von Ihm ist. Die Endzeit steht im Zeichen des Krieges und des „zürnen der Nationen". Immer gewaltiger werden die Auseinandersetzungen und Veränderung in , mit und zwischen den Nationen.

Gott als gerechter Allherrscher belohnt und bestraft auf sorgfältigste. Als erstes werden die Toten erwähnt, die gerichtet werden, danach der Lohn der Gerechten und als letztes die „*zu verderben, die die Erde verderbt haben*".

19 Und der Tempel Gottes ward aufgetan im Himmel, und die Lade seines Bundes ward im Tempel gesehen; und es geschahen Blitze und Donner und Erdbeben und ein großer Hagel.

(11, 19) In Offb. 4 und 5 wurde der Thron Gottes von Johannes geschaut, in Offb. 8, 3 auch der Rauchaltar im Heiligen. Zu beginn des 11. Kapitels wird der Tempel mit seinen Anbetern gemessen, während am Schuss die Bundeslade im Allerheiligsten offenbar wird.

Die Stiftshütte (2.Mose 25, 9. 40 ; 26, 30 ; 27, 8) hat ihr Urbild im Himmel. Der Tempel wurde dem im Himmel nachgebildet (Apg. 7, 44-47 ; Hebr. 8, 5), doch im Himmel hat Gott seinen ewigen herrlichen Tempel (Hebr. 11, 10. 16 ; 12, 22 ; 13, 14), wo Gott in all seiner Klarheit anwesend ist.

Die Bundeslade mit dem ewigen Gottesgesetz und dem Gnadenthron, zu dem der ewige Hohepriester sein heiliges Opferblut selbst in das Allerheiligste getragen hat, wird sichtbar (Hebr. 9). Dies drückt den erhabenen Augenblick aus, wo der vollkommene Heilswille Gottes zur Verwirklichung kommt, das Gesetz und Zeugnis des N.T. vor aller Welt offen zu legen und so zur vollen Geltung zu bringen. Die Zeit des Gerichts ist angebrochen.

Für jede Seele ist es unendlich wichtig, die Bundeslade mit dem versöhnendem Hohenpriester zu sehen, die wahre Bedeutung des Versöhnungstages zu erkennen (der seit 1844 begonnen hat), und in der Kraft des Glaubens, sein Leben genau nach dem in der Bundeslade ruhenden Gesetzes und Gerechtigkeit auszurichten. Nur so wird er für immer mit dem Herrn verbunden sein.

Als der Herr sein Gesetz auf dem Sinai offenbarte und den Bund mit ihnen abschloss, geschah es unter Blitz und Donner. So es nun auch hier: Die Bundeslade mit dem Gesetz wird sichtbar und kündet vom baldigen Abschluss der Gnadenzeit.

Erdbeben und großer Hagel läuten das Endgericht ein, nachdem es auf der Erde niemanden mehr geben wird. Kein Mensch, kein Tier, noch irgendein (materielles) Lebewesen. Nur Satan und die seinen, werden auf der Erde (1000 Jahre) gebunden sein.

Kapitel 12

In den Kapiteln 12 und 13 werden die kämpfenden Mächte von Johannes Tagen an, bis zur Endzeit im universellen Blick geschildert. Trotzdem wird die Weltgeschichte in ihrem ganzen Dasein und in scharfer Begrenzung gezeigt, ohne dabei den Namen zu erwähnen um die verfolgte Gottesgemeinde zu schützen. Um die Kennzeichen deutlich hervorzuheben, geht das Gesicht „*nicht bloß in die Zukunft hinaus, sondern umfasst je nach Umständen auch die Gegenwart und Vergangenheit.*“ (Auberlen S.243)

Die Frau und der Drache

1 Und es erschien ein großes Zeichen im Himmel: ein Weib, mit der Sonne bekleidet, und der Mond unter ihren Füßen und auf ihrem Haupt eine Krone mit zwölf goldenen Sternen. 2 Und sie war schwanger und schrie in Kindesnöten und hatte große Qual zur Geburt.

(12, 1) Hier beginnt die vierte Gesichtsgruppe, die im Kapitel 14 mit der Wiederkunft Christi endet. Es werden dieselben 1260 Jahre beschrieben, aber von einem anderen Standpunkt aus, wie bei den anderen drei Gerichtsgruppen. Diesmal geht es um die Gottesgemeinde, mit ihrem Haupt Christus, im Kampf gegen die antichristlichen Weltmacht mit deren Haupt Satan.

Als Weib wird die Gottesgemeinde im A.T. und im N.T. bezeichnet. Dies geht aus dem innigen Verhältnis zwischen beiden hervor. Es wird mit einem Ehebund verglichen (Jes. 54, 5 ; Jer. 3, 1 ; Hes. 16, 8 ; Hos. 2, 18) und der Bruch oder Abfall von ihm als Ehebruch bezeichnet. Das „*Weib, mit der Sonne bekleidet*“ ist die Gottesgemeinde, das geistgeborene Israel. (Nicht zu verwechseln mit dem Volk der Juden oder dem Land Israel.)

Der Mond selbst gibt kein Licht ab, sondern spiegelt das Licht der Sonne wieder. So wie die Gemeinde Gottes, Christus widerspiegelt und nicht selbst Licht gibt. Die zwölf goldenen Sterne auf der Krone geben die Vollständigkeit der Gemeinde (A.T.&N.T.) als ganzes wieder.

(12, 2) Dieser Vers bring den Leser direkt zur Geburt der neuen Gemeinschaft, die Christus selbst gegründet hat. Es ist nicht das Christentum das hier entstand.

3 Und es erschien ein anderes Zeichen im Himmel, und siehe, ein großer, roter Drache, der hatte sieben Häupter und zehn Hörner und auf seinen Häuptern sieben Kronen; 4 und sein Schwanz zog den dritten Teil der Sterne des Himmels hinweg und warf sie auf die Erde. Und der Drache trat vor das Weib, die gebären sollte, auf daß, wenn sie geboren hätte, er ihr Kind fräße.

(12, 3) Im weiteren Verlauf ergibt sich, das der Drache Satan ist. Er bedienst sich der Weltmächte als Werkzeuge, sodass diese als eine Einheit (Drache, sieben Häupter, zehn Hörner und sieben Kronen) darstellt wird. Diese von Satan mit Hass gegen Gottes Volk erfüllte Weltmacht, schaut Johannes als den feuerroten Drachen.

(12, 4) Dieser Text entspricht dem, aus Daniel 8, 10. Aus dem Vers 11 geht eindeutig hervor, dass die Römische Macht, das Kaisertum der Anfangspunkt ist. *„Als der alte Triumvier Lepidus, der langjährige Pontifex Maximus, 12 v. Chr. endlich starb, ließ sich Augustus auch diese wichtige Stellung durch die Wahl der Tribulkomitien übertragen. Seit dieser Zeit haben sämtliche römischen Kaiser, selbst die christlichen, jahrhundertelang das oberste Pontifikat Roms geführt.*" (Rom S. 17)

Da Satan, als Urdrache, aus den Weissagungen Israels und die Sehnsucht der Nationen nach einem Erretter erkannte, veranlasste er durch seine römischen *„Bundesgenossen*" alles zu tun, um das Emporkommen unmöglich zu machen. Er stürzte *„manchen leuchtenden Stern in Israel herunter*", so dass die Regierungsgewalt in seine Hände viel. Aber gerade der Kaiserkult Stoß nicht nur mit den Judentum, sondern auch mit dem jungen Christentum zusammen. Das diese, diesen oder jenen Gott nicht anbeten, das konnte man ertragen; das sie sich aber weigerten, dem Kaiser die göttliche Ehre zu geben, das konnte man nicht tragen. Indem die Christen sogar ein ewiges Gottesreich erwarteten, dachten die Römer, es handelt sich um ein menschliches Reich und sahen in diesen Nebenbuhler. Deshalb galten die Christen als Feinde des Staates.

5 Und sie gebar einen Sohn, ein Knäblein, der alle Heiden sollte weiden mit eisernem Stabe. Und ihr Kind ward entrückt zu Gott und seinem Stuhl. 6 Und das Weib entfloh in die Wüste, wo sie einen Ort hat, bereitet von Gott, daß sie daselbst ernährt würde tausend zweihundertundsechzig Tage.

(12, 5) Vergleiche mit Psalm 2 und Psalm 110. Dieser Sohn ist Gottes Sohn, Jesus, der Christus. Er ist dazu bestimmt, zu Gottes Rechten zu sitzen um dort als Priester nach der Ordnung Melchisedeks das Versöhnungsamt auszuführen, bis der Herr ihm alle Feinde zum Schemel seiner Füße legt.

(12, 6) Wie die Flucht der jungen Familie nach seiner Geburt (Matth. 2, 13-15), um vor den Nachstellungen des Herodes bewahrt zu werden, so wird auch die Gottesgemeinde durch die Wüstenflucht vor späteren Nachtstellungen geschützt. Bei dieser Wüste handelt es sich nicht um eine gewisse Einöde, sondern es sind abgelegenen Orte, wo Gottes Volk zu der Zeit Zuflucht findet. Dort ist Wüste. Genau so, wie Israel in der Wüste 40 Jahre geborgen war, so soll auch die neutestamentliche Gemeinde eine noch viel längere Wüstenwanderung durchmachen. Ihr Glaube und Gehorsam soll geprüft werden ehe sie *„im himmlischen Kanaan ankommen*".

Die 1260 Tage sind die aus Daniel 7, 12 und Offb. 11. Sie bezieht sich auf die selbe Verfolgungszeit.

7 Und es erhob sich ein Streit im Himmel: Michael und seine Engel stritten mit dem Drachen; und der Drache stritt und seine Engel, 8 und siegten nicht, auch ward ihre Stätte nicht mehr gefunden im Himmel. 9 Und es ward ausgeworfen der große Drache, die alte Schlange, die da heißt der Teufel und Satanas, der die ganze Welt verführt, und ward geworfen auf die Erde, und seine Engel wurden auch dahin geworfen.

(12, 7) „*Michael und der Satan, das sind die eigentlichen Faktoren der Geschichte. Alles andere, so breit es sich auch machen mag, so sehr es die Augen der kurzsichtigen Welt auf sich zieht, ist nur Beiwerk und Werkzeug.*“ (Hengstenberg I, 616)

Michael heißt; „*Wer ist wie Gott*“ und bezieht sich auf das Ebenbild des Vaters. Er ist der Fürst über das Engelheer Jehovas. Auf Grund folgender Bibelstellen, 2.Mose 23, 20+ ; Jos. 5, 14 ; Dan. 10, 13 ; 12, 1 ; 1.Kor. 10, 1-4; sowie Offb. 12 ist Michael gleich Christus.

„*Wir halten dafür, dass Michael eben der Christus in Kriegsgestalt gegenüber dem Satan ist und das deswegen seine Engel eben die Bestimmung haben, Engel des Krieges gegen das Reich der Finsternis zu sein.*“ (Lange EA XLI, 314)

(12, 8) Die Voraussetzung eines Streits ist, das bisher Satan und seine Engel eine gewisse Berechtigung im Himmel hatten, dort aufzutreten um anzuklagen. Diese Auseinandersetzung brachte die Wende herbei, wobei Satan als „*Verführer des ganzen Erdkreises*“ und „*der Ursprung der Sünde*“ erkannt und als folge diese Berechtigung im Himmel aufzutreten verlor.
Vergleiche mit Luk. 10, 18 ; Joh. 13, 19-33 ; Eph. 4, 8.

„*Der Vater hat sein Versprechen, den Sünder durch die Hingabe seines eigenen Sohnes rechtlich zu erlösen, voll und ganz eingelöst. Das Blut des Sohnes Gottes sühnt die Todesschuld des übertretenen göttlichen Gesetztes voll und ganz. Satans Einwände sind hinfällig geworden, der ganze Himmel ist von seiner Schuld überzeugt. Sein letzter Rückhalt ist ihm genommen, schmählich unterliegt er im Kampf mit Michael und wird mit seinen Engeln nun endgültig aus dem Himmel verstoßen. Seit dem straft der Heilige Geist die Welt ihres Unglaubens, wenn sie nicht im Blute Christi die Vergebung ihrer Schuld sieht.*“ (PAaZuE. S.337)

(12, 9) Die Bedeutung des Sieges ist vollkommen und endgültig. Die Vierzahl der Namen, als Signatur des Erdkreises, passt genau auf den Fürsten dieser Welt. Wenn irgendjemanden die Bezeichnung „der große Drache“ zusteht, so ist es Satan. Er ist die eigentliche Triebfeder aller Sünden im Himmel und auf der Erde und ist auch die alte Schlange (1.Mose 3). Dieser und die Engel, die ihm glaubten, wurde auf die Erde verbannt, die schon voller Sünde war, um auf ihr endgültiges Gericht zu warten.

10 Und ich hörte eine große Stimme, die sprach im Himmel: Nun ist das Heil und die Kraft und das Reich unsers Gottes geworden und die Macht seines Christus, weil der Verkläger unserer Brüder verworfen ist, der sie verklagte Tag und Nacht vor Gott. 11 Und sie haben ihn überwunden durch des Lammes Blut und durch das Wort ihres Zeugnisses und haben ihr Leben nicht geliebt bis an den Tod. 12 Darum freuet euch, ihr Himmel und die darin wohnen! Weh denen, die auf Erden wohnen und auf dem Meer! denn der Teufel kommt zu euch hinab und hat einen großen Zorn und weiß, daß er wenig Zeit hat.

(12, 10) *„Eine große Stimme“* und *„unserer Brüder“* weist auf eine Vielzahl von Stimmen hin. Vor allen sind es die 24 Ältesten und die, die durch des Lammes Blut erkauft sind und bei der Auferstehung des Herrn, mit ihm jetzt schon im Himmel sind.

Bengel schreibt dazu: *„Großer Hass und Kühnheit des Klägers! Unbegreifliche Langmut Gottes! Preiswürdige Gerechtigkeit und Weisheit! Dass er dem Kläger so lange zusieht, und erst alsdann, wenn das Recht wider jenen ausgemacht ist, die Macht ergreift.“*

(12, 11) Sie haben überwunden, wie Jesus überwunden hat. In seinem Namen und in seinem Blut sind sie von aller Sünde gereinigt. Sie sind fest verwurzelt in Ihm und reden ohne Scheu von seiner Gnade und bleiben standhaft bis zum Tod. Im Zusammenhang erkennt man in diesem Abschnitt, die Schilderung der Smyrna-Periode.

„In diesem Kapitel können wir wie in einem Panorama den ganzen Kampf zwischen den Grundsätzen von gut und übel, zwischen Gott und Satan sehen. Wir haben hier den alten Streit zwischen dem Weib und der Schlange vor uns, womit das Wort Gottes beginnt, und ebenso eine klare Entwicklung der ersten Verheißung ;'Ich will Feindschaft setzen zwischen dir und dem Weib und zwischen deinen Samen und ihrem Samen.' Das Weib wurde in seiner Unschuld durch, 'die alte Schlange, die da heißt der Teufel und Satanas' angegriffen, und wurde nur zu leicht eine Beute seiner Verführungen zum gänzlichen Verderben unserer Rasse. Am Ende seines ersten listigen Anschlags und schnellen Sieges wurde dem Drachen in folgenden Worten seine Zurechtweisung 'Der Same des Weibes soll dir den Kopf zertreten, und du wirst ihn in die Ferse stechen.' Diese Verheißung erklärt, dass obwohl des Weibes Same infolge der Sünde sehr durch Satan leiden müsse, er dennoch am Ende überwinde und die Macht des Bösen zerstöre. In der Offenbarung wird die Szene von Eden nach dem Himmel verlegt, und da stehen das Weib und die Schlange wieder vor euch in der selben feindlichen Stellung wie vorher; die Schlange ist noch immer der Angreifer, nur diesmal offener. Beachtet, wie beide sich entwickelt haben; die eine ist eine Königin geworden, bedeckt mit himmlischen Glanze, und der andere ein Ungetüm mit einem so ungeheurem Schwanze, dass jede Bewegung desselben die Sterne zu vernichten droht. Das Weib ist nicht länger ein einfaches, kindliches Wesen, sondern ein Wunder; sie wandelt nicht unter den Bäumen und Blumen, sondern in mitten des Himmelsgestirns. Se ist bekleidet mit der Sonne, der Mond ist unter ihren Füßen und auf ihrem Haupte trägt sie einen Diadem von zwölf Sternen. In ihr ist die ganze Sache der Wahrheit und Gerechtigkeit verkörpert – Sie ist tatsächlich die Gemeinde Gottes zu allen Zeitaltern, das Weib, dessen Same alle Nationen der Erde segnet.“ (Spurgeon zu Offb. 12, 11)

(12, 12) Durch den Rauswurf Satans und seines Anhangs, wurde der Himmel rein und ihre Bewohner freuten sich. Wütend über seine Niederlage und in voller Bewusstheit über seinen tiefen Fall und endgültigen Gericht, richtet sich sein Grimm gegen die ganze Erde und die, die auf ihr wohnen.

13 Und da der Drache sah, daß er verworfen war auf die Erde, verfolgte er das Weib, die das Knäblein geboren hatte. 14 Und es wurden dem Weibe zwei Flügel gegeben wie eines Adlers, daß sie in die Wüste flöge an ihren Ort, da sie ernährt würde eine Zeit und zwei Zeiten und eine halbe Zeit vor dem Angesicht der Schlange. 15 Und die Schlange schoß nach dem Weibe aus ihrem Munde ein Wasser wie einen Strom, daß er sie ersäufte. 16 Aber die Erde half dem Weibe und tat ihren Mund auf und verschlang den Strom, den der Drache aus seinem Munde schoß. 17 Und der Drache ward zornig über das Weib und ging hin zu streiten mit den übrigen von ihrem Samen, die da Gottes Gebote halten und haben das Zeugnis Jesu Christi.

(12, 13) Als Folge seines tiefen Falls und Bewusstsein der kurzen Zeit die ihm bleibt, versuchte Satan der Sache Gottes möglichst viel Schaden zuzufügen. Kann er nun die Heiligen vor Gottes Thron nicht mehr verklagen, so sollen sie nun auf der Erde seinen Zorn fühlen und vor irdischen Gerichtshöfen angeklagt werden.

(12, 14) Der Herr brachte die Israeliten in die Wüste, um sie vor der Unterdrückung des Pharaos zu entziehen. Die Beschreibung „*zwei Flügel gegeben wie eines Adlers*“ findet man in 2.Mose 19, 4 in ähnlicher Weise wieder. Um die Nachfolger Jesu vor den übermächtigen Drachenmächten zu schützen, brachte er die seinen an sichere Orte, wo sie in der reinen Wahrheit des göttlichen Wortes (Manna) erhielten.

Diese, die in den Fußspuren Jesu wandelten, wurden be- und erkannt durch die Heiligung des wahren Ruhetages. Diese brachten das Licht des Evangeliums aus dem Morgenland in den Norden und Westen Europas. Es bildeten sich irische, schottische, piktische, britonische, und angelsächsische Gemeinde, die in romfreier Selbstständigkeit bis in das 13. Jahrhundert bestand und bis in die Reformationszeit wirkte. Von der schottischen Missionskirche aus wurde das Gebiet des heutigen Deutschland im 6. bis 8. Jahrh. von z.B. Kolumbanus, Gallus, Kilian, Emmeran, Willibrord, ... missionisiert. „*Diese Männer Gottes waren überall bemüht, dem Volk das Schriftwort in der Landessprache in die Hand zu geben, es war ihnen die alleinige höchste Autorität, all ihr Glauben war auf Christum den Erlöser bezogen.*“ (Iroschottische Missionskirche S. 84)

„*Eine Zeit und zwei Zeiten und eine halbe Zeit*“ sind die 1260 Jahre der päpstlichen Regierungszeit. Am Ende dieser Zeit wurde Nordamerika entdeckt und die unterdrückten Glaubenschristen, nicht nur unterdrückt von der römischen sondern nun auch von den protestantischen Staatskirchen, sahen ihren Ausweg der Glaubensfreiheit in diesem Land. Die Verfolgten wanderten nach Amerika aus, um dort ungestört ihren Kultus auszuüben.

(12, 15) Die Schlange selbst wird als Urheber der Wasserfluten beschrieben. Meer bedeutet in der Schrift Menschenmassen, Wasserfluten stellen mächtige Armeen (Heere) dar wie beschrieben in: Ps.18, 17 ; 124, 4 ; Jes. 8, 7-8 ; Jer. 46, 7 ; 47, 2.

Schon 1179 wurde der erste Kreuzzug „wieder die Ketzer“ beschlossen. Selbst 1715 war dieser Kreuzzug gegen das „Weib, mit der Sonne bekleidet“ nicht zuende.

„Satan wollte die evangelische Kirche bald durch Kreuzheere, bald durch Jesuitenheere, bald durch Türken, bald durch die Heere des 30 Jährigen und 7 Jährigen Krieges wegschwemmen. Alles vergeblich!“ (D. Richter S. 1079)

16 Aber die Erde half dem Weibe und tat ihren Mund auf und verschlang den Strom, den der Drache aus seinem Munde schoß.

(12, 16) Die Erde half dem Weibe, indem sie sichere Orte in der Wüste bereit hielt. Diese Wüsten sogen den Wasserstrom auf, der von der Schlange ausging um sie zu verderben. An Orte, von denen sie vertrieben wurden, kam sie bald wieder hin (Waldenser 1685 vertrieben, 1689 wieder zurück). Auch die Entdeckung Amerikas trug dazu bei, den Wasserstrom in einem großem Land aufzusaugen und sie dadurch zu schützen.

(12, 17) Die Übrigen werden schon im A.T. erwähnt. Schon bei Sodom und Gomorra hätte der Herr die Städte verschont, wenn zehn Gerechte darin übrig geblieben wären (1.Mose 18, 16-33). Die Propheten weissagten, dass wenn nicht einige Gerechte in Israel vorhanden wären, es völlig untergehen würde.

Der Überrest wird bezeichnet als *„ein heiliger Same*“. In der Endzeit wird der Herr seine starke Hand ausstrecken und die Übrigen aus allen Ländern ins himmlische Kanaan bringen, wie einst Israel ins Irdische. (Jes. 1, 7+ ; 6, 12+ ; 10, 20+ ; 11, 11 ; 28, 5 ; Amos 9, 11 ; Micha 2, 12 ; 7, 18 ; Sach. 13, 8) Vorher aber wird Satan mit ihnen streiten, bekämpfen, verfolgen, ...

Nachfolger Jesu werden am Ende der Zeit eine Minderheit sein, die ebenso wie die 7000 Übrigen aus Israel (Röm. 9, 27 ; 11, 4) ihre Knie nicht vor dem Baal beugten und Gottes Gebote übertraten. Sie werden weder die Knie vor den antichristlichen Mächten der Endzeit beugen, noch Gottes Gebote übertreten und mit dem selben Glaubensmut wie alle Gerechte aller Zeitalter Gott und seinen Sohn, Jesus von Nazareth als den gekreuzigten Gottessohn bekennen.

„Es hat also doch einen Sturm des Gerichts angefangen in den Anschlägen des Drachen auf das Weib, und am Ende ist nur noch ein Überrest da von vereinzelten Christen (Nachfolger Jesu), welche wahrhaft Diener Gottes sind und Märtyrer Christi. Instinktmäßig richtet daher Satan nur seinen Angriff auf das lebendige Christentum individueller Christen in der letzten Zeit.“ (Lange)

Die Kennzeichen des Überrests ist insbesondere das halten der Gebote Gottes und das Haben des Zeugnisses Jesu. Die Kraft, die aus dem Gehorsam Jesu kommt, ist ihr Markenzeichen. Dies kann ein religiöser Mensch nie erreichen, er wird immer versuchen nachzueifern, aber in der Beständigkeit scheitern.

Lange : *„Sie werden als echte Fromme gezeichnet; sie halten die Gebote Gottes und das Zeugnis Jesu.*“

Kleifoth: „*Es sind aber ganz ernstlich solche gemeint, die die Gebote Gottes halten und das Zeugnis Jesu bewahren, die in Werken und Worten heilig sind. Diese Kinder des Weibes sind echte Kinder des sieghaften, lichtumflossenen Weibes, heilige Glieder der heiligen Endgemeinde.*"

Kratzenstein: „*Mann könnte meinen, diese Beschreibung enthielte doch gar nichts Besonderes oder Auszeichnendes. Indes wird zu jener Zeit in der Weltchristenheit nicht bloß das Zeugnis von Jesu als dem einigen Heilande, dem Welterlöser, dem Sohne Gottes, ganz dahingesunken und verstummt sein, sondern auch das Sittengesetz, die zehn Gebote werden ihren Wert und ihre Geltung weit und breit verloren haben.*"

Rougemont: „*Die treu Gottes Gebote halten ohne sie durch sogenannte Überlieferungen der Kirche zu verändern und die offen von Jesu Zeugnis ablegen, wie es die beiden Zeugen tun.*"

Luthard: „*Die Gottes Gebote bewahren im Gegensatz zu denen des Antichrist und das Zeugnis Jesu haben im Gegensatz zum Bekenntnis des Antichrist.*"

Hengstenberg: „*Ein standhaftes Zeugnis lässt sich nicht stoppen, ob es auch das Leben kostet. Solche sind es, mit denen der Satan streitet und also ist es sehr verdächtig, wenn einer das halten der Gebote Gottes leugnet. Solche Leute lässt der Teufel gern in Frieden.*"

Auberlen: „*In den Übrigen liegt wohl eine Andeutung davon, das wie einst Israel nur ein Rest, eine Auswahl sein wird, welche in Wahrheit den Weibessamen bildet, von dem es heißen kann, dass er Gottes Gebote halten und das Zeugnis Jesu habe. Nur solche sind dem Teufel ein Dorn im Auge ; die anderen verfolgt er nicht.*"

Kapitel 13

Im 13 Kapitel werden die religiösen Mächte dargestellt, die nach der endgültigen Ausstoßung Satans aus dem Himmel bis zur Endzeit wirken. Die religiösen Mächte werden in ihrem ganzen Dasein und in scharfer Begrenzung gezeigt, ohne dabei den Namen zu erwähnen um die verfolgte Gottesgemeinde zu schützen. Diese religiösen Mächte sind die gefügigen Werkzeuge des Urdrachens, die seinen Zorn an den Nachfolgern Jesu auslassen, dabei aber meinen sie tun Gott noch einen Gefallen damit.

Die beiden Tiere

1 Und ich trat an den Sand des Meeres und sah ein Tier aus dem Meer steigen, das hatte sieben
Häupter und zehn Hörner und auf seinen Hörnern zehn Kronen und auf seinen Häuptern Namen der
Lästerung. 2 Und das Tier, daß ich sah, war gleich einem Parder und seine Füße wie Bärenfüße und
sein Mund wie eines Löwen Mund. Und der Drache gab ihm seine Kraft und seinen Stuhl und große
Macht. 3 Und ich sah seiner Häupter eines, als wäre es tödlich wund; und seine tödliche Wunde ward
heil. Und der ganze Erdboden verwunderte sich des Tieres 4 und sie beteten den Drachen an, der dem
Tier die Macht gab, und beteten das Tier an und sprachen: Wer ist dem Tier gleich, und wer kann mit
ihm kriegen?

(13, 1) Wie Daniel Tiere aus dem Meer hervor kommen sieht, so sieht nun Johannes auch ein Tier, was eine Weltmacht oder Reich bedeutet, was die Merkmale der vier Weltmächte hat. Das Meer ist ein Sinnbild für „Völkermeer" (Dan. 7, 2). Der Unterschied zu Offb. 12, 3 ist, das es nicht nur sieben Häupter hat, die gekrönt sind, sondern ihre Hörner sind gekrönt und haben „Namen der Lästerung" darauf stehen.

(13, 2) Daniel sah vier Weltmächte (Dan. 7, 3-7). Johannes sah ein Tier, dass die Eigenschaften der vier in einem vereint. Dieser neuen Weltmacht gab der Drache seine Kraft, Macht und seinen Thron. Auf Grund von Offb. 12, 3 und 17, handelt es sich hier um die Machtfülle der römischen Weltmacht, nach der Völkerwanderung, die in der geistlichen Weltherrschaft Roms während der 1260 Jahre weiter existierte.

(13, 3) Eines der Häupter muss einen so verheerenden Schlag abbekommen haben, dass es allen Anschein hat, dass es sich nicht mehr erholen wird. Aber die Wunde soll wieder heilen und die Menschen werden sich über die Heilung wundern. Am Ende der 1260 Jahre soll sich dies erfüllen.

Das französische Direktorium beabsichtigte 1797 : „*Dieses alte Götzenbild muss vernichtet werden, wir wollen den Dalailama Europas ohne Nachfolger lassen; es ist unser Wille, dass mit ihm seine Religion begraben werde.*" (Hase Polemik S. 154) "*Nach meiner Meinung kann Rom nicht fortbestehen ; diese alte Maschine wird ganz von selber auseinanderbrechen.*" (Brief 19. Febr. 1797 Bonoparte an das Direktorium) Am 17. Dezember 1797 wurde General Duphot bei blutigen Straßenkämpfen vor der Französischen Botschaft erschossen. Augenblicklich reiste der Botschafter Frankreichs nach Paris ab. Am 11. Januar erhielt der General Berthier die Weisung „*den unerhörten Frevel zu rächen.*"

Daraufhin erschien er am 10. Febr. 1798 mit 9000 Mann vor dem Vatikan. Einen Tag später wurde dem 79 Jährigen Papst Pius VI. „*mit rauem Ton angekündigt, das römische Volk habe seine Unabhängigkeit ausgesprochen und erkenne ihn nicht mehr als Herrscher an.*“

Am 18. Februar kam Haller in den Vatikan, „*trat den Hut auf dem Kopf, in das Zimmer, in dem der Papst eben beim Frühstück saß, forderte ihm seine Kostbarkeiten ab, riss ihm zwei kostbare Ringe von den Finger und nahm ihm unter seinen Augen den spanischen Tabak weg. ... Am 20. Febr. Wurde der Papst im Vatikan abgeholt, mit roher Eile in einen Wagen gesetzt und nach Siena gebracht.*“ (AWG IV. S. 806) Später wurde der Papst nach Valenz überführt, wo er bis zu seinem Tod am 29. August 1799 eine einfache Wohnung zugewiesen wurde.

Die Welt war nicht nur ohne Papst, sondern auch ohne das Kollegium der Kardinäle. Sie wurden niedergeworfen, entwaffnet, waren ohne Stütze und Freunde und flüchteten weit von Rom zu irgendeinem Zufluchtsort, wo sie Ruhe fanden.

Das Päpstliche Haupt war „*wie geschlachtet in den Tod*“, zum Tode verurteilt und ehe sein ohnmächtiger Träger ins Grab sank, hielt man seine Leichenrede. Nach seinem Tod blieb sein Stuhl monatelang leer ; das Papsttum schien auf immer verschwunden.

Die Todeswunde konnte nur durch die Wahl eines neuen Papstes heil werden und dazu mussten sich die zerstreuten Kardinäle erst irgendwo versammeln. Zur Neuwahl fanden sich 35 Kardinäle am 1. Dezember 1799 in Venedig ein, aber erst am 14. März 1800 wurde Pius VII. gewählt. Österreich weigerte sich, ihn nach Rom zu entlassen. Im August wurde der Päpstliche Stuhl, indem „*Ketzer, Schismatiker und Ungläubige, ein russisch-türkisches Korps, das auf englischen Schiffen in Apulien gelandet war*“ (Jäger IV S.159) wiederhergestellt.

Der Papst wollte jedoch nicht Napoleons Werkzeug sein, so wurde im Februar 1808 Rom von den Franzosen besetzt. Pius wurde als Gefangener nach Savona geführt und blieb dort bis März 1814. Die Kirche hatte keine geordnete Regierung, weil dem Papst sogar durch Wegnahme von Tinte und Papier jegliche Ausführung seines Amtes gehindert wurde. Im Mai 1814 kehrte Pius nach Rom zurück.

„Mit diesem Ergebnis begann eine überraschende Wiederbelebung der Katholizismus, der nun unaufhaltsam und sicher in wenigen Jahrzehnten zu einer bedeutenden Machtstellung emporstieg.“ (Heuffi K.G. S.507) „Mehr als einmal, besonders 1798, 1808, 1859 und 1870 setzten die Feinde dem `Leichnam der röm. Kirche´ Grabschriften, ohne sich auch nur die Möglichkeit einer Auferstehung träumen zu lassen; aber der voreilige Triumph ward jedes Mal durch ein sichtbares Walten der Vorhersehung zuschaden und das Gegenteil des Erwarteten trat ein.“ (Hergenräther KG. II. S. 1064)

Im Januar 1888 feierte Leo XIII. eine Jubiläumsfeier, bei der nicht nur katholische oder protestantische Herrscher ihn Huldigten, „*sondern auch der Sultan, die Kaiser China und Japan, der Schah von Persien, welch letzterer den Papst `als Messias, erhabener als die Bewohner der himmlischen Welt´ anredete. Der Papst rief darüber entzückt aus : `Beachtet die jetzigen Vorgänge. Die einfache Tatsache unseres Jubiläums hat die Aufmerksamkeit der ganzen Welt erregt.´*“ (PAaZuE. S.366)

(13, 4) Hier wird besonders die Anbetung des Drachen und des Meertieres durch die ganze Erde betont. „Prosküneo“ wird meist mit huldigen übersetzt, es bedeutet aber auch küssen oder Ehrfurcht bezeugen.

Über den Huldigungsakt des neuen Papstes schrieb das >Ceremonale Romanum< : „*Der neue Papst erhebt sich und seine Mitra tragend wird er von den Kardinälen in die Höhe gehoben und von ihnen auf den Altar gesetzt, um dort zu sitzen. Einer der Bischöfe kniet nieder und beginnt das Tedeum. Währenddessen küssen die Kardinäle Füße, Hände und Gesicht des Papstes.*“ (lib.1 S.5, c.3) Diese Zeremonie wird Adoratio , oder `Venite adoramus´ (Kommt, lasst uns anbeten.) genannt. In der Päpstlichen Münze, von der Krönung Hadrians IV. lautet die Umschrift : `Quem creant, adorant´ (den sie erschaffen [Papst], den beten sie an).

Wie sehr man die menschlichen Sinne durch den Zauber der Macht und großen Erfolge zu fesseln sucht geht aus der jüngsten Geschichte hervor. Nachdem die „Wunde“ geheilt war, sitzt er nun fester als je zuvor auf seinem Stuhl. „Die Kirche hat die Geburt jeder Regierung in Europa gesehen und es gar nicht unwahrscheinlich, dass sie auch Zeuge von aller Tod sein und ihr Requiem singen wird“ (Gibbon `Glaube der Väter´ S. 48)

„*Die Autorität des Papsttums erhebt stolz das Haupt. Sie hat die verwegene Lehre von der Unfehlbarkeit ausgesprochen und allen Widerstand der Vernunftgründe gebrochen. Sie hat mit dem siegreichen Preußen und großen Kanzler gerungen und Schritt für Schritt den so heißbestrittenen Boden behauptet, ja, sie hat zwischen Kaiser und König des Schiedsamtes gewaltet. Bei ihr suchten alle monarchischen Regierungen, in einem alten historischen Irrtum befangen, Beistand gegen die aufrührerischen Gärungen der Zeit*“ (Jan. 1888 Allgemeine konservative Monatsschrift)

5 Und es ward ihm gegeben ein Mund, zu reden große Dinge und Lästerungen, und ward ihm
gegeben, daß es mit ihm währte zweiundvierzig Monate lang. 6 und es tat seinen Mund auf zur
Lästerung gegen Gott, zu lästern seinen Namen und seine Hütte und die im Himmel wohnen. 7 Und
ward ihm gegeben, zu streiten mit den Heiligen und sie zu überwinden; und ward ihm gegeben Macht
über alle Geschlechter und Sprachen und Heiden. 8 Und alle, die auf Erden wohnen, beten es an,
deren Namen nicht geschrieben sind in dem Lebensbuch des Lammes, das erwürgt ist, von Anfang
der Welt.

(13, 5) Die Angabe der Gewaltregierung der Papstmacht wird hier zum siebenten mal erwähnt und beweist somit ihre besondere Wichtigkeit.

Noch einmal zur Erinnerung ; die Zeitdauer ist in prophetischen Zeiten, Monaten und Tagen angegeben, also Jahre, Monate und Tage. Ein prophetischer Tag ist gleichzusetzen mit einem Jahr , ein prophetischer Monat zu 30 Jahren , ein prophetisches Jahr zu 360 Jahren unserer Zeit. Der Anfang dieser Zeitrechnung bildet der Edikt Justinians, das 538 den römischen Bischof als „Haupt aller Priester und züchtiger der Ketzer" anerkennt. Genau 42 prophetische Monate später entriss die französische Revolution dem Papst jede Macht und zerstörte sein Amt (für eine Zeit).

(13, 6) Ein Merkmal dieser Macht sind die Lästerungen, die schon in Daniel 7, 8. 25 angegeben werden. Nach dem römischen Katechismus (1900 S. 196) werden die Priester schon als *„Götter genannt, da sie die Macht und Hoheit des unsterblichen Gottes unter uns besitzen*". Die Stellung des Papstes kennzeichnet Innozenz III. als *„die des wahrhaftigen Gottes auf dieser Welt.*" (De transl. Episc. Tit. 7, c. 3 Corp. Jur. Can. , Paris 1612) *"Die Fleischwerdung Gottes findet dreimal statt : in der Krippe zu Bethlehem, am Messaltar und im Vatikan.*" (Hase Polemik S. 181 [Erzbischof Dubrevil]) Und vieles anderes mehr.

(13, 7) Ein weiteres Merkmal dieser Macht ist der Kampf gegen die Nachfolger Jesu (Heiligen). *„Zwei Zeiten von Christenverfolgung kennt die Weltgeschichte, die des altheidnischen Roms und die der Inquisition und des Hexenwahns. Welche von diesen Verfolgungen die furchtbarste war, darüber ist ein Zweifel unmöglich; nach Dauer, Art und Wirkung übertrifft das Tun der Inquisition die Taten Neros und Diokletians.*" (Das Papsttum I. S.591)

„Das Zepter der Weltherrschaft und seine ganze Monarchie nebst Gott, dem auf seinem Stuhle sitzenden Papst Sylvester völlig abtreten wollte, ... Die päpstliche Autorität schließt nach den Worten des hl. Bernhard an Eugen III. nichts aus, daher umfasst sie alles." (Concil. Lateran, sess. X p. 132) *"Binde die Könige mit den Ketten des großen Königs und setze die Edlen mit den Handschellen geistlicher Natur, denn dir ist alle Gewalt gegeben im Himmel und auf Erden.*" (Hefele VIII. S. 644) *„So ist das Papsttum der höchste Träger und Repräsentant des Prinzips der Autorität auf allen Gebieten und auf der ganzen Welt.*" (Fundamentaltheologie S. 551)

(13, 8) Der Urdrache (Satan) wurde seit dem entstehen des Götzendienstes angebetet, und auch das Meertier wird 1260 Jahre hindurch angebetet. Hier aber ist eine Zeitänderung in den Worten zu erkennen, die bedeutet, dass nach den 1260 Jahren die Anbetung Satans und seines Hohenpriesters (Papst) sich auf das höchste Maß steigern wird. Das wird in den übrigen Versen dieses Kapitels noch deutlicher hervortreten.

Das Menschliche Geschlecht wird dann in zwei sehr ungleiche Haufen geteilt sein, der größere Teil wird den „Wiederfertigen" anbeten und nur ein „kleiner Rest" wird dem Lamm treu bleiben.

Es ist unendlich wichtig sich darüber im klaren zu sein, dass jeder der mit sein Name im Lebensbuch des Lammes stehen will auch sein Wort hoch achtet, darin liest, das gelesene umsetzt und befolgt. Denn nur der wird das ausführen, wovon er überzeugt ist. Leider wir die größere Mehrzahl auf Erden im großen Gegensatz dazu leben.

9 Hat jemand Ohren, der höre! 10 So jemand in das Gefängnis führt, der wird in das Gefängnis gehen; so jemand mit dem Schwert tötet, der muß mit dem Schwert getötet werden. Hier ist Geduld und Glaube der Heiligen.

(13, 9) Viermal wird betont, dass Gott dem Meertier die Macht gab zu lästern, die Heiligen zu überwinden und die allgemeine Herrschergewalt zu besitzen. Deshalb ruft er ihnen zu „*Wer Ohren hat, zu hören, der höre!*" (Mt. 11, 15 ; 13, 9 ; Mk. 4, 9. 23 ; Lk 8, 8 ; 14, 35 ; Offb. 2, 7. 11. 17. 29 ; 3,6 . 13. 22)

(13, 10) Womit soll man sich aber trösten während solch einer gottzugelassenen Gewaltdauer? Die Vergeltung, die seine Gerechtigkeit fordert, wird Er selbst üben. Den unterdrückten aber „*gibt es die herrlichste Gelegenheit, Geduld im Leben und Glauben an Gottes gerechte Vergeltung an den Tag zu legen und unter keinen Umständen selbst das Schwert zur Verfolgung Andersgläubiger zu ergreifen.*" „*Gerade das von Grundlegung der Welt an geschlachtete Lamm dient hier auch als das herrlichste Vorbild rechter Geduld und wahren Glaubens.*"

11 Und ich sah ein anderes Tier aufsteigen aus der Erde; das hatte zwei Hörner gleichwie ein Lamm und redete wie ein Drache. 12 Und es übt alle Macht des ersten Tiers vor ihm; und es macht, daß die Erde und die darauf wohnen, anbeten das erste Tier, dessen tödliche Wunde heil geworden war; 13 und tut große Zeichen, daß es auch macht Feuer vom Himmel fallen vor den Menschen; 14 und verführt, die auf Erden wohnen, um der Zeichen willen, die ihm gegeben sind zu tun vor dem Tier; und sagt denen, die auf Erden wohnen, daß sie ein Bild machen sollen dem Tier, das die Wunde vom Schwert hatte und lebendig geworden war.

(13, 11) Babylon, Medien-Persien, Griechenland, römische Reich, zehn Teilreiche des römischen Reiches, sowie die geistliche römisch katholische Weltherrschaft gehen aus dem Völkermeer der alten Welt hervor (Dan. 7, 2 ; Offb. 13, 1). Nun aber sieht Johannes eine neue Macht aufkommen, die ihren Ursprung nicht aus diesem hat, sondern aus einem Gebiet der Erde stammt, das noch nicht von der Völkermenge „überschwämmt" ist. Trug das Meertier Häupter, Hörner und Kronen, so schaut Johannes an dem Erdentier nur zwei Hörner, als Sinnbild zweifacher Macht, es fehlt jedoch jegliche fürstlich-königliche Würde, die Krone.

Das Lamm mit zwei Hörnern, gibt der Macht ein unschuldiges Aussehen, ähnlich einem zahmen, sanften Haustier. Im laufe der Zeit entpuppt es sich aber als „*Schildträger des Meertiers*" und offenbart seinen wahren Charakter in seinem reden, „*wie ein Drache*".

Das Aufkommen der neuen Macht findet erst nach der tödlichen Wunde des Meertieres statt. Denn alle Ausleger vor dem 19. Jahrh. schrieben eindeutig; „*Es ist noch nicht entstanden, doch kann es auch nicht mehr weit sein, denn es soll am Ende der 42 Monate des ersten Tieres erscheinen.*" (J. Wesley 1754)

„Das zweihornige Tier, welches große Zeichen tut, ein Bild redend macht und ein Mahlzeichen aufdrängt, ist noch nicht erschienen : Folglich kann man dieses Bild noch auf niemanden deuten.“ (Roos 1794)

Die Verfassung der Vereinigten Staaten legt die politische und rechtliche Grundordnung fest uns ist somit ihre „Geburtsurkunde“, die am 17. September 1787 unterzeichnet wurde. Erst mit der Zeit, entwickelte sich das Land, das durch die Fruchtbarkeit des Boden sowie der unerschöpfliche Bodenschätze und freie Institutionen einen Wirtschaftlichen Aufschwung entwickelte. Als „ernstzunehmende Macht“ wurde sie erst nach dem 1.Weltkrieg und durch den zweiten trat sie als ausgewachsene Weltmacht auf den politischen Teppich der Erde.

Da es redet „wie ein Drache“, handelt es sich um die dritte und letzte Macht, die als Erzfeind des Volkes Gottes in der Endzeit verführt, täuscht und zu zerstören versucht.

(13, 12) Die Neue Weltmacht, symbolisiert durch *„ein Lamm, das redete wie ein Drache*“ wird in kürzerer Zeit die gleiche Machtfülle erreichen, wie einst das Meertier der alten Welt in den 1260 Jahrtagen (Papsttum). Auch das Papsttum wird eine große Rolle spielen, denn das Lamm übt seine Macht „vor ihm aus“, also mit ausdrücklicher Unterstützung und Billigung, als Partner und „Handlanger“. Dies wird sich in politischen und wirtschaftlichen Kiesen zeigen, wo der Packt zwischen den beiden Machthabern gefestigt wird und der Politische Erfolg, dem Papst zugesprochen wird.

P.Schaff schreibt: *„So viel scheint mir ganz klar, die Vereinigten Staaten sind das am meisten protestantische Land der Welt. ... Nordamerika ist auch im emphatischen Sinn das Land der Zukunft für die evangelische Kirche, die in Christo und seinem ewigen Evangelium die alleinige Quelle des Heils und die alleinige Bürgschaft aller wahren bürgerlichen und religiösen Freiheit verehrt. ... In Amerika werden die interessantesten kirchengeschichtlichen Versuche gemacht. Dort handelt es sich darum, eine Kirche zu bauen, die ohne alle direkte Unterstützung der weltlichen Regierung dennoch, ja gerade um so mehr in den Sympathien des Volkes wurzeln, der Ausdruck seiner freiesten Überzeugung, die Trägerin und Pflegerin seiner höchsten geistigen und sittlichen Interessen sei. Dort gilt es, das echt protestantische Prinzip seiner selbstständigen und doch wieder mit dem Ganzen organisch verbundenen Gemeinde in viel höherem Maße zu verwirklichen, als dies bisher in der Alten Welt der Fall war. ... Dort ist die ganze Streitfrage zwischen Romanismus und Protestantismus auf neue aufgenommen worden und geht den ernstesten, vielleicht sogar blutigen Kämpfen entgegen. Denn Nordamerika ist ein durch und durch protestantisches Land, sogar extrem protestantisches Land, weil der Protestantismus nicht bloß die große Mehrheit der Bevölkerung für sich hat, sondern zugleich politisches und soziales Prinzip, kurz mit dem ganzen Nationalleben aufs innigste verwoben ist und mit allen edlen Freiheitsbestrebungen und Fortschrittideen Hand in Hand geht. Die unter dem Einfluss des Puritanismus gebildete öffentliche Meinung sieht in der römischen Kirche, sei es nun mit Recht oder mit Unrecht, das* *leibhaftige Antichristentum, die personifizierte Unduldsamkeit und Verfolgungssucht, ein System des furchtbarsten geistlichen Despotismus, der folgerichtig durchgeführt, auch alle politische Freiheit vernichten und allen Fortschritt der Geschichte hemmen würde.*" (S. 361 , 286)

Wie kann es nun in einem protestantischem Land dazu kommen, dass es den päpstlichen Grundsätzen huldigt und im Laufe der Zeit seine Machtmittel dazu missbraucht, diese Grundsätze und Einrichtungen nicht nur in seinem Bereich, sondern auch auf der ganzen Erde zu erzwingen ? Dies kann nur über eine längere Zeit und durch äußere Gegebenheiten (wie z.B. 11.09.2001) geschehen, durch die, die Menschen dazu gebracht werden, entgegen ihrer Gewissensfreiheit zum Religionszwang überzugehen.

Der im Volk tief gewurzelte Grundsatz der religiösen Duldung geht aus der Geschichte der Vereinigten Staaten hervor. Aber: „*Der Amerikaner ist ebenso unduldsam als duldsam, und man kann seinen Charakter nicht gehörig würdigen, ohne das man diesen scheinbar unversöhnlichen Gegensatz stets im Auge hat. Er ist sogar in manchen Dingen entschieden Fanatisch. Man denke nur an den puritanischen Ursprung Neu-England und an den ungeheuren Einfluss, welche der strenge Kalvinismus noch immer auf das ganze Land ausübt.*" (P. Schaff Amerika S.75)

Im Hirtenbrief vom 7.Nov. 1885 schrieb Papst Leo an die Katholiken Amerikas folgendes: „*Alle Katholiken müssen sich als tätige Elemente in dem täglichen politischen Leben der Länder, in denen sie leben, fühlbar machen. Sie sollen sich mit aller Macht bemühen, dass die Verfassung jener Staaten nach den Grundsätzen der wahren Kirche umgestaltet werden.*"

„In einem von W.Kämpfe ins Deutsche übersetzte Werk über die Vereinigten Staaten (1900) erklärt der Pariser Professor Claudio Jannet : `Denn die Politiker fühlen, dass sie sich in der kath. Kirche einer Macht gegenüber befinden, die nachdem sie sich auf diese oder jene Seite stellen, das Zünglein der Wage lenken.´ Rom lenkt in der Neuen, wie auch in der Alten Welt das Zünglein der Wage und verfolgt in dem einst echt protestantischen Lande der Pilgerväter stetig sein Ziel, dessen freie Verfassung nach seinen Grundsätzen umzuwandeln und dadurch seine Huldigung zu erzwingen." (PAaZuE S. 410-411)

(13, 13) Hier wird ein weiteres Charakteristisches Merkmal des Erdentiers gezeigt, „*und tut große Zeichen*". Nachdem die Wunde des Papsttums wieder heil wurde, entstand im kleinen beginnend der „Spiritismus", und das in den Vereinigten Staaten. Pastor Rohnert schrieb darüber: „*Sein eigentliches Heimatland ist Amerika; hier ist er besonders stark vertreten. Kaum gibt es eine Stadt, ein Dorf, wo sich nicht spiritistische Zirkel finden. Als das Haupt des amerikanischen Spiritismus gilt Davis, der Seher von Poughkeepsie, der 1826 von armen Eltern geboren und fast ohne Schulbildung aufgewachsen, jetzt bei den Spiritisten im höchsten Ansehen steht und ihr fruchtbarster Schriftsteller ist.*" (Kirche und Sekten S.266)

Der Hauptsatz des Spiritismus ist: „*Du bist unsterblich und darfst es wissen, dass du unsterblich bist.*“ (Spiritismus S. 21) Im Gegenteil dazu „*Der erste Mensch Adam, ward zu (nicht erhielt) eine lebendige Seele.*“ (1.Kor. 15, 45) „*Denn die Lebendigen wissen, dass sie sterben werden; die Toten aber wissen nichts, sie haben auch keinen Lohn mehr, denn ihr Gedächtnis ist vergessen*“ (Prediger 9, 5) Sie ruhen alle in ihren Kammern und ihr Lebenshauch, der die verlässt, so wie er kam, ruht bis zur Auferstehung der Toten in Gottes Händen. (Pr. 12, 7 ; Jes. 57, 2)

Der Spiritismus behauptet, dass er durch den Verkehr mit dem Jenseits den mangelnden Beweis erbringt, dass es eine Unsterblichkeit gibt. Das es Geisteserscheinungen gibt, ist nicht anzuzweifeln. Dass diese auch Wunder bewirken, auch nicht. Es sind aber Dämonen und gefallene Engel, die dies wirken und niemals verstorbene Menschen.

Bezeichnend für unsere Zeit ist das Wort: „*Glaube, dem die Tür versagt, steigt als Aberglaube ins Fenster ; Wenn ihr Gott erst einmal verjagt, kommen die Geister.*“ (Sprichwort)

Mit „*Feuer vom Himmel fallen*“ ist wahrscheinlich die „*Bewegung der Zungenrede*“ gemeint. Erst in den Jahren nach dem 2. Weltkrieg entstand in Amerika die Gruppe der Pfingstler. Diese taufte nicht nur mit Wasser, sondern taufte auch „im Heiligen Geist“. Das äußere Zeichen des getauft seins mit dem Geist sollte das Zungenreden sein. Mit unverständigen Sprachen reden gab es schon immer. So zum Beispiel bei den Ägyptern, Griechen und Babylonier. Der Unterschied zu dem biblischen „mit Zungen reden“ ist, dass dieses „reden im Geist“ von einer Person in der Gemeinde ausgelegt (übersetzt) werden kann und sich mit den Aussagen der Bibel zu 100% deckt. Wo dies nicht zutrifft, kann es sich nicht um eine Biblische Gabe handeln.

(13, 14) Das Erdentier (die Vereinigten Staaten) werden dem Meertier (das Papsttum) ein Bild machen, worunter lediglich eine Nachbildung des vorhergegangenen Regierungssystems zu verstehen ist, wie dies viele Ausleger bezeugen.

„*Die Erfüllung ist dann erreicht, wenn die echt protestantische Republik der Neuen Welt mit ihrer freien Verfassung nach dem Vorbild römischer Zwangsherrschaft umgestaltet ist. Wenn dies klassische Land der Trennung von Kirche und Staat, ... , dass auch dort Kirche und Staat gemeinsam Religionszwang ausüben und zwar zugunsten päpstlicher Satzungen wieder Gottes-heiliges Gesetz, dann steht das päpstliche Bild in dem echt protestantischen Lande der Neuen Welt vollendet da. Solche tiefschneidenden Umwandlungen und solcher gewaltiger Abfall von protestantischen Grundsätzen braucht selbst in Nordamerika Zeit und gelingt nur durch dämonische Machtmittel.*“ (Rougemont S.259)

15 Und es ward ihm gegeben, daß es dem Bilde des Tiers den Geist gab, daß des Tiers Bild redete
und machte, daß alle, welche nicht des Tiers Bild anbeteten, getötet würden. 16 Und es macht, daß
die Kleinen und die Großen, die Reichen und die Armen, die Freien und die Knechte allesamt sich
ein Malzeichen geben an ihre rechte Hand oder an ihre Stirn, 17 daß niemand kaufen oder verkaufen
kann, er habe denn das Malzeichen, nämlich den Namen des Tiers oder die Zahl seines Namens.

(13, 15) Die nach dem Muster des alten Roms umgestellte Regierungsform, der „Neuen Welt Regierung" erhält dadurch den Lebensgeist, dass es redet und das es Gesetze erlässt, die im Sinne Roms sind und deren Übertretung mit der Todesstrafe ahndet. Wer sich diesen, vom Weltbischof erlassenen und dem falschen Propheten der Neuen Welt umgesetzten, Gotteswidrigriegen Satzungen nicht fügt, verfällt an die Staatgewalt und somit u.U. auch dem Tode.

„*Die Neue Welt, anstatt ohne Religion oder Gottesdienstliche Form zu sein, wird eine großartige Staatsreligion besitzen und wer sich ihren Verfügungen nicht beugt, wird wie einst im heidnischen Rom als `Gottesleugner´ oder wie im päpstlichen als `Ketzer´ und staatsgefährlich ohne Rücksicht auf sein Festhalten an Gottes Wort und seinem Heiland zum Tode verurteilt. Es wird eine Neubelebung der Inquisition sein, aber nach modernen Begriffen zugeschnitten.*" (B. Keller Erklärungen S.237)

„*Es ist leider nur allzugewiß, dass der letzte und ärgste Streich des Tieres noch nicht überstanden ist. Der wahre Gott verlangt keinen gezwungenen, sondern einen freien Dienst. Also wird er auch dadurch, ja dadurch am meisten, denen, die seinen Sinn und Verstand haben, zu erkennen geben, dass er nicht Christus, sondern vermöge seines Namens Christo zuwider sei. Derjenige ist Christus, der sein Blut vergossen hat, derjenige ist der Antichrist, der fremdes Blut vergießt.* „ (Bengel)

(13, 16) Die Anbetung des vom Erdentier aufgestellten Bildes wird ihm nicht reichen, sondern ein Mahlzeichen soll ihnen gegeben werden, was die Menschen eindeutig identifiziert, als zum Erdentier gehörend. „*Es wird keiner so groß, reich, frei sein, dass er sich dieser Maßregel entziehen könnte und keiner so klein, arm, gedrückt, dass er bei der selben übersehen würde.*" (Kleifoth III S.104)

Dieses Sinnbild ist von der heidnischen Sitte, „*dass den Sklaven die Namen ihrer Herren eingebrannt wurden auf die Hand oder an ihre Stirne, und das die Heiden die Namen der Heidnischen Gottheiten, deren Dienste sie sich weihten, sich einbrannten.*" (Ebrard S. 389) Auch Soldaten brannten sich die Namen ihrer Feldherren ein. So kennzeichnet das Brandmahl den Sklaven als Eigentum ihres Herrn, der Götzendiener bekannte sich öffentlich zur Zugehörigkeit zu seinem Götzen und der Soldat zu seiner Dienstpflicht dem betreffenden Feldherrn. Nun wird in der Neuzeit dies nicht auf so grober Art geschehen, dass jeder ein Brandzeichen bekommt, aber durch das aufgezwungene Malzeichen werden alle Menschen gezwungen, in äußerlicher Weise ihre Unterwerfung unter den Weltbischof kundzutun. Dieses Kennzeichen muss als hauptsächlicher Machtbeweis als erstes gegen das Siegel Gottes, das für alle Menschen seine Geltung hat, sein.

Dies ist der Schöpfungssabbat, das von Gott bestimmte ewige Zeichen, wodurch der Gläubige aller Zeitalter erkannt wird und, das nur in der Kraft Christi der Mensch geheiligt und vollendet wird.

„*Die Feier eines anderen Wochentages, durch irgendeine andere Macht eingeführt und gefordert, würde eine Anerkennung dieser Macht sein, das Vertrauen in ihre heiligende Kraft ausdrücken, das Malzeichen ihrer Machtfülle sein und im schroffen Gegensatz zu Gottes Ruhetag, seinem Siegel, stehen*" (PAaZuE S.421)

Folglich ist „*das kleine Horn*" (Dan. 7) dieselbe Macht, wie das Meertier, das „*des Höchsten Zeit und Gesetz zu ändern*" (Dan 7, 25) sich untersteht.

Der Ausspruch Eck´s, als er mit Luther in Leipzig stritt : „*Die Schrift lehrt: Gedenke, dass du den SAMSTAG heiligst, sechs Tage würdest du arbeiten und würdest alle Werke tun, aber am siebenten Tag ist der Sabbat Gottes, deines Herrn. Hat doch die Kirche die Feier vom Sabbat umgelegt auf den Sonntag aus ihrer Gewalt ohne Schrift.*" (Handbüchlein S. 78)

Auf dem Konzil zu Trient (1545) sagte Erzbischof Fossa von Reggio folgenden Ausspruch: „*Gerade die Autorität der Kirche wird von der Heiligen Schrift am meisten verherrlicht; denn während sie auf der einen Seite dieselbe empfiehlt, sie als göttlich erklärt ..... haben andererseits die in der Schrift enthaltenen gesetzlichen Vorschriften vom Herrn durch die selbe Autorität aufgehört. Der Sabbat, der berühmte Tag im Gesetz, ging in den Herrentag über ... Dieser und Ähnliches haben nicht auf die Predigt Christi hin aufgehört, denn er sagte, er sei nicht gekommen, das Gesetz aufzulösen, sondern zu erfüllen, sondern auf die Autorität der Kirche hin sind sie verändert worden.*" (Masi XXXIII, 526-533)

Nur die auf römischer Kirchenautorität beruhende Sonntagsfeier, die Weltweit durchgesetzt wurde, ist der gesuchte Machtbeweis und das bezeichnende Malzeichen angemaßter Gewalt über das Gesetz Gottes und dem heiligen Ruhetag.

Aber auch die Protestantischen Länder haben die Sonntagsfeier zu erzwingen versucht. In der Neuen Welt wurde von Anfang an auf die strenge Sonntagsfeier gedrungen und durch Gesetze, die der Stadthalter umsetzen sollte zu erzwingen versucht. Ein Auszug aus dem Erlass für die Kolonie Virginia vom 24. Mai 1610 : „*Alle Männer und Frauen sollen sich morgens zum Gottesdienst und zur Predigt, die auf dem Sonntag verkündigt wird, begeben und auch nachmittags zum Gottesdienst und Katechismusunterricht, widrigenfalls wird das erste Vergehen durch Verlust ihrer Versorgung und Zuschusses für die folgende Woche bestraft; für das zweite verlieren sie den benannten Zuschuss und werden ausgepeitscht ; und für das dritte sollen sie den Tod erleiden.*" Auf dem Kongress zu Baltimore wurde einstimmig beschlossen, mit den Protestanten Hand in Hand zu gehen, denn in dem sie „die protestantischen Massen den ehrwürdigen Tag des katholischen Sonntags halten", huldigen sie damit der römischen Kirche und ihrer Überlieferung, da jeder triftige Schriftgrund fehlt.

In welchem Sinn das Malzeichen an der Hand oder an ihre Stirn gemeint ist, zeigt wiederum die Schrift eindeutig. Die Juden sollten sich das Gesetz Gottes als Zeichen auf die Hand (2. Mose 13, 9. 16) und als Denkmal vor die Augen (Stirn) binden (5. Mose 6, 8 ; 11, 18). Die Talmudisten verstanden dies wörtlich und pflegen diesen Brauch bis heute, in dem sie eine Kapsel mit dem Dekalog auf die Stirn binden und die Gebetsriemen um den Arm legen. (2. Mose 13, 9. 16) Der Sinn des Ganzen sollte sein, dass Israel die göttlichen Gebote nicht bloß im Herzen tragen oder beherzigen und mit dem Mund bekennen, sondern auch mit der Hand oder durch Tat erfüllen sollten.

Die Hand, als Werkzeug der Tat und das Tragen in der Hand, ist somit das Handhaben. Die Stirn ist die Stelle des allgemein sichtbaren Teils des Körpers die man sieht, so dass was man hier trägt, öffentlich zur Schau getragen wird. Die Stirn ist der Sitz des Verstandes, die Hand das Werkzeug der Tat. Wer sich den Zwang fügt, äußerlich den Menschensatzungen nachzukommen, ohne sich um die Tragweite ihrer Bedeutung zu kümmern, wird dann das Malzeichen nur an der Hand haben. Wer aber mit vollem Wissen sich fügt, trägt es an der Stirn. Wo es mit vollem Wissen zur vollen Tat wird, trägt es an der rechten Hand und der Stirn.

(13, 17) Er wird eine Verordnung, ein Gesetz erlassen, dass diese, die das Malzeichen verweigern, weder kaufen noch verkaufen können. Dies ist das öffentliche Leben, kaufen und verkaufen, wem solches verboten ist, der ist aus der menschlichen Gesellschaft ausgeschlossen und mangelt an den notwendigen Bedürfnissen des Daseins.

„*Solches Boykotieren in der Endzeit, wo der Handel alles und alles Handel wird und noch obendrein verschärft, wird um so drückender wirken. Solche Erlasse werden vom Papsttum der Alten Welt, wie auch vom protestantischen Musterstaat der Neuen Welt ausgehen und wehe denen, die sich dann weigern, dem Bild zu huldigen oder das Malzeichen anzunehmen.*“ (L.R.Conradi 1906)

Als Kennzeichen wird nicht nur das Malzeichen erwähnt, sondern auch sein Name und die Zahl seines Namen. Nur alle drei Merkmale zusammen versinnbildlichen die Macht und erklären ohne Zweifel wer das Tier, die Macht ist.

Da die römische Kirche das Malzeichen aufgestellt hat, wird auch aus dieser der gesuchte Name kommen. Der Amtsname, Titel, die Bezeichnung der Würde und Stellung, also der Wesensname muss es sein, der ihn eindeutig identifiziert. Bis zum 12. Jahrh. nannten sich die Päpste „Vicarius Petri“, aber seit Innozenz III. wurde der Titel „Vicarius Christi“ eingeführt. „*Der römische Ponifex, der nicht eines bloßen Gewalt, sondern des wahrhaftigen Gottes auf Erde bekleidet. ... Ich bin der Stellvertreter des allmächtigen Gottes auf Erden und meine Gewalt steht hoch über jeder irdischen Macht und Schranke, in mir und durch mich allein ist die Kirche frei. ... Kraft der Autorität des römischen Pontifex, der fortdauernd verbleibt, der Vicar Jesu Christi zu sein.*“ (Papsttum S. 66 ; 403)

Der eigentliche Amtname, der sich auf die Stellung als Universalbischof der ganzen Welt bezieht ist > PONTIFEX MAXIMUS < . Aus diesem Namen bezieht er seine Herrschaft und als Hohepriester, „Stellvertreter des Sohnes Gottes“ ; In seiner Amtssprache > VICARIUS FILII DEI <

18 Hier ist Weisheit! Wer Verstand hat, der überlege die Zahl des Tiers; denn es ist eines Menschen Zahl, und seine Zahl ist sechshundertsechsundsechzig.

(13, 18) Damit niemand irrt gibt Gott als Abschluss eine zusätzliche absolute Beschreibung des Meertieres, indem eine Zahl als Erkennungszeichen des Tieres benutzt wird, der den bezeichnenden Wesensnahmen und alle hohen Ansprüche begründet.

Bei der Betrachtung dieser Zahl fällt die dreifache Zahl \`6´ auf. Schon in 5. Mose 20, 17 werden sechs kanaanitische Völker aufgezählt und in Daniel 3, 1 misst das Bildnis 6 Ellen. Die Zahl 10 zeigt die Allgemeinheit und im Zusammenhang mit Daniel 3, 1 bedeuten die 60 Ellen die Allgemeine Weltherrschaft. Die Zahl sieben ist die göttliche Vollzahl und 777 die Zahl der Gottheit selbst. Die Zahl sechs ist die des Menschen, die auf die Schöpfung am sechsten Tag hinweist. So weisen Zahlen in der Bibel, die nichts mit der Sieben oder der Drei gemeinsam haben immer auf wiedergöttliche Dinge hin.

Die Zahl 666 steigert die Wiedergöttlichkeit zum Höchstmass und seine Charakterbezeichnung, sein Titel bezieht sich als Weltherrscher über den Gottes. Die Bezeichnung der weltlichen Größe und die Überhebung über Gott werden ebensoviel übertrieben wie die Zahl 66 Nebukadnezer zu der Zahl 666, des sogenannten Antichristen (Der, anstelle von Christus).

Im römischen Universalbischof treffen alle diese Punkte zu. Sein System hat die menschliche Wertegerechtigkeit aufs höchste gesteigert, den Menschen die Glaubensgerechtigkeit und die wahre Heiligung in Christus geraubt und den Sabbat als Siegel solcher Heiligung in Gott durch das Machtwerk seiner Autorität ersetzt. In seinen Augen vereinigt er die Macht der Weltlichen und Kirchlichen Gewallt in sich ; *„geringer als Gott, aber größer als ein Mensch“* und somit ist er nicht mehr Mensch, sondern Stadthalter und Vikar des Sohnes Gottes und in seinem amtlichen Handeln \`sündlos und unfehlbar´.

Die alten Sprachen, wie hebräisch, griechisch, lateinisch drücken ihre Zahlwerte durch verschiedene Buchstaben ihres Alphabetes aus. Da Latein die Sprache Roms und der Kirchensprache ist, so ist auch sein amtlicher Wesenstitel nach dessen Zahlenwert zu bemessen.

VICARIVS FILII DEI 5 1 100 - - 1 5 - - 1 50 1 1 500 - 1

Zählt man alles zusammen Ergibt dies: 666

Dieses Ergebnis der Berechnung der Buchstaben die, die Fülle der Päpstlichen Machtfülle beinhaltet, bestätigt nun, dass im Universalbischof die gesuchte Macht ist.

Kapitel 14

Das Lamm und die Seinen

1 Und ich sah das Lamm stehen auf dem Berg Zion und mit ihm hundertvierundvierzigtausend, die hatten seinen Namen und den Namen seines Vaters geschrieben an ihre Stirn. 2 Und ich hörte eine Stimme vom Himmel wie eines großen Wassers und wie eine Stimme eines großen Donners; und die Stimme, die ich hörte, war wie von Harfenspielern, die auf ihren Harfen spielen. 3 Und sie sangen ein neues Lied vor dem Stuhl und vor den vier Tieren und den Ältesten; und niemand konnte das Lied lernen denn die hundertvierundvierzigtausend, die erkauft sind von der Erde. 4 Diese sind's, die mit Weibern nicht befleckt sind, denn sie sind Jungfrauen- und folgen dem Lamme nach, wo es hingeht. Diese sind erkauft aus den Menschen zu Erstlingen Gott und dem Lamm; 5 und in ihrem Munde ist kein Falsch gefunden; denn sie sind unsträflich vor dem Stuhl Gottes.

(14, 1) Wie in Offb. 7, 9 ist Johannes überrascht, denn er sieht nach diesem allen (Kapitel 13), *„das Lamm stehen auf dem Berg Zion und mit ihm hundertvierundvierzigtausend*". Sie haben *„seinen Namen*" ; Jesus, der Christus *„und den Namen seines Vaters*" ; Gott der Herr, *„geschrieben an ihre Stirn.*"
Der Heilige Geist offenbart sich auch hier als wunderbarer Tröster, denn schon vor Jahrhunderten gibt er sein prophetisches Wort für die, die es in der schweren Stunde brauchen. Der Kampf zwischen den Mächten des Lichts und der Finsternis endet mit einem so kompletten Sieg der Auserwählten, dass auch nicht einer an der Vollzahl fehlt.

In Offb. 7 schaute Johannes 144000 Nachfolger Jesu, die aus allen Geschlechtern des geistlichen Israels stammen. Sie sind mit dem Siegel des lebendigen Gottes zu ihrer Bewahrung in der Endzeit versiegelt worden. Nun sieht er diese als Überwinder mit dem Lamm auf dem Berg Zion stehen. Da es sich um die selbe Zahl handelt und auch die Merkmale dieser die selben sind, so sind es auch dieselben Nachfolger Jesu.

Der Berg Zion wird in der ganzen Offenbarung nur hier erwähnt. Er ist als Symbol für erfüllte Verheißungen zu sehen. Im Alten Testament wurde dieser als ´der Standort sicherer Rettung und unbezwingbare Feste verstanden, wo Gott als der rechte Herrscher des ganzen Weltalls thront.` wenn in der Endzeit alle Throne verschwunden sind, kommt der ewige, auf den Gott seinen einzigen Sohn gesetzt hat, zur vollen Geltung (Ps. 2, 6). Denn dort ist auch ihre sichere Rettung (Joel 3, 5).

(14, 2) Johannes sieht nicht nur die 144000 mit dem Lamm auf dem Berg Zion stehen, sondern hört aus dem Himmel ein gewaltigen Schall. Dieses Geräusch kommt immer näher und verändert seinen Klang von Meeresrauschen und Donner bis zu Harfenspieler mit Gesang. Zu vergleichen ist es, wie die Musik bei Umzügen und Märschen. Zuerst hört man nur „Krach" und dumpfe Schläge, je näher man sich nähert, so deutlicher werden die einzelnen Musikinstrumente und Stimmen.

(14, 3) Vor dem Thron Gottes, den Lebewesen und den Ältesten wird ein neues Lied gesungen, das in Offb. 15, 3 noch näher als das Lied Mose und des Lammes erklärt wird. Es offenbart den Sieg der 144000 über das Meertier und den falschen Propheten.

Das Lied Mose handelt von der wunderbaren Errettung aus Feindeshand und kann nur von denen (würdig) gesungen werden, die solche Erfahrung persönlich gemacht haben. Ebenso kann auch dies neue Lied lernen, `die von der Erde erkauft sind´.

Es wird kein Talent im singen gefordert, sondern die eigene tiefe Erfahrung, die nur die *„von der Erde losgekauften, als die versiegelte Endgemeinde der Gläubigen*“ (Luthardt) gesammelt haben. Nur diese erleben den Abschluss der Endzeit und das Bewahren durch Gott und dem Lamm durch ihre unmittelbare Bekenntnistreue. Nur diese schauen das kommen ihres Heilands in Herrlichkeit und werden verwandelt, ohne den Tod zu sehen und werden entrückt unmittelbar zum Berg Gottes, auf den sie ihr Vertrauen setzen. Aus der tiefsten Verachtung, Verfolgung und Not zu den höchsten Ehrenstellen in die unmittelbare Gegenwart Gottes.

(14, 4) Das griechische Wort parthenos bezeichnet einen makellos Reinen Menschen, ohne Unterscheidung des Geschlechts. Hier wird diese Reinheit im Bezug zum Jüngling gesehen, der sich *„mit Weibern nicht befleckt*“ hat. *„Offenbar kann dies nur symbolisch verstanden werden. Nicht die Weiber selber sind das Symbol, sondern die Befleckung mit Weibern, wodurch auch die Weiber selber näher gekennzeichnet werden.“* (J. Lange) Die Biblische Darstellung der Abgötterei und des Abfalls unter dem Bild der Hurerei ist aus dem Alten Testament bekannt. Die 144000 haben sich nicht der geistigen Hurerei mit Babel hingegeben und haben auch keinen Anteil daran.

`Sola scriptum´ = Allein die Schrift ist ihr Maßstab, von dem sie sich nicht abbringen lassen und so werden sie sich als reine Jungfrauenseelen vor Christus darstellen. Auf schritt und tritt folgen sie in den Fußstapfen des Lammes und scheuen kein Opfer. Kein Kreuz ist ihnen zu schwer, kein Kelch zu bitter, kein Pfad zu steil, deshalb dürfen sie auch in alle Ewigkeit dem Lamm überall hin folgen. In Ihrem Munde ist keine Lüge und kein Falschen gefunden (Zeph. 3, 11), obwohl sie unter dem Lügenpropheten leben.

Die 144000 sind nicht nur erkauft, sondern auch Erstlinge. Aus dem A.T. geht hervor, dass die Erstlingsfrucht gottgeweiht ist und durch deren Darbringung im ganzen Gott gehört. Alle, die zuerst an das Evangelium gläubig wurden, werden „Erstlinge“ genannt (Jak. 1, 18). Die Endgemeinde aber, wird der Erstling der Vollendung sein, wie in Lukas 13, 30 geschrieben steht, werden sie die Ersten sein. Die 144000 gelangen durch eine besondere Gnadengabe zu einer solchen Vollkommenheit, dass sie wie einst Henoch vor der Sintflut, ohne den kleinsten Sündenfunken in sich zu haben direkt in`s neue Leben hindurchgehen ohne dass der Tod und das Gericht etwas anhaben können.

Diese Vollkommenheit wird nicht ohne inneren Kampf, der Zerstörung der Sündennatur durch den Glauben Jesu mit Hilfe des Heiligen Geistes geschehen. Die Lauheit und Trägheit von Laodizea wird in diesen nicht gefunden werden (Offb. 3, 15).

(14, 5) „*Sie sind nicht nur gläubig, sondern unsträflich vor Gott. Durch die unerhörte Trübsal dieser letzten Tage zur persönlichen Heiligkeit erzogen, heilig in einem Sinne, wie in diesem Weltlauf auch der ernsteste Christ es nicht wird, werden diese Heiligen der letzten Tage sein; Sie werden so sein, dass sie nicht erst durch den läuternden Tod hindurchzugehen brauchen, sondern, dass der Herr, wenn er erscheint, sie so wie sie sind, verwandeln (1.Kor. 15, 15 ; 1.Thess. 4, 17) und zu sich gesellen kann.*“ (Kleifoth I, 98)

Die Botschaft der drei Engel

6 Und ich sah einen Engel fliegen mitten durch den Himmel, der hatte ein ewiges Evangelium zu verkündigen denen, die auf Erden wohnen, und allen Heiden und Geschlechtern und Sprachen und Völkern, 7 und sprach mit großer Stimme: Fürchtet Gott und gebet ihm die Ehre; denn die Zeit seines Gerichts ist gekommen! Und betet an den, der gemacht hat Himmel und Erde und Meer und Wasserbrunnen.

(14, 6) Ein neues Gesicht wird angekündigt, das von hier aus bis zum Vers 20 geht. Engel sind Botschafter für die Welt, sie können Himmlische Wesen sein, oder auch Menschen, die von Gott gesandt sind, seine Botschaft zu verkündigen. „*Es ist genügend offenbar, dass durch den Engel die Diener des Wortes abgebildet werden, ja der dienst des Evangelium selbst. Die Schrift nennt sie Prediger Engel.*“ (Bullinger S.150) Dieser Engel verkündigt das ewige Evangelium, die frohe Botschaft „*zu dieser letzten Stunde, das nämlich wie am Anfang ist – eine frohe Botschaft, wie es nur eine gab, gibt und geben wird.*“ (Kleifoth)

Dieses Evangelium, wieder rein gemacht und kraftvoll wie in den ersten Tagen in Israel, wird auf der ganzen Erde gepredigt werden und allen „Geschlechtern und Sprachen und Völkern“.

(14, 7) Der Inhalt des Evangeliums wird verkündet, mit dem Hinweiß, dass das Endgericht vor der Tür steht. Nach Paulus gibt es nur ein Evangelium, das Gnade und Gericht verkündet (Apg 26). Im Vordergrund steht die Aufforderung `Gott zu fürchten und ihm die gebührende Ehre zu geben´ und ihn als Schöpfer der ganzen Kreatur, die durch die Vierzahl (Himmel und Erde und Meer und Wasserbrunnen) verdeutlicht wird, anzubeten.

Johannes der Täufer predigte dem Volk Israel, dass eine Sinnesumkehr nötig ist, da das Himmelreich durch das unmittelbare bevorstehende Auftreten des Sohnes Gottes „*nahe herbeigekommen ist*“. So wird auch alle Welt durch das predigen der dreiteilige Botschaft in der Endzeit gemahnt. Johannes führte „*viele der Kinder von Israel zu Gott*“ (Luk. 1, 16), so auch durch diese Endbotschaft in der Kraft des Elias viele aus allen Völkern zu ihren Gott bekehrt werden (Mal. 3, 23+ ; Luk. 1, 17)
„*So wird durch das Evangelium der letzten Welt das letzte Gericht fleißig vorgehalten werden. Dieses hat eine Wunderbare Wirkung, die Besserung des Lebens von den Menschen zu erlangen. Es steht aber klar und unterscheidend, die Stunde des Gerichtes ist gekommen, nicht sie wird kommen.*“ (Bullinger S.152)

Das Gericht beginnt „*am Hause Gottes*“ (Dan. 8, 14), denn bei der Erscheinung des Herrn in den Wolken des Himmels. Hier muss bereits entschieden sein, welche Tote an der ersten Auferstehung und welche der Lebenden an der Verklärung teilhaben. Alle Menschen werden vor dem Richterstuhl Christi offenbar werden müssen. Der Gerechte kommt nicht in das Weltgericht, um dort gerichtet zu werden, sondern er beteiligt sich daran als Richter über die Gottlosen und gefallenen Engel. (2.Kor. 5, 10 ; Joh. 5, 24 ; 1.Kor. 6, 2+)

Somit ist der Gerechte zuvor, vor dem Richterstuhl Christi offenbar geworden. Die Endgemeinde wird in ihrem Leben (dem jetzt), vor der Erscheinung Christi gerichtet. Darum ist es auch von größter Wichtigkeit, dass alle Menschen wissen, wann das himmlische Gericht beginnt, damit die aufrichtig Gläubigen ihre besondere Vollendung erreichen, die in der Endzeit unbedingt notwendig ist.

Die Vorbereitung der Menschen auf das Gericht beginnt direkt im tiefsten Mittelalter. Da wo die Christenheit am tiefsten gesunken ist, das Wort Gottes nichts Wert schien. In dieser Zeit begannen einzelne Leuchter das Evangelium wieder aufzurichten. In der Reformation wurde das Schriftwort und der lebendige Glaube an Christum als der Hauptgrund der wahren Rechtfertigung wiederentdeckt. Durch neue Erfindungen wie den Buchdruck und die neu entstandenen Verkehrsmittel wurden die Schriften weit verbreitet. Die Übersetzer schafften es, das Wort Gottes fast allen Völkern in ihrer Muttersprache in die Hand zu geben und durch neue Volkskirchen entstand die Weltweite Bewegung der Heidenmission.

„*Der Herr wird noch mehr Wahrheit aus seinem heiligen Wort kommen lassen. Luther, Kalvin waren große und helle Lichter zu Ihrer Zeit, aber sie durchdrangen nicht ganz den Rat Gottes. Seit stets eingedeckt, dass ihr bereit sein müsst, alle Wahrheiten aufzunehmen, die euch aus dem geschriebenen Wort Gottes bekannt werden.*“ So Prediger Robinson 1620 (Bancroft I, 264) Im 18. Jahrh. wurde die Sabbatfeier wiederentdeckt. Zinzendorf und Tennhard zu Nürnberg entdeckten unabhängig voneinander „*die rechte Sabbatfeier und den ungöttlichen Ursprung des Sonntags*“ (Schriften aus Gott II, 214)

Gerade in der Mitte des 18. Jahrh. riefen viele Männer zum „aufwachen“ auf. Franke, Zinzendorf, Rock, Haug, Tuchtfeld, Dippel, Petersen, Poiret, Hochmann, Gerhard, Terstegen, Geitz, u.a.m. Gerade in dieser Zeit kamen die Schriften Bengels heraus, diese zündeten ein neues, noch nie so deutliches Licht, so dass nicht nur das Evangelium, sondern auch die Propheten klarer und besser verständlicher wurden. „*Es wird alles gerüttelt und geschüttelt, aber das ganze ist noch nicht da. Doch ist die Anzeige deutlich genug, dass bald etwas anderes kommen werde.*“ (Burk, S.296)

Das Hauptlager der neuen Erweckung war England, Amerika und Deutschland. Wie weit die Werke Bengels dazu beitrugen bezeugt Hartmann (RE. II, 599) „*Die Erkl. Offb. fand in und außer Deutschland rasche Aufnahme, sie wurde in mehrere Sprachen übersetzt.*“ So schrieb Warneck „*Aus Deutschland sind die Väter der evang. Heidenmission in einem Franke und Zinzendorf, diese überragen alle übrigen Länder der Christenheit, so fand sich auch hier zu derselben Zeit und im engsten Anschluss der Vater der Adventbewegung in einem Bengel, und Deutschland übertraf alle übrigen Länder auch durch das, was es für den Aufschluss des prophetischen Wortes und die Verkündigung der ersten Adventbotschaft leistete.*“

Im November 1804 erkannte L.Kelber als erstes die Wichtigkeit der 2300 Jahrtage in Daniel 8, 14 und das ihr Ablauf 1843/44 genau den Beginn des Gerichts bestimmte. Dies wurde in den verschiedenen Teilen der Erde erkannt, nur meinte man, dass die Wiederkunft Christi in Herrlichkeit und der Beginn des 1000 Jährigen Friedensreiches auf Erden bevorstände. Dies wird noch heute von den „meisten Christen" geglaubt, die die Schrift nicht kennen und nur das nachplappern, was sie gehört haben, ohne selbst nachzulesen und die Schrift zu studieren.

„*Was dem Pietismus dieser Zeit eine besondere Eigentümlichkeit verleiht, das ist der ausgeprägte Chiliasmus. Unumstößlich fest stand ihnen allen die Zukunft des Herrn in allernächster Zeit, vielen, dass sie nach Bengels Rechnung 1836 eintreten würde.*" (Würt. KG. IX, 593)

„*Unzählige in Deutschland waren durch die frohe Kunde erweckt worden, Tausende aber lebten in der festen Überzeugung und der frohen Hoffnung, dass ihr Heiland, wenn nicht 1836/43, so doch in allernächster Zeit zu ihrer Erlösung erscheinen würde.*" (PAaZuE. S.451)

Auch in England wurden die Werke Bengels bekannt, sodass seine Werke von J. Robertson 1757 ins englische übersetzt wurden. Nach der französischen Revolution nahm in England der Eifer für das prophetische Wort rasch zu, woraus sich das anschwellen der prophetischen Literatur erklärt. In der ersten Hälfte des 19. Jahrhunderts wurden so viele Fakten aus den Büchern Daniel und Offenbarung entdeckt, dass ein weltweite Verbreitung der frohen Botschaft des nahenden Reiches Gottes entstand.

Als die Zeit verstrich, und „nichts sichtbares" passierte suchten die Gläubigen in der Schrift, was sie übersehen hatten. Die Enttäuschung war groß, so dass viele, die ihren Glauben nicht auf Christus gründeten, bald wieder in Passivität verfielen oder sogar den Glauben verließen.

Abschließend kann gesagt werde, dass der Herr nichts von dem, was auf der Erde oder im Himmel geschehen wird, seinen Kindern vorenthält, ohne es ihnen und dadurch der Welt kundzutun. Denn schon 120 Jahre vor der Sintflut predigte Noah und warnte durch Wort und Tat, indem er die Arche baute (1.Mose 6, 5+). Gott offenbarte Abraham, dass er Sodom zerstören wird (1.Mose 18, 16+) und dass seine Nachkommen 400 Jahre in einem fremden Land geplagt werden, ehe sie in den Besitz des verheißenen Landes kommen. (1.Mose 15, 13+) ..... . So auch nun in der Endzeit. Alles was geschieht und geschehen wird, wird den Nachfolgern Jesu vorher und während jeder Zeit von Gott offenbart werden. Alle Menschen werden erschrecken, jene aber werden sagen : „*so steht es geschrieben, so wird es geschehen*", oder „*steht nicht geschrieben, ...?*".

8 Und ein anderer Engel folgte nach, der sprach: Sie ist gefallen, sie ist gefallen, Babylon, die große Stadt; denn sie hat mit dem Wein der Hurerei getränkt alle Heiden.

(14, 8) Durch die rasche Folge des zweiten Boten, wird die enge Verbindung zum ersten Engel sichtbar. Mit lauter stimme heißt es beim ersten und dritten Engel, aber nicht beim zweiten. Dies ist insofern von Bedeutung, da erst in Offb. 18, 2 die laute Verkündigung des endgültigen Falls erfolgt.

„*Babels Strafgericht ist zum Teil schon angegangen und so gewiss, als wäre er schon erfolgt. Denn der völlige Fall folgt erst in Kapitel 18, 2. Vergleiche mit Jesaja 21, 9 ; Jer. 50, 2 ; 51, 8, die auch so reden, lange zuvor, ehe Babel völlig fiel.*" (Richter)

Babylon, die große Stadt; mit dieser Bezeichnung ist der Katholizismus gemeint, mit ihrem Hauptsitz Rom, wie schon mehrmals in dieser Erklärung erwähnt wurde. „*Was das chaldäische Babel dem Volke Gottes in den älteren Zeiten war, das ist Rom in den letzten Zeiten der Kirche im N.T.*" (Bengel zu Offb. 14, 2)

Die Bezeichnung `Zornwein ihrer Hurerei´ ist im Alten Testament ein sehr gewöhnliches Bild um anzuzeigen, dass sich das Volk gegen Gott und seine Gebote erhebt. Vom König Babel heißt es in Hab. 2, 15 dass er seinem Nächsten trunken macht und dass er sich gesättigt hat mit Schande und nicht mit Ehre. Zum Rausch mischt sich der Betrug und die Wollust.

Durch den Wein Babylons aller Kraft beraubt, werden die Sinne durch erheuchelte Liebe und Befriedigung der niedrigsten Gelüste gefangengenommen. Als die Völker so erniedrigt waren, erhöhte Babel den Druck noch mehr und „*weidete sich an ihrer Erniedrigung*". Nur durch die Zerstörung Babels sahen die Völker ihre einzige Chance und sich über diese freuen (Jer. 50, 15 ; 51, 7). Aus dem Zusammenhang, wie Babel im A.T. unter den verschiedenen Charakterzügen gezeigt wird, erkennt man im N.T. ein vollständiges Gegenbild zur Hure Babylon und Ihrem Bild.

Babylon und ihre Lehren werden in Kapitel 17 eingehender erklärt.

9 Und der dritte Engel folgte diesem nach und sprach mit großer Stimme: So jemand das Tier anbetet und sein Bild und nimmt sein Malzeichen an seine Stirn oder an seine Hand, 10 der wird vom Wein des Zorns Gottes trinken, der lauter eingeschenkt ist in seines Zornes Kelch, und wird gequält werden mit Feuer und Schwefel vor den heiligen Engeln und vor dem Lamm; 11 und der Rauch ihrer Qual wird aufsteigen von Ewigkeit zu Ewigkeit; und sie haben keine Ruhe Tag und Nacht, die das Tier haben angebetet und sein Bild, und so jemand hat das Malzeichen seines Namens angenommen. 12 Hier ist Geduld der Heiligen; hier sind, die da halten die Gebote Gottes und den Glauben an Jesum.

(14, 9) Die beiden ersten Boten sind Vorboten des Dritten, denn erst alle drei Botschaften zusammen lassen den Zweck erkennen. Die Boten warnen vor den Verführungskünsten und scheinbarer Allmacht des Tieres und stärken somit die Angefochtenen in ihrem Glauben zu Gott und dem Lamm.

„Während alles im Sturmschritt dem Verderben zueilt, lässt ein Barmherziger Gott noch einmal den Himmel widerhallen von Warnungen vor Gerichten, die alle solche treffen werden, die trotz dieser erschütternden weltweiten Verkündigung in ihrer falschen Anbetung verharren, wofür aber ein jeder persönlich verantwortlich ist.“ (PAaZuE S.460)

„Keiner wird sich entschuldigen können, das Tier oder der falsche Prophet habe ihn verführt; jeder welcher dem Antichristen gehuldigt hat, wird persönlich dafür verantwortlich sein, er selber, Mann für Mann. Eine wichtige Norm denen gegenüber, welche meinen, durch die Zugehörigkeit zu einer großen Gesamtheit sein sie persönliche entschuldigt. Der Wahn ist um so größer, wenn einer meint, die Heiligkeitsschätze eines schwerverschuldeten hierarchistischen Systems würde ihm zugute kommen.“ (Lange)

(14, 10) Das Bild des Zornweines ist für uns heute lebenden fast ein unverständliches Bild. In den Ländern, in denen der Wein das tägliche Tischgetränk bildete, verdünnte man den Wein, also auch dessen betäubende Wirkung durch zugießen von Wasser, und wenn er zu sauer war noch zusätzlich durch Süßigkeit. Bei der Hinrichtung von Verbrechern erhöhte man die Wirkung der Betäubung noch durch Zugabe von Gewürzen und Kräutern. Das Zusammenführen geschah beim einschenken. Dieses Bild benutzten die Propheten, um anzukündigen, dass noch Gnade, bei jedem Strafgericht beigemischt ist.

Nun aber soll er lauter, also rein, unverdünnt eingeschenkt werden und so der volle Zorn Gottes die Anbeter des Tieres treffen. Auch zeigt die Wortwahl eindeutig, dass der Wein neu und frisch eingeschenkt ist, „d. h. voll, als ob noch nie jemand daraus getrunken hätte und aller Gotteszorn von Anfang an sich über ihn entlüde; und der Zornwein ist ungemischt, ohne dass auch nur ein Tröpfchen Gnade darunter wäre, so dass nichts als Angst und Schrecken eines unbarmherzigen Gerichts.“ (Kemmler)

„Die Größe der Schuld ergibt sich aus der schwere der Strafe. Gerade weil die Schuld der Tieranbetung eine so große ist, hat schon der Herr vor 2500 Jahren durch Daniel begonnen, diese Macht aufs handgreiflichste zu schildern und hat dann durch Johannes nicht nur das Licht über dieselbe als das Meertier vermehrt, sondern auch seine Trabanten, das Erdentier, aufs klarste gekennzeichnet und aufs deutlichste zu verstehen gegeben, was das Bild und das Malzeichen sind.“ (PAaZuE, S.461)

(14, 11) Das in Vers 10 gedrohte Gericht ist die Wiederkunft Christi selbst. Das in Jesaja angedrohte Schicksal Edoms (Jes. 34, 9+) dient hier als Grundstelle. Wie Edom das Schicksal Sodoms und Gomorras um besonderer Gottlosigkeit willen erleidet, so trifft dies auch die Tieranbeter der Endzeit. Ihnen wird Er durch die Herrlichkeit seiner Erscheinung zum verzehrenden Feuer.

„*Eine Ewigkeit oder Ewigkeiten*" heißt es ebenso in Offenbarung 19, 3 ; 20, 10. In anderen Übersetzungen heißt es „in die Ewigkeiten der Ewigkeiten" oder auch „*in ewige Ewigkeit*". Ewig hat im hebräischen mehrere Bedeutungen, die aber das selbe Grundwort beinhaltet. \`olam´ heißt : Lange Zeit, Lebenszeit, Weltzeit, Zeitalter und Ewigkeit. Somit kann \`olam´ je nach begleitenden Umständen in der Sache selbst einen endlichen oder endlosen Zeitraum betragen.

In vielen Stellen des A.T. bezeichnen die Worte ewig und Ewigkeiten nicht eine endlose Dauer, sondern einen längeren Zeitraum. Besonders deutlich wird dies in Jesaja 32, 14-15 ; Jer. 18, 16 ; 20, 11 ; Hes. 35, 5 ; Pr. 1, 4. So auch die Redensart, „Ewig lebe der König" (Neh. 2, 3), was ehr bedeutet, dass der König auf Lebenszeit regieren soll.

(14, 12) Was alle Nachfolger Jesu zusammen haben, dass sie durchhalten, denn nur „*wer ausharrt bis ans Ende, der wird gerettet werden.*"

Kleifoth schreibt : „*In der Gewissheit, dass der Antichrist und seine Knechte dem Zorn Gottes nicht entgehen werden, sollen sie Grund und Kraft finden, die in ihrer schweren Lage nötige Geduld und Standhaftigkeit zu beweisen.*"

Auch hier werden die Gläubigen der Endzeit als solche beschrieben, die „*die da halten die Gebote Gottes und den Glauben an Jesum*". Das Halten der Gebote Gottes wird von ihnen nicht nur für möglich, sondern für nötig erachtet, denn sie werden in den Geboten (2.Mose 20, 2-17) leben. Der Glaube an Jesu ist in der Sache parallel mit dem Zeugnis Jesu in Offb. 12, 17, da der Glaube vom Zeugnis Jesu ausgeht und an ihn beruht.

Es sind die standhaften Heiligen der letzten Tage, die inmitten der furchtbaren Versuchungen satanischer Mächte, die Gebote Gottes durch den lebendigen Glauben an Jesu in der Welt bewahren. Dies ist der Beweis der Wirkung der Endbotschaft ; „*der Mensch kann durch die Kraft Jesu gerettet werden, ohne den Tod zu schmecken.*" Dies ist die reiche Ernte für die Himmlische Scheune und dazu ist Ihm jedes Mittel recht, um alles an sich zu ziehen, das sich retten lässt. Der eigene Wille zur Reinigung ist die Grundvorrausetzung, denn mit Zwang wird nichts erreicht was den inwendigen Menschen tiefgreifend verändert. Mit roher Gewalt kann man die Seele des Menschen brechen, sie bleibt aber im Grund so, wie sie vorher war.

13 Und ich hörte eine Stimme vom Himmel zu mir sagen: Schreibe: Selig sind die Toten, die in dem HERRN sterben von nun an. Ja, der Geist spricht, daß sie ruhen von ihrer Arbeit; denn ihre Werke folgen ihnen nach.

(14, 13) „*Von nun an*" bezieht sich auf die Zeit nach der Verkündigung der letzten Botschaft an die Menschen der ganzen Erde. Glaubten sie doch, Christus würde zu ihren Lebzeiten wiederkommen. Die Stimme vom Himmel spenden Trost und Zuspruch, dass ihre Werke vollendet werden und sie ruhen könne von ihren Arbeitsmühen inmitten der Drangsale der Endzeit.

Ernte und Weinlese

14 Und ich sah, und siehe, eine weiße Wolke. Und auf der Wolke saß einer, der gleich war eines Menschen Sohn; der hatte eine goldene Krone auf seinem Haupt und in seiner Hand eine scharfe Sichel. 15 Und ein anderer Engel ging aus dem Tempel und schrie mit großer Stimme zu dem, der auf der Wolke saß: Schlag an mit deiner Sichel und ernte; denn die Zeit zu ernten ist gekommen, denn die Ernte der Erde ist dürr geworden! 16 Und der auf der Wolke saß, schlug mit seiner Sichel an die Erde, und die Erde ward geerntet.

(14, 14) Das ist der Augenblick, auf den alle Propheten hinweisen, als den Tag der Herrlichkeit Christi. Auf der weißen Wolke naht sich der gekrönte Menschensohn um mit der Entesichel die auserwählten Untertanen seines ewigen Reiches zu sammeln.

(14, 15) Durch die Weltweite Verkündigung des Evangeliums vom Reich Gottes, wurden die Kornähren nicht nur vollzählig, sondern durch die schreckliche Hitze der Trübsal sogar dürre.

(14, 16) Sofort, als der Menschensohn an die Erde schlug, war die Ernte geerntet. In einem Augenblick, nach einem säen, begießen, bearbeiten und reifen von 6000 Jahren ist die Ernte endlich in den himmlischen Scheunen versammelt.

17 Und ein anderer Engel ging aus dem Tempel, der hatte eine scharfe Hippe. 18 Und ein anderer Engel ging aus vom Altar, der hatte Macht über das Feuer und rief mit großem Geschrei zu dem, der die scharfe Hippe hatte, und sprach: Schlag an mit deiner scharfen Hippe und schneide die Trauben vom Weinstock der Erde; denn seine Beeren sind reif! 19 Und der Engel schlug an mit seiner Hippe an die Erde und schnitt die Trauben der Erde und warf sie in die große Kelter des Zorns Gottes. 20 Und die Kelter ward draußen vor der Stadt getreten; und das Blut ging von der Kelter bis an die Zäume der Pferde durch tausend sechshundert Feld Wegs.

(14, 17) Ein anderer Engel weist auf eine andere „neue" Ernte hin, die sich von der ersten unterscheidet. Die erste Ernte, „*die der Menschensohn eigenhändig vornimmt, ist das Sinnbild der Einsammlung der in der Trübsalshitze gereiften Gotteskinder.*" (Ebrard)

(14, 18) Die Weinlese samt Kelterung steht im Gegensatz zur Kornernte. Sie ist das Sinnbild des letzten endgültigen Gerichts, „*durch welches das Antichristliche Reich vernichtet wird*" (Ebrard). Der Weinstock des Himmel, Christus, ist mit allen Gotteskinder verbunden. Der Weinstock der Erde im Gegensatz, ist von Satan gepflanzt und auch diese sind mit ihm auf innigste verbunden.

Vom abgefallenen Israel weissagt der Herr; „*Denn ihr Weinstock ist vom Weinstock zu Sodom und von dem Acker Gomorras; ihre Trauben sind Galle, sie haben bittere Beeren*" (5.Mose 32, 32), so auch in Jesaja 18, 5 und Jeremia 2, 21

(14, 19) Dies ist nur das Vorgericht, das einem unendlich schrecklicheren vorbehalten ist. Dies wird erst in einer späteren Schilderung ausgelegt.

(14, 20) „*Das Schrecklichste in der Ausartung des Weinstocks ist die Tatsache, dass seine Weintrauben ihr Blut durch Blutvergießen gewinnen, dass er immer mehr dämonische Freuden des Blutdurstes gestiftet hat, darum fließt auch lauter Blut von ihm aus, da er gekeltert wird, und die Vorstellung Traubenblut geht mit einem furchtbar ironischen Ausdruck über in Blut (Jesj. 63, 3). Zugrunde liegt der Gedanke: so viel Blut der Weinstock getrunken hat, so viel wird von ihm ausgepresst in der großen Kelter des Zornes Gottes.*“ (Lange)

Kapitel 15

Das Lied der Überwinder

1 Und ich sah ein anderes Zeichen im Himmel, das war groß und wundersam: sieben Engel, die hatten die letzten sieben Plagen; denn mit denselben ist vollendet der Zorn Gottes.

(15, 1) Ein anderes Zeichen, bedeutet wieder ein neues Gesicht, das aus einem anderen Blickwinkel heraus die geweissagten Geschehnisse beschreibt, die im vorherigen Kapitel beschrieben sind. Dieser Abschnitt beschreibt nun die sieben letzten Gerichte Gottes über die in der Endzeit lebenden Gottlosen, Nachfolgern des Drachen, Tieres und falschen Propheten.

2 Und ich sah wie ein gläsernes Meer, mit Feuer gemengt; und die den Sieg behalten hatten an dem Tier und seinem Bild und seinem Malzeichen und seines Namens Zahl, standen an dem gläsernen Meer und hatten Harfen Gottes 3 und sangen das Lied Mose's, des Knechtes Gottes, und das Lied des Lammes und sprachen: Groß und wundersam sind deine Werke, HERR, allmächtiger Gott! Gerecht und wahrhaftig sind deine Wege, du König der Heiden! 4 Wer sollte dich nicht fürchten, HERR und deinen Namen preisen? Denn du bist allein heilig. Denn alle Heiden werden kommen und anbeten vor dir; denn deine Urteile sind offenbar geworden.

(15, 2) Das Gesicht wird wieder „rückwärts" geschildert, wie es im Altertum normal war. Zuerst das, was als Ergebnis dieses Gesichtes ist und dann sein Ablauf. Johannes sieht nun die Nachfolger Jesu vor dem Thron Gottes mit Harfen stehen.

(15, 3a) „*Sie singen schon vor dem Sieg ein Doppellied; das Thema des Alten und neuen Testamentes, das zugleich auf die Einigkeit und Einheit der waren Gläubigen des Alten und Neuen Testamentes, wie des Gesetzes und Evangelium bedeutet.*" (Richter)

(15, 3b, 4) Der Inhalt des Liedes ist aus 2.Mose 15, 1. 11 ; 5.Mose 32, 4 ; Psalm 86, 9 ; 145, 17 und Jeremia 10, 6-7 ; 16, 19-21 zusammengefasst, so dass in dieser letzten Erlösung und Gerichtstat Jesu, alles in allem, seinen Höhepunkt erreicht.

„*Wer sollte nicht mit heiliger Ironie auf das Toben der Feinde des Lammes blicken, wenn er sein Ohr dem Lied Moses und des Lammes beugt ? Wer nicht die Trübsal der Zeit ertragen, wenn dieser Siegesklang aus der Heimat ihn umrauscht* ?" (Richter)

Die Schalen des Zorns

5 Darnach sah ich, und siehe, da ward aufgetan der Tempel der Hütte des Zeugnisses im Himmel; 6
und gingen aus dem Tempel die sieben Engel, die die sieben Plagen hatten, angetan mit reiner, heller
Leinwand und umgürtet an ihren Brüsten mit goldenen Gürteln. 7 Und eines der vier Tiere gab den
sieben Engeln sieben goldene Schalen voll Zorns Gottes, der da lebt von Ewigkeit zu Ewigkeit. 8
Und der Tempel ward voll Rauch von der Herrlichkeit Gottes und von seiner Kraft; und niemand
konnte in den Tempel gehen, bis daß die sieben Plagen der sieben Engel vollendet wurden.

(15, 5) Das Augenmerk wird auf den himmlischen Tempel gerichtet, in welchem Christus sein hohepriesterliches Amt waltet.

„*Die Szene eröffnet sich damit, dass der Tempel der Hütte des Zeugnisses, d.h. der Bundeslade, also das Allerheiligste aufgetan wird. Dort liegt das heilige Gesetz, welches den Willen Gottes den Völkern bezeugt hat, von dort also geht die vollendete Vergeltung aus, als ein Strafwalten, welches selbst die Signatur des Allerheiligsten hat.*“ (Lange)

(15, 6) Sieben reine Engel gehen direkt aus dem Allerheiligsten heraus, dort wo das Gesetz Gottes fest steht, um das Gericht den Menschen zu geben, nach dem ,was im Gesetz Gottes geschrieben steht.

(15, 7) Hier greifen die vier Lebewesen in den Werdegang der Geschichte ein. Eines der vier Lebewesen gibt den sieben Engeln je eine goldene Schale gefüllt mit dem göttlichen Zorn. Was für ein Gegensatz zu den sieben goldenen Schalen der Ältesten, die die Gebete der Heiligen, als ein Gott angenehmes Rauchwerk darbrachten.

(15, 8) Gottes Herrlichkeit und Macht füllt den Tempel dermaßen, dass niemand sich ihm nahen, seine Herrlichkeit ertragen oder der Ausführung seiner Gerichte widerstehen kann.

Für die Nachfolger Jesu heißt es aber auch, dass Christus seinen Vermittlerdienst eingestellt hat. Sie müssen jetzt ohne seinen dienst vor Gott gerecht da stehen und seine Werke tun, ohne nur ein „Hauch“ vom Gesetz Gottes abzuweichen. Dies ist die schwerste Zeit, ohne Sünde in einer voll Sünde ausgereiften Welt vor Gott zu stehen. Angeklagt von den Menschen und von bösen Engeln, Gott zu verachten und als Verursacher der Plagen Gottes da zu stehen. In dieser Zeit sind sie sich der nahen Wiederkunft Christi sicher und harren darauf im festen Glauben ohne nur ein „*Tüttelchen vom Gesetz*“ zu übertreten.

Kapitel 16

1 Und ich hörte eine große Stimme aus dem Tempel, die sprach zu den sieben Engeln: Gehet hin und gießet aus die Schalen des Zorns Gottes auf die Erde!

(16, 1) Dies ist das Abschließende Gericht. Der Zorn Gottes wird über die ganze Erde ausgegossen.
In der Offenbarung kamen zuerst sieben Engel, dann wurden sieben Siegel gebrochen und zuletzt sieben Posaunen geblasen. Dies alles waren Gerichte mit Gnade vermengt, die zur Umkehr mahnten.

„*Die Öffnung von Siegel verspricht Enthüllungen, die nun aber erst noch offenbar werden müssen; Posaunen kündigen etwas an, das nun aber doch erst geschehen muss; aber wenn die Schalen des Zornes Gottes ausgeschüttet werden, ist´s eben aus. Die Siegel und die Posaunen fordern noch eine Zeit und Zukunft, in der, was sie bringen, sich entfalte, aber die Schalen bringen den Abschluss.*" (Kleifoth)

2 Und der erste ging hin und goß seine Schale auf die Erde; und es ward eine böse und arge Drüse an den Menschen, die das Malzeichen des Tiers hatten und die sein Bild anbeteten.

(16, 2) Geschwüre wird als sechste Plage in 2.Mose 9, 9 erwähnt und auch in 5.Mose 28, 35 in der Androhung des Fluches. Das Wort bezeichnet allerlei Geschwüre Blattern und Pestbeulen. Die Plagen sind wörtlich und buchstäblich zu nehmen, aber wie die Plage nur die Ägypter traf und nicht die Israeliten, so wird diese nicht die 144000 Nachfolger Jesu, sondern nur die abgefallenen Menschen treffen.

3 Und der andere Engel goß aus seine Schale ins Meer; und es ward Blut wie eines Toten, und alle lebendigen Seelen starben in dem Meer.

(16, 3) Diese Plage steht im direkten Zusammenhang mit dem Plagen über Ägypten (2.Mose 7, 14-25). Der Nielstrom versorgte die Ägypter mit Wasser und die Weltmeere, auf denen der Handel in unserer Zeit die Güter transportiert, werden plötzlich aufgehalten. Das Meerwasser verwandelt sich in Blut, das schon in die Verwesung übergeht, so dass alle Lebewesen im Meer umkommen.

Den Nachfolgern Jesu wurde jedes kaufen und verkaufen untersagt, als sie sich den Menschengeboten nicht fügten, nun muss der Schiffsverkehr eingestellt werden und der Handel stockt.

4 Und der dritte Engel goß aus seine Schale in die Wasserströme und in die Wasserbrunnen; und es ward Blut. 5 Und ich hörte den Engel der Wasser sagen: HERR, du bist gerecht, der da ist und der da war, und heilig, daß du solches geurteilt hast, 6 denn sie haben das Blut der Heiligen und Propheten vergossen, und Blut hast du ihnen zu trinken gegeben; denn sie sind's wert. 7 Und ich hörte einen anderen Engel aus dem Altar sagen: Ja, HERR, allmächtiger Gott, deine Gerichte sind wahrhaftig und gerecht.

(16, 4) Nun trifft es auch das Wasser an Land. Die Menschen der Erde haben das Blut der Heiligen und Propheten und zwar von denen, die in der Endzeit leben, vergossen. Nun bleibt ihnen nur Blut als alleiniges Getränk.

(16, 5-7) Gottes Gerechtigkeit wird von dem Engel der Wasser bekräftigt. Aber nicht nur von Ihm, sondern auch vom Altar her, wohin die Gebete der Heiligen aller Zeitalter aufgestiegen sind. Hier wird Gottes Gericht als wahrhaft und Gerecht anerkannt, weil sein Strafmaß so genau den verübten Freveltaten entspricht.

8 Und der vierte Engel goß aus seine Schale in die Sonne, und ihm ward gegeben, den Menschen heiß zu machen mit Feuer. 9 Und den Menschen ward heiß von großer Hitze, und sie lästerten den Namen Gottes, der Macht hat über diese Plagen, und taten nicht Buße, ihm die Ehre zu geben.

(16, 8) Die Hitze der Sonne, kein Wasser zum stillen des Durstes oder zum abkühlen und dazu noch die Geschwüre. Jede neue Plage erhöht die Qual der vorhergehenden.

(16, 9) *„Es ist gegen den Text, wenn welche annehmen, dass doch wohl noch etliche bekehrt sein würden. Vielmehr bilden die Schlussworte des Vers neun, den Gegensatz zu den Schlussworten von Offenbarung 11, 13. Wenn die Gerichte über die Gemeinde Gottes ergehen, finden sich immer welche, die Gott die Ehre geben ; aber in dieser Welt des Antichrist wird auch unter den härtesten Gerichten keiner solches tun.*" (Kleifoth)

10 Und der fünfte Engel goß aus seine Schale auf den Stuhl des Tiers; und sein Reich ward verfinstert, und sie zerbissen ihre Zungen vor Schmerzen 11 und lästerten Gott im Himmel vor ihren Schmerzen und vor ihren Drüsen und taten nicht Buße für ihre Werke.

(16, 10) Nun trifft es den Sitz, die Regierung des Reich des Tieres (Vatikan) mit seinem ganzen Hofstaat. Diese haben das Licht Gotte verworfen, sich selbst als das wahre Licht ausgegeben. *„Nun wird ihr Thronsitz in ebenso dicke Finsternis eingehüllt, wie einst ganz Ägypten."* Die Zugehörigkeit zum Reich der Finsternis wird nun offenbar.

(16, 11) Die Tieranbeter werden nur noch verstockter. Gepeinigt von entsetzlichen Durst, zerbeißen sie ihre Zungen, vor Wut lästern sie Gott wegen der Geschwüre und der Hitze und nun noch die Dunkelheit.

12 Und der sechste Engel goß aus seine Schale auf den großen Wasserstrom Euphrat; und das Wasser vertrocknete, auf daß bereitet würde der Weg den Königen vom Aufgang der Sonne. 13 Und ich sah aus dem Munde des Drachen und aus dem Munde des Tiers und aus dem Munde des falschen Propheten drei unreine Geister gehen, gleich den Fröschen; 14 denn es sind Geister der Teufel, die tun Zeichen und gehen aus zu den Königen auf dem ganzen Kreis der Welt, sie zu versammeln in den Streit auf jenen Tag Gottes, des Allmächtigen. 15 Siehe, ich komme wie ein Dieb. Selig ist, der da wacht und hält seine Kleider, daß er nicht bloß wandle und man nicht seine Schande sehe. 16 Und er hat sie versammelt an einen Ort, der da heißt auf hebräisch Harmagedon. 17 Und der siebente Engel goß aus seine Schale in die Luft; und es ging aus eine Stimme vom Himmel aus dem Stuhl, die sprach: Es ist geschehen. 18 Und es wurden Stimmen und Donner und Blitze; und ward ein solches Erdbeben, wie solches nicht gewesen ist, seit Menschen auf Erden gewesen sind, solch Erdbeben also groß. 19 Und aus der großen Stadt wurden drei Teile, und die Städte der Heiden fielen. Und Babylon, der großen, ward gedacht vor Gott, ihr zu geben den Kelch des Weins von seinem grimmigen Zorn. 20 Und alle Inseln entflohen, und keine Berge wurden gefunden. 21 Und ein großer Hagel, wie ein Zentner, fiel vom Himmel auf die Menschen; und die Menschen lästerten Gott über die Plage des Hagels, denn seine Plage war sehr groß.

(16, 12) Die ersten fünf Plagen treffen die Tieranbeter und den Thron des Tieres, also den Katholizismus und den Papst mit seinen gesamten Anhängerthum.

Die sechste Schale aber, trocknet den Euphrat, als Mittel zum Zweck aus. Der Euphrat ist der größte Strom Vorderasiens und wird „die Seele des Landes“ genannt. So wie der Nil als Sinnbild für Ägypten steht, so wird der Euphrat für Assyrien gebraucht. Das vertrocknen des Wasser ist mit dem versiegen einer Macht gleich zu setzten. Es gibt nur eine Macht in Vorderasien, die entgegen dem Willen Gottes steht und die sich gegen das sogenannte „Christentum“ stellt : der Islam.

Dazu schrieb Bengel : „*Also gilt die Schale den Türken, wo er nicht noch bälder gedämpft wird.*“

Und Richter : „*Die Vertrocknung desselben deutet auf Gerichte über den Orient, namentlich Brechung der mohammedanischen Macht.*“

Mit den „*Königen vom Aufgang der Sonne*“ sind die buddhistischen, islamischen, heidnischen Völkergruppen gemeint, die im inner- und hinterasiatischen Bereich leben.

(16, 13) Aus diesem Vers wird ersichtlich, dass der falsche Prophet (gefallene Protestantismus), das Tier (Katholizismus mit seinem Oberhaupt dem Papst) und der Drache (Spiritismus) fremd gesteuert werden. Die unreinen Geister erscheinen als unreine Tiere, die in Morästen lebenden Fröschen gleich sind.

(16, 14) Aus allen kommt ein Geist, die sich vereinen. Diese tun Zeichen und Wunder um die „*Könige auf dem ganzen Kreis der Welt*“ für ihren Kampf gegen Gott zu versammeln. In wie weit spiritistische Einflüsse und Wunder eine Rolle spielen werden, wird die Zukunft lehren.

Die Weltmächte werden sich zu einem allumfassenden Weltkrieg bereden lassen, in dem es keine neutralen Mächte mehr geben wird. Alle gemeinsam gegen den Allherrscher der Welt, das ihren Untergang herbeiführt.

„Das Wesen der letzten Zeit wird es sein, dass alle gottwidrigen Mächte zusammenwirken und sich gegenseitig zur höchsten, fürchterlichsten Entfaltung ihres Wesens steigern: der falsche Prophet bewirkt die Anbetung des Tieres und das Tier trägt die Hure.“ (Auberlen)

(16, 15) Ein wichtiger Zwischenruf. Er ist gerichtet an die Menschen, die diese Offenbarung Jesu Christi lesen und steht in keinem direkten Zusammenhang in der Abfolge des Endgerichtes.

Der Himmlische Versöhnungsort ist so voll Rauch, dass niemand mehr Zutritt hat. Vom Ort der Gnade kommt nun reiner Zorn, dem keine Gnade mehr beigemengt ist. Wer die letzte Gelegenheit nicht ausgenutzt hat, sich mit dem Heilskleid der Gerechtigkeit Christi zu umhüllen und in den Geboten Gottes wandelt, der wird durch die Ausgießung der Zornschalen wie von einem Dieb überfallen. Wer aber wacht und auf die Gnadenbotschaft achtet und sich beizeiten mit dem hochzeitlichen Gewand Christi schmücken lässt, es im Glaubensgehorsam rein bewahrt, der ist auch dann selig, wenn die Blöße und Schande der verstockten Welt offenbar wird.

(16, 16) Andre Übersetzungen schreiben: *„Und sie versammelten sich an dem Ort, ...“* Das Sammeln geschieht durch die drei unreinen Geister, die als der Katholizismus, dem gefallenen Protestantismus und dem Spiritismus identifiziert wurden, bestehen.

Den Lügengeistern Satans gelingt es, die Herrscher der Welt wieder in einen direkten Streit mit den Himmel zu verwickeln. Noch einmal wird der Himmel gegen die Feinde des Volkes Gottes streiten. Aber diesmal gibt es ein noch schrecklicheres Megiddo, indem der Herr selbst durch sein Erscheinen ihren völligen Untergang besiegelt.

Harmagedon ist eine Zusammensetzung aus dem Wort Har, was Berg bedeutet und Megiddo, ein Ort, der in Richter 1, 27 ; 5, 19 und 1.Kön.4, 12 ; 9, 15 erwähnt wird. Dort stritt schon einmal der Himmel gegen Gottes Feinde.

(16, 17) Die letzte Plage trifft die Luft. Das Element, was die Erde von den anderen Planeten unseres Sonnensystems unterscheidet und uns Lebensgrundlage bietet. Sie ist Weltumgreifend, wie nun auch die letzte Plage Weltumgreifend ist.

Vom Thron Gottes, aus dem Tempel kommt die Kunde, dass das Gericht damit abgeschlossen ist.

(16, 18) Stimmen und Donner und Blitze erinnert an 2.Mose 19, 16++ , wo Gott Israel auf dem Berg Sinai erschien. Das große Erdbeben wird schon von den alten Propheten, in Verbindung mit dem letzten Kampf erwähnt.

(16, 19) Was Satan durch seine drei Lügengeister (Offb. 16, 13) versuchte, die Einheit des gefallene Protestantismus, des Katholizismus und des Spiritismus, wird nun wieder auseinanderbrechen. Was mit Babylon (Katholizismus) geschieht wird im 17. Kapitel ausführlich erklärt.

(16, 20) Das Erdbeben wird so groß sein, dass Inseln im Wasser und sogar Berge verschwinden werden. Alle Städte der Erde werden vollkommen zerstört.

(16, 21) Nun erklärt sich auch die Stelle in Hiob 38, 22 , wo Gott dem Hiob kund gibt, was er in späterer Zeit vor hat. Der Hagel zerschmettert nun die letzte Zuflucht, aber trotz alle dem lästern die überlebenden Gott.

Was die Dauer der sieben Plagen angeht, „*so kann diese nur sehr kurz sein, da solche, die die erste Plage erleiden, noch unter der fünften leben.*"(Düsterdieck) „*So vollzieht sich das Gericht über die Antichristliche Welt in raschen Schlägen.*" (Luthardt) „*Die Schalen werden sehr geschwind nacheinander ausgegossen, daher keine Zeitläufe dabei vorkommen.*" (Bengel) „*Während das 5. Gerichtes wirkt das 1. noch immer fort. Dies ist ein Beweis, dass diese Plage ein und das selbe Geschlecht treffen.*" (Geiß)

Wie es aber Gottes Volk inmitten der Plagen ergeht, ergeht aus dem Wort Gottes. Joel 4, 16 ; Psalm 91 ; .... . Sie werden standhaft sein, nicht im kleinsten Sündigen und nicht aus dem Leben gerissen. Alle müssen durch das Feuer gehen, aber sie werden keinen Brandgeruch davontragen (Daniel 3, 27).

Kapitel 17

Die große Hure Babylon

1 Und es kam einer von den sieben Engeln, die die sieben Schalen hatten, redete mit mir und sprach zu mir: Komm, ich will dir zeigen das Urteil der großen Hure, die da an vielen Wassern sitzt; 2 mit welcher gehurt haben die Könige auf Erden; und die da wohnen auf Erden, sind trunken geworden von dem Wein ihrer Hurerei.

(17, 1) Hier beginnt die direkte Sicht auf das Urteil der großen Hure Babylon, die in Offb. 16, 19 angekündigt wurde. Zuerst wurde das Gesicht der sieben Schalen zu Ende erzählt. Danach kommt einer der sieben Engel und fordert Johannes auf, das Wesen der Hure zu erkennen, um dann in Kapitel 18 das Gericht über sie gezeigt zu bekommen.

(17, 2) Dies ist noch einmal die direkte Erklärung der Hure Babylon;

„*sie sitzt an vielen Wassern*"	= ist über die ganze Welt verteilt
„*gehurt haben die Könige auf Erden*"	= die Regierungen der Staaten unterstützen sie
„*sind trunken geworden*"	= die Lehren wurden durchgesetzt

„*Die entartete Weltkirche, die Weltstadt, wo sie thront, und die gottfeindlichen Weltmächte, die sie stützen, fließen in einer Darstellung als das große Weltbabel zusammen, was auch tatsächlich in der Endzeit geschieht, wobei aber, dem Hauptziel und dem ganzen Charakter der ganzen Weissagung entsprechend, die Weltkirche als die eigentliche Verführerin im Vordergrund steht.*" (PAaZuE S.490)

3 Und er brachte mich im Geist in die Wüste. Und ich sah ein Weib sitzen auf einem scharlachfarbenen Tier, das war voll Namen der Lästerung und hatte sieben Häupter und zehn Hörner. 4 Und das Weib war bekleidet mit Purpur und Scharlach und übergoldet mit Gold und edlen Steinen und Perlen und hatte einen goldenen Becher in der Hand, voll Greuel und Unsauberkeit ihrer Hurerei, 5 und an ihrer Stirn geschrieben einen Namen, ein Geheimnis: Die große Babylon, die Mutter der Hurerei und aller Greuel auf Erden. 6 Und ich sah das Weib trunken von dem Blut der Heiligen und von dem Blute der Zeugen Jesu. Und ich verwunderte mich sehr, da ich sie sah.

(17, 3) Der erste Satz deutet ein neues Teilgesicht an, also eine Erklärung des Bildes im Bild. Gebannt durch die Ereignisse der sieben Schalen musste Johannes erst in eine „Stille Umgebung" gebracht werden, um sich auf eine detaillierte Beschreibung des Tieres einzulassen.

Weib steht immer eine Verbindung zur Gemeine oder Gemeinschaft. Da sie auf dem scharlachfarbenen Tier sitzt ist sie nicht abhängig von Gott, sondern von dieser Macht. Dieses Tier wird bezeichnet mit „*hatte sieben Häupter und zehn Hörner*", was es als das bekannte Tier aus Offb. 12, 3 erkenntlich macht. Auch Daniel beschrieb dieses Tier genau so (Dan 7, 7. 20. 27) Es ist das Römische Reich, das nach seinem Zerfall in die zehn Teilreiche bis zur Erscheinung Christi existiert. Dieses Staatswesen dient dem Weib (der gefallene Kirche), als gefügiges Reittier.

„Das Tier ist voll von den Namen der Lästerung – es ist keine Form der Irreligiosität, welche nicht in dem absoluten Machiavellismus der Weltmonarchie beschlossen wäre: Glaubensverfolgung, Menschenverachtung, Gewissens-despotismus, Wortbruch, Dogmatik der Treulosigkeit.“ (Lange)

„Das Tier trägt das Weib ohne Sattel, Zaum und Zügel ; das Weib sitzt auf dem Tier ohne Peitsche und Sporn. Die entartete Weltkirche wird von der gotteslästernden Weltmacht getragen. Der Staat läst sich von der Kirche lenken und die Kirche lässt sich vom Saat tragen.“ (Bengel)

(17, 4) *„Auf dieser Bestie hat sich das arme Weib eine Art vom Thron zu ihrer Erhöhung bereitet. Sie selbst aber ist bekleidet mit einem scheckigen Doppelrot, mit der königlichen Farbe des Purpurs und mit der Scharlachfarbe des Blutes, und darüber ausgebreitet der Glanz von Goldstoffen, Edelsteinen und Perlen, der reichste weltliche Schmuck von jeder Art. In ihrer Hand aber hält das Weib das magische Mittel ihrer Herrschaft und Herrlichkeit, den goldenen Becher, das symbolische Gefäß geweihter, heiliger Gemeinschaft, Erquickung und Labung – aber voll von Gräueln.*“ (Lange)

(17, 5) Das Wesen der Weltkirche bleibt den meisten Menschen verborgen, oder ein Geheimnis. Gott offenbart aber hier dieses Geheimnis als „das Geheimnis der Gesetzlosigkeit“ aber auch, *„der äußeren Gesetzlichkeit*“.

Alle Reformatoren stimmen mit Luther überein, der ausrief ; *„Das Papsttum ist das Reich Babyloniens.*“ Selbst das Papsttum schreibt in seinem Geschichtsbuch : *„Angesichts der allgemeinen von der päpstlichen Kurie aus über die ganze Kirche ausgegossene Simonie und der damit Verderbnis des gesamten Religionswesens sei es natürlich genug, dass die Häretiker die Kirche als die Hure bezeichnen.*“ (S.110)

Simonie = Erwerb eines Amtes mit Geld ;
Häretiker = alle Menschen die, die Kirche nicht als oberste Autorität anerkennen

Bengel schreibt dazu : *„In der Tat kann Rom sich allein eine Mutter nennen, lässt sich so nennen und nennt sich so. Kommt nur darauf an, was es für eine Mutter sei. Sie hat viele Töchter, welche die von derselben Gräuel mehr oder weniger nachmachen.*“ Mit den Töchtern sind die verschiedenen Protestantischen Kirchen gemeint, die je nach Größe und Macht mit der Welt buhlen und dadurch diese Weissagung erfüllen: *„Die Grundsignatur der falschen Kirche liegt in dem Wort Hure (17, 1) Sie behält ihre menschliche, ihre weibliche Gestalt, sie wird nicht Tier ; sie bewahrt die Form der Gottseligkeit, aber die Kraft verleugnet sie (2.Tim. 3, 5). Ihr rechtmäßiger Eheherr, Jehova = Christus und die Freuden und Güter seines Hauses, die unsichtbaren und zukünftigen, sind ihr nicht mehr ein und alles, sondern sie läuft dem sichtbaren und eitlem Weltwesen in seiner mannigfaltigen Form nach. Gröber tritt die Hurerei hervor, wo die Kirche selbst eine Weltliche Macht sein will, Politik und Diplomatie treibt, unheiliger Mittel für heilige Zwecke sich bedient, Fleisch zu ihrem Arme macht, mit Schwert und Geld missioniert, durch sinnlichen Kultus die Gemüter fesseln will, sich von den Großen der Erde als Zeremonialmeisterin missbrauchen lässt, den Fürsten oder* *dem Volke, den toten oder den lebenden schmeichelt, kurz, wo die Kirche gleich Israel, immer bei einer weltlichen Macht gegen die andere Hilfe sucht.*" (Auberlen S. 297)

„*Die ganze Christenheit in ihrer Mannigfaltigkeit ihrer Kirchen und Sekten bildet die Hure. Satans schlaue List in der Schaffung solcher Weltkirchen kennzeichnet Luther : `Satan bleibt Satan, unter dem Papste schob er die Kirche in den Staat, in unserer Zeit will er den Staat in die Kirche schieben'.*" (Gessken S.232)

(17, 6) Lange schreibt hierzu : „*Durch Schwärmerei berauscht, bis an die Grenzen des Wahnsinns, und zwar trunken vom Blute der Zeugen Jesu! Die Blutschuld wirkt aufregend, sinnverwirrend, vollends, die Blutschuld, welche sich in der Verfolgung und Vertilgung der Heiligen Gottes- und Christuszeugen gehäuft hat.*"

Richter schreibt : „*Das falsche christliche Rom hat unsäglich viel mehr Christenblut vergossen als das heidnische.*"

Johannes ist verwirrt, als er die allmählige Umwandlung und Entartung einer Kirche, die immer eifriger anstrebt die unumschränkte Herrschaft über die Gewissen der Erde zu erlangen und dabei „*trunken wird von dem Blut der Zeugen Jesu*".

7 Und der Engel spricht zu mir: Warum verwunderst du dich? Ich will dir sagen das Geheimnis von dem Weibe und von dem Tier, das sie trägt und hat sieben Häupter und zehn Hörner. 8 Das Tier, das du gesehen hast, ist gewesen und ist nicht und wird wiederkommen aus dem Abgrund und wird fahren in die Verdammnis, und es werden sich verwundern, die auf Erden wohnen, deren Namen nicht geschrieben stehen in dem Buch des Lebens von Anfang der Welt, wenn sie sehen das Tier, daß es gewesen ist und nicht ist und dasein wird. 9 Hier ist der Sinn, der zur Weisheit gehört! Die sieben Häupter sind sieben Berge, auf welchen das Weib sitzt, und sind sieben Könige. 10 Fünf sind gefallen, und einer ist, und der andere ist noch nicht gekommen; und wenn er kommt, muß er eine kleine Zeit bleiben. 11 Und das Tier, das gewesen und ist nicht, das ist der achte und ist von den sieben und fährt in die Verdammnis. 12 Und die zehn Hörner, die du gesehen hast, das sind zehn Könige, die das Reich noch nicht empfangen haben; aber wie Könige werden sie eine Zeit Macht empfangen mit dem Tier. 13 Die haben eine Meinung und werden ihre Kraft und Macht geben dem Tier. 14 Diese werden streiten mit dem Lamm, und das Lamm wird sie überwinden (denn es ist der HERR aller Herren und der König aller Könige) und mit ihm die Berufenen und Auserwählten und Gläubigen.

(17, 7) Johannes muss so verdutzt ausgesehen haben, dass der Engel ihm sogar die Frage, die er stellen wollte in den Mund legt und ihm sogleich auch die Erklärung des Weibes, des Tieres gibt.

(17, 8) Ohne den Namen des Tiers zu nennen sind die Kennzeichen so treffend, dass alle Ausleger darin übereinstimmen, dass es sich hier auf Rom als Grundgestalt bezieht. „*In Rom muss sich das Reittier finden, eine entartete blutdürstige Kirche als Reiterin.*"

Das System des Tieres muss eine Wandlung unterzogen sein, denn es wird beschrieben als *„ist gewesen und ist nicht und wird wiederkommen*“.
Ein Staatssystem das sich wandelt, aber in seinem innersten ein Ziel verfolgt. Es ist die römische Weltmacht die, die Heiligen verfolgt, solange ein Pontifex Maximus Staat und Kirche als in einer Person vereint. Kurz gesagt ; *„indem sie verfolgte, nicht verfolgte und wieder verfolgt.*“ Dies schwankende Verhalten erregt eine Verwunderung der Menschen, die hier bezeichnet wird.

Am Ende der Zeit wird sich die Weltkirche mit Hilfe der Staatsgewalt zur Aufzwingung des Malzeichens unter Todesstrafe erheben. Somit wird sich das Tier als gefügiges Reittier darstellen, dass den Willen der Hure durchsetzen wird.

(17, 9) Der Engel sucht sie ganze Aufmerksamkeit Johannes und unsere, damit er die nun folgende doppelsinnige Deutung geben kann.

Das Weib sitzt auf dem Leib des Tieres und nicht auf den Häuptern. Aber er benutzt die Siebenzahl als Vergleich mit den sieben Bergen, worauf das Weib ihren wirklichen Machtsitz hat. Somit gibt er ein untrügliches Erkennungszeichen, ohne den Namen der Stadt selbst zu nennen.

„Die sieben Berge sind den meisten Auslegern die sieben Hügel, über welche Rom erbaut wurde.“ (D.Loch-Reischel II S.537) *„Denselben Stuhl, den früher der heidnische Pontifex inne hatte, nahm seit dem Untergang des weströmischen Reiches der christliche Pontifex ein, und von der selben Siebenhügelstadt aus, von den jener die Befehle zur Verfolgung der Christen gab, hat auch dieser im Namen der römischen Kirche die ihm gefügige Staatsmacht benutzt, um andersdenkende Christen grausamer und viel länger zu verfolgen. Handgreiflicher könnte die Deutung, die den Namen der Stadt aus bestimmter Rücksichten ungenannt lassen musste, nicht sein.*“ (PAaZuE S. 497)

Die sieben Häupter sind nicht nur als wirkliche Berge oder Hügel zu nehmen, sondern sie stellen auch sieben Könige dar, dessen siebenköpfiges Haupt sie bilden. Als prophetische Sinnbilder bezeichnen Könige nicht nur einen Herrscher, sondern Herrschergewalten, Königtümer und Dynastien. Die Sieben Könige werden im nächsten Vers erklärt.

(17, 10) Rom hat als Staatswesen alle denkbaren Gestalten der Regierungsformen, wie im Vollmaß durch die Siebenzahl bezeichnet, durchlaufen. Fünf der Regierungszeiten lagen zur Zeit des Gesichtes schon in der Vergangenheit.
Die Regierungsformen sind:
1. Könige ; 2. Konsuln ; 3. Dezemvirn ; 4.Diktatoren ; 5. Triumvirn ; 6. Kaiser ; 7. Auswärtige Kaiser (Exarchat) ; 8. Papsttum .

(17, 11) Der auf das Kaisertum folgende Exarchat sollte in Zeitdauer und Einfluss nur gering sein, so das die ihm folgende achte im eigentlichen die siebente ist. Dieses fährt in die Verdammnis, oder bleibt, bis er in der absoluten Vernichtung endet.

Bezeichnend ist, das „*gewesen und ist nicht, das ist der achte*". Im Babylonischen System gab es einen Pontifex Maximus, als oberster Priester. Dieses System existierte nur in Babylon. Es wurde dort zerstört und existierte im kleinen (im Exil) weiter. Zur Zeit des Gesichtes war es nicht aktiv, es hatte keine Macht. Die Bezeichnung, „*das ist der achte*" gibt auch wieder, dass dieses System im Papsttum wiederzufinden sein muss.

(17, 12) Zur Zeit des Gesichtes hatten die zehn Könige ihre Herrschaft so wenig aufgenommen, wie die noch aufkommende Papstherrschaft. Die durch die Völkerwanderung hervorgerufenen Teilung und Zerschlagung Roms entstandenen 10 Königreiche (Dan. 2, 42 ; 7, 24) werden erst entstehen. Das römische Bistum das „*an die Spitze der unter ihm organisierten Kirche trat, nahm hier eigentlich das Papsttum seinen Ursprung.*" (Oncken I. 92) Es salbte ihre Fürsten, entschied ihre Streitigkeiten, setzte die Unbotmäßigen ab, benutzte sie als gefügige Werkzeuge in der Unterdrückung wahren Bibelglaubens.

(17, 13) Die Einheit, die sie bilden, entsteht durch die direkte Abhängigkeit und Leitung der Hure, dem Papsttum. So leitet der eine den anderen direkt ins Verderben.

(17, 14) „*Ungeachtet der klaren Aussprüche des prophetischen Wortes und der traurigen Erfüllung und Erfahrungen der Vergangenheit werden diese Teilreiche ihre Kraft und Macht dem Papsttum in seinem wiederchristlichen Gebaren zur Verfügung stellen und mit ihm vereint das Lamm bekriegen.*" (PAaZuE S. 500)

Der Sieg über diese allumfassende Weltmacht wird auf der Seite des Lammes sein, denn es ist der König aller Könige und somit auch den Auserwählten, Berufenen und Gläubigen Nachfolgern Jesu.

15 Und er sprach zu mir: Die Wasser, die du gesehen hast, da die Hure sitzt, sind Völker und Scharen und Heiden und Sprachen. 16 Und die zehn Hörner, die du gesehen hast, und das Tier, die werden die Hure hassen und werden sie einsam machen und bloß und werden ihr Fleisch essen und werden sie mit Feuer verbrennen. 17 Denn Gott hat's ihnen gegeben in ihr Herz, zu tun seine Meinung und zu tun einerlei Meinung und zu geben ihr Reich dem Tier, bis daß vollendet werden die Worte Gottes. 18 Und das Weib, das du gesehen hast, ist die große Stadt, die das Reich hat über die Könige auf Erden.

(17, 15) Der Engel gibt ihm noch einmal die Gewissheit, dass Weib thront über die ganze Völkermenge der gesamten Erde.

(17, 16) In der Endzeit werden die 10 Könige, aus wohlberechnender Politik eine kleine Zeit ihre Macht der Weltkirche geben. Dann verwandelt sich ihre Gunst in Hass und gierig nach ihren Reichtümern werden sie diese Weltkirche total zerstören. Die Menschen werden sich nicht nur von der Kirche abwenden, sondern alles, was daran erinnert völlig zerstören, die Geistlichkeit ermorden, so dass nichts mehr an sie erinnern wird.

Das was wehrend der französischen Revolution geschah, wird sich am Ende der Zeit über die gesamte Welt ausbreiten. Dies geschieht nach dem Grundsatz Gottes, das schon im Alten Testament gültig war. Das ehebrecherische Israel wurde in die Hände der Weltmacht zur Bestrafung übergeben, mit der es gebuhlt hatte.

(17, 17) Der Herr hat es veranlasst und es wird auch so geschehen. Genau so, wie Babylon Israel züchtigte, indem es Jerusalem zerstörte oder auch Rom zum zweiten male, wird es niemand verhindern können. Den Nachfolgern Jesu, in der Zeit der großen Drangsal, gilt dies als bestimmtes Zeichen, dass das Ende aller Zeit gekommen ist und unsere Rettung vor der Tür steht.

(17, 18) Noch einmal bezeichnet der Engel das Weib, als die Große Stadt. Sie herrscht über die Könige auf Erden, dies ist das zweite Zeichen, was zu beachten ist.

Kapitel 18

Der Untergang Babylons

1 Und darnach sah ich einen andern Engel herniederfahren vom Himmel, der hatte eine große Macht, und die Erde ward erleuchtet von seiner Klarheit. 2 Und er schrie aus Macht mit großer Stimme und sprach: Sie ist gefallen, sie ist gefallen, Babylon, die große, und eine Behausung der Teufel geworden und ein Behältnis aller unreinen Geister und ein Behältnis aller unreinen und verhaßten Vögel. 3 Denn von dem Wein des Zorns ihrer Hurerei haben alle Heiden getrunken, und die Könige auf Erden haben mit ihr Hurerei getrieben, und die Kaufleute auf Erden sind reich geworden von ihrer großen Wollust.

(18, 1) Ein neues Gesicht beginnt, denn ein weiterer Engel macht sich auf, die Erde und die darauf wohnen zu warnen. Zu beachten ist, dass die Ereignisse wiederum Rückwerts aufgeschrieben sind. Im Altertum war es normal zuerst vom Ergebnis zu berichten und dann das warum und die Abfolge zu erklären.

Der Untergang Babels ist ein so wichtiges Ereignis, dass es der ganzen Erde kundgetan wird, um ihre Bewohner aufzuklären und die Aufrichtigen aus ihr heraus zu sammeln.

(18, 2) Was bei der dreiteiligen Botschaft nur als Ankündigung eingeflochten war, gewinnt am Ende immer mehr an Bedeutung. Das Licht des göttlichen Wortes und die begleitende Kraft seines Geistes wird immer mehr verworfen, die Weltkirche wird immer mehr die Beute Satans und seiner Dämonen. Die Stimmen, die vor dieser Ökumene warnen und die Machtbefugnisse Satans in den Kirchen aufzeigen, werden immer lauter. Gleichzeitig werden diese Stimmen verfolgt, denunziert und aus den Kirchen verbannt.

Von den Kanzeln hört man kaum noch ein Wort „*göttlicher Predigt*", sondern nur noch „*hohe Worte menschliche Weisheit*". Das lautere Evangelium, das wirklich Jesus als den wahrhaften Gottessohn bezeugt wird verworfen und anstelle ein Bild gezeichnet, den ihn als Ideal des Menschen erklärt. Das gefährliche daran ist aber, dass die Menschen bei aller Verleugnung der Kraft Gottes und seines Wortes „*den Schein eines gottseligen Wesens*" zu bewahren suchen.

„*Wo der Glaube an Christum, seine Auferstehung und Wiederkunft als alleinige Hoffnung eines ewigen Lebens geschwunden ist, da haben die Dämonen gewonnenes Spiel und der Spiritismus wird in christlicher Maske der erlösende Glaube der Weltkirche. Jeder Glaube an die Fortdauer menschlichen Bewusstseins der Verstorbenen, in Seligkeit oder in Qual ohne Auferstehung des Leibes, ist ein Eckstein auf die Dämonen im Spiritismus die Zwingburg für das ganze Menschengeschlecht der Endzeit errichtet. Der Teufel sorgt reichlich dafür, dass er das, was man auf Grund des Wortes Gottes als eine sich bald erfüllende, selige Hoffnung Glauben soll, durch Lügengeister und die Erscheinung seiner Dämonen in Spiritistischen Zirkeln die Betörten schauen lässt, um sie desto sicherer in seiner Gewalt zu halten.*" (PAaZuE S. 504)

(18, 3) Alle Nationen haben sich berauschen lassen, alle Herrscher der Erde buhlen um die Gunst der Kirche und viele Händler machen ihren Gewinn, die aus ihren Lehren hervortreten.

„*Das Buhlen der Erdmächte mit dem Papsttum ist geschichtliche Tatsache seit alten Zeiten. Vom Papst die Krönung oder glänzende Titel zu erhalten, die goldene Rose oder eine kostbar gefasste Reliquie war der Ehrgeiz schon vieler Fürsten. Um Fürsten und Völker durch den Zauber irdischer Herrlichkeit und sinnlicher Genüsse zu fesseln, um den Prunk seiner Gotteshäuser und Gottesdienste zu bestreiten, um seiner zahlreichen Welt- und Klostergeistlichkeit ein reichliches Dasein zu sichern, hat Rom die Industriellen und Kaufleute schon viel zu lösen gehabt und seine bedeutenden Güter wie die fürstlichen Einkünfte vieler seiner Würdenträger sind eine unerschöpfliche Erwerbsquelle für dieselben.*“ (Kammler)

Dies ist nicht nur in der römischen Kirche so, sondern auch in vielen der anderen Kirchen und Gemeinschaften. „Gib ja 10 Prozent deines Einkommens her“ ; aber herrsche über Hunderte, wenn möglich über Tausende.

4 Und ich hörte eine andere Stimme vom Himmel, die sprach: Gehet aus von ihr, mein Volk, daß ihr nicht teilhaftig werdet ihrer Sünden, auf daß ihr nicht empfanget etwas von ihren Plagen! 5 Denn ihre Sünden reichen bis in den Himmel, und Gott denkt an ihren Frevel. 6 Bezahlet sie, wie sie bezahlt hat, und macht's ihr zwiefältig nach ihren Werken; und in welchem Kelch sie eingeschenkt hat, schenkt ihr zwiefältig ein. 7 Wieviel sie herrlich gemacht und ihren Mutwillen gehabt hat, so viel schenket ihr Qual und Leid ein! Denn sie spricht in ihrem Herzen: Ich sitze als Königin und bin keine Witwe, und Leid werde ich nicht sehen. 8 Darum werden ihre Plagen auf einen Tag kommen: Tod, Leid und Hunger; mit Feuer wird sie verbrannt werden; denn stark ist Gott der HERR, der sie richten wird.

(18, 4) Die Weltkirche ist aufs tiefste gesunken, aber es befinden sich immer noch `nach Wahrheit verlangende Seelen´ in ihrer Mitte. Diese werden nun herausgerufen und aufgefordert ihre Kirche oder Gemeinschaft zu verlassen um nicht mit ihnen unter zu gehen.

(18, 5) Die Sünden und die Freveltaten habe sich so angehäuft, dass der Vergleich mit dem Turmbau zu Babel und Sodom und Gomorra gegeben ist. Nun ist keine Seele mehr in dieser Gemeinschaft, die nach der Wahrheit sucht. Das Salz ist nun nicht mehr salzig (Mt 5, 13), so kann es nun nur noch zum streuen genommen werden, damit es von den Leuten zertreten wird.

(18, 6) Hier werden nun die Weltmächte aufgefordert, an der Weltumgreifenden Kirche all ihren Hass (vergleiche mit Offb. 17, 16) auszuführen. Ihr soll nicht nur vergolten werden, sondern ihr soll zweimal soviel gegeben werden, wie sie ausgeteilt hat.

(18, 7) Die stolze Sicherheit, in der sich die Weltkirche bis zum letzten Augenblick befindet, zeigt ihre innere Verblendung. Wie einst Jerusalem (70 n.Chr.) zerstört wurde, so wird nun auch die entstandene Weltkirche mit ihrem Hauptsitz in Rom vollkommen zerstört.

(18, 8) Die verblendete Weltkirche, die die ganze Welt beherrschte und sich keineswegs als Witwe und verlassen vom Herrn erfasst, die kein Leid erfahren musste, verfolgt nun immer härter das Volk Gottes.
„*Weil aber ihr Herz so hochmütig spricht, trifft sie Gottes Gerichte desto furchtbarer. Tod, Hunger und Leid brechen plötzlich über sie herein und zuletzt geht sie in Feuer auf.*“ (PAaZuE S.508)

9 Und es werden sie beweinen und sie beklagen die Könige auf Erden, die mit ihr gehurt und Mutwillen getrieben haben, wenn sie sehen werden den Rauch von ihrem Brand; 10 und werden von ferne stehen vor Furcht ihrer Qual und sprechen: Weh, weh, die große Stadt Babylon, die starke Stadt! In einer Stunde ist ihr Gericht gekommen. 11 Und die Kaufleute auf Erden werden weinen und Leid tragen über sie, weil ihre Ware niemand mehr kaufen wird, 12 die Ware des Goldes und Silbers und Edelgesteins und die Perlen und köstliche Leinwand und Purpur und Seide und Scharlach und allerlei wohlriechendes Holz und allerlei Gefäß von Elfenbein und allerlei Gefäß von köstlichem Holz und von Erz und von Eisen und von Marmor, 13 und Zimt und Räuchwerk und Salbe und Weihrauch und Wein und Öl und Semmelmehl und Weizen und Vieh und Schafe und Pferde und Wagen und Leiber und Seelen der Menschen.

(18, 9) Dieses Grundbild findet man immer wieder in der Geschichte der Menschheit. Tyrus, Susa, Jerusalem, ... Alle diese Städte wurden durch eine verzehrende Feuersbrunst zerstört. Die Könige und Machthaber, die bereits ihre Rache an ihr abgekühlt hatten, wurden nun daran erinnert, dass es nun erst einmal vorbei ist mit ihrem Schwelgen und Buhlen.

(18, 10) Sie stehen aber von ferne, so wie alle Machthaber vor ihnen nicht direkt an der Zerstörung teilnahmen, schwelgen sie jetzt in selbstmietleid. Sie erkennen in dieser Heimsuchung das Gericht Gottes über die Weltkirche, wie bei der Zerstörung des 2. Tempels in Jerusalem (70 n. Chr.), der römische Feldherr sowie bei der französischen Revolution, das Direktorium 1798.

(18, 11) Nun erfasst es auch die Großkaufleute, Fabrikherren, Bankhäuser, Künstler, Handwerker, die nun sehen, dass ihr bester Kunde verloren ist. Sie haben mit ihr gehandelt, ihre Glaubensaussagen vermarktet und vom unrechtmäßig erhaschten Geld Bauwerke und Kunstwerke erstellt.

(18, 12-14) In den Aufzählungen tritt die Prachtsucht, das Schaugepräge und das üppige Leben, das bei ihnen vorherrschte, zutage. Die edelsten Metalle, die teuersten Steine, die herrlichsten Gewänder, die künstliche Zierate, die wohlriechendsten Salben und Gewürze, die feinsten Getränke und Speisen. Nicht nur Tiere gehören zu ihrem Eigentum, sondern auch Menschen. Nicht nur die Seelen der Menschen haben sie verführt, sondern auch Sklaven gehalten.

14 Und das Obst, daran deine Seele Lust hatte, ist von dir gewichen, und alles, was völlig und herrlich war, ist von dir gewichen, und du wirst solches nicht mehr finden. 15 Die Händler solcher Ware, die von ihr sind reich geworden, werden von ferne stehen vor Furcht ihrer Qual, weinen und klagen 16 und sagen: Weh, weh, die große Stadt, die bekleidet war mit köstlicher Leinwand und Purpur und Scharlach und übergoldet war mit Gold und Edelstein und Perlen! 17 denn in einer Stunde ist verwüstet solcher Reichtum. Und alle Schiffsherren und der Haufe derer, die auf den Schiffen hantieren, und Schiffsleute, die auf dem Meer hantieren, standen von ferne 18 und schrieen, da sie den Rauch von ihrem Brande sahen, und sprachen: Wer ist gleich der großen Stadt? 19 Und sie warfen Staub auf ihre Häupter und schrieen, weinten und klagten und sprachen: Weh, weh, die große Stadt, in welcher wir reich geworden sind alle, die da Schiffe im Meere hatten, von ihrer Ware! denn in einer Stunde ist sie verwüstet.

(18, 15-16) Auch die Händler stehen von weitem, genau so wie die Machthaber der Welt. Sie haben Furcht ihre Qualen anzusehen, oder sogar von ihnen erfasst zu werden. Denn sie haben die Macht und ihren Reichtum benutzt um selbst Macht und Reichtum zu erlangen.

(18, 17) „*Denn in einer Stunde*" kann sich auf einen festen Zeitpunkt beziehen oder die Länge des Gerichtes bedeuten. Wenn ein Prophetischer Tag, ein Jahr gleich 360 wirklichen Tagen entspricht, so entspräche eine Prophetische Stunde, 15 wirkliche Tage.

Nun sind es die Schiffsherren und jene, die ihren Handel mit der „großen Stadt" getrieben haben, die ihre Verzweifelung zum Ausdruck bringen.

(18, 18) Auch die zur See fahren stehen von weitem und schauen nur zu. Sie klagen, als sie den Rauch von ihrer Zerstörung sehen und sprechen sich gegenseitig zu, wie groß die Stadt (der Katholizismus) doch war.

(18, 19) Nur die Seefahrer äußern ihren Schmerz am lebhaftesten. Das werfen des Staubes auf ihre Häupter ist vom Altertum her bekanntes Zeichen lebhaften Trauerns. Doch auch bei ihnen ist es erst recht der Ausdruck der Selbstsucht; es geschieht nur, weil ihnen diese reichste Erwerbsquelle so plötzlich versiegt.

20 Freue dich über sie, Himmel und ihr Heiligen und Apostel und Propheten; denn Gott hat euer Urteil an ihr gerichtet!

(18, 20) Im Gegensatz zum selbstsüchtigen Wehklagen, freut sich der Himmel und seine Bürger über ihren Fall.

„*Der Untergang Roms ist ein Freudenruf für den ganzen Himmel, wie Rom selbst seinerzeit Freudenfeste gefeiert und Tedeums gesungen hatte unter den Tränen und dem Jammer der Kinder Gottes; ja selbst Apostel und Propheten freuen sich über den Sturz der Apostelstadt, die trotzdem dass sie der Propheten und Apostel Gräber baut, doch so ganz unapostolisch die verfolgrein der von ihnen verkündigten Wahrheit geworden ist.*" (Kemmler)

21 Und ein starker Engel hob einen großen Stein auf wie einen Mühlstein, warf ihn ins Meer und sprach: Also wird mit einem Sturm verworfen die große Stadt Babylon und nicht mehr gefunden werden. 22 Und die Stimme der Sänger und Saitenspieler, Pfeifer und Posauner soll nicht mehr in dir gehört werden, und kein Handwerksmann irgend eines Handwerks soll mehr in dir gefunden werden, und die Stimme der Mühle soll nicht mehr in dir gehört werden, 23 und das Licht der Leuchte soll nicht mehr in dir leuchten, und die Stimme des Bräutigams und der Braut soll nicht mehr in dir gehört werden! Denn deine Kaufleute waren Fürsten auf Erden; denn durch deine Zauberei sind verführt worden alle Heiden. 24 Und das Blut der Propheten und der Heiligen ist in ihr gefunden worden und all derer, die auf Erden erwürgt sind.

(18, 21) Als Vergleich der Vernichtung der katholischen Kirche und ihrer in der Ökumene befindlichen Gemeinschaften, wir das versenken eines Mühlsteines geschildert. Was für ein anschauliches Zeichen, denn ein Mühlstein zermalmt Getreide zu Mehl, so wie diese Gemeinschaft die Heiligen zwischen sich aufgerieben hat.
Dieser Mühlstein wird ins Meer geworfen und versinkt auf einmal, so wird auch auf einmal „*die große Stadt Babylon*“ vollkommen vernichtet und zerstört, so dass sie nicht mehr auf dieser Erde gefunden werden wird.

(18, 22-23) All das, was in den Kirchen dieser Welt als Gottesdienst getan wird, wird nun nicht mehr getan. Niemand wird dieses System mehr aufbauen, es bleibt zerstört. Das Kunstleben und die Kunst schwindet und somit auch das Gewerbe, bezeichnet als Mühle. Das Familienleben, die Familienfeste, nichts bleibt bestehen.

(18, 24) So sehr hat sich Babel an der Welt verschuldet, dass es das Blut der Propheten und Heiligen vergossen hat, die doch gesandt wurden um ihr zu helfen den sicheren Weg zu finden.

Kapitel 19

Jubel über den Untergang Babylons

1 Darnach hörte ich eine Stimme großer Scharen im Himmel, die sprachen: Halleluja! Heil und Preis,
Ehre und Kraft sei Gott, unserm HERRN! 2 Denn wahrhaftig und gerecht sind seine Gerichte, daß er
die große Hure verurteilt hat, welche die Erde mit ihrer Hurerei verderbte, und hat das Blut seiner
Knechte von ihrer Hand gefordert. 3 Und sie sprachen zum andernmal: Halleluja! und der Rauch geht
auf ewiglich.

(19, 1) Das Gericht über die Weltkirche und der gottfeindlichen Weltmächte wurden vollzogen. Nun ertönt das Halleluja des Himmel und aller Engel.

(19, 2) Nun noch einmal der Grund, warum dieses Gericht vollzogen wurde.

(19, 3) Wie zum Beweis nun noch einmal das Halleluja.

„*Der Rauch geht auf ewiglich*", im Bezug auf Jesaja 34, 10. Dies ist ein Warn und Erinnerungszeichen für alle Lebewesen, als deutliches Zeichen, was passiert wenn die Gebote Gottes nicht geachtet werden. Es wird ein schlimmes Ende nehmen und mit riesigem Verlust einhergehen.

Das dieses „*auf ewiglich*" in unserem „Neuzeitverständnis" nicht für alle Zeit bestehen bleibt, wurde hier schon oft beschrieben. Gemeint ist, dass die Auswirkungen auf Ewigkeit bestehen werden und nicht, das etwas für ewig brennen wird.

4 Und die vierundzwanzig Ältesten und die vier Tiere fielen nieder und beteten an Gott, der auf dem
Stuhl saß, und sprachen: AMEN, Halleluja! 5 Und eine Stimme ging aus von dem Stuhl: Lobt unsern
Gott, alle seine Knechte und die ihn fürchten, beide, klein und groß!

(19, 4) Das Halleluja wird nun von den vierundzwanzig Ältesten und die vier Tiere aufgenommen, die Gott anbetend niederfallen.

Die Herrlichkeit des Lammes als König des erlösten Weltalls wird nun offenbart und mit ihr die Vollendung seiner Braut und die Seligkeit aller derer, die zur Teilnahme an dem Hochzeitsmahle des Lammes berufen sind.

(19, 5) Bezeichnend ist „eine Stimme". Alle, klein oder groß, Knecht oder Herren werden aufgefordert, den Allherrscher zu loben.

6 Und ich hörte wie eine Stimme einer großen Schar und wie eine Stimme großer Wasser und wie
eine Stimme starker Donner, die sprachen: Halleluja! denn der allmächtige Gott hat das Reich
eingenommen. 7 Lasset uns freuen und fröhlich sein und ihm die Ehre geben! denn die Hochzeit des
Lammes ist gekommen, und sein Weib hat sich bereitet. 8 Und es ward ihr gegeben, sich anzutun mit
reiner und schöner Leinwand. (Die köstliche Leinwand aber ist die Gerechtigkeit der Heiligen.)

(19, 6) Einheitlich, wie „eine Stimme" erschallt die Antwort, das vierte Halleluja. Nun endlich ist der langerwartete Augeblick eingetroffen, da Gott durch seine Gerichte an der verderbten Weltkirche als Allherrscher offenbart ist.

(19, 7) Jetzt ist der Weg für das Lamm Gottes frei, zur sichtbaren Vereinigung mit seiner zubereiteten Braut. Jahrhundertelang brüstete sich eine gefallene Weltkirche als die Braut Christi. Die Könige der Erde beugten sich willig ihren Befehlen und sie Thronte in der „ewigen Stadt" mit Purpur und Krone geschmückt. Die wahre Gottesgemeinde aber wurde von ihr wie ein Aschenbrödel aufs grausamste unterdrückt. Nun ist die Weltkirche durch Gottes Strafgerichte entlarvt, ihre eigenen Buhler haben sie ihrer Herrlichkeit entkleidet, sie zerrissen und die große ewige Stadt ist verschwunden.

(19, 8) Jetzt erst, am Ende der Zeit, wird der wahren Gemeinde Gottes gegeben sich mit dem *„reine und schöne Leinwand*" zu kleiden. Dies ist die Gerechtigkeit, also das *„rechttun nach dem Gesetz*", die mit der Erfüllung der Gebote Gottes gemeint ist.

„Es ist also geweissagt, dass die Heiligung vollendet wird, das der Endgemeinde verliehen wird, den letzten Rest der Sünde bei Leibesleben abzutun." (Ebrard) *„Damit ist gesagt, dass die Gemeinde Jesu nicht ehr zur Hochzeit bereit ist, als bis sie auch in der Heiligung vollendet ist, was sich aber auch in den Prüfungen der letzten Zeit verwirklichen wird.*" (Kleifoth) Hengstenberg schreibt, *„die Erinnerung aber an die von Gott geschenkte Gnade als den Grund und Quell der den Heiligen eigenen Rechttaten tritt auf eine seine Weise in dem `es ward ihr gegeben sich zu kleiden´ hervor."*

9 Und er sprach zu mir: Schreibe: Selig sind, die zum Abendmahl wörtlich: "Hochzeitsmahl" des Lammes berufen sind. Und er sprach zu mir: Dies sind wahrhaftige Worte Gottes. 10 Und ich fiel vor ihn zu seinen Füßen, ihn anzubeten. Und er sprach zu mir: Siehe zu, tu es nicht! Ich bin dein Mitknecht und deiner Brüder, die das Zeugnis Jesu haben. Bete Gott an! (Das Zeugnis aber Jesu ist der Geist der Weissagung.)

(19, 9) Als Trostwort und feste Zuversicht wird hier von Gott noch einmal betont und hervorgehoben, das die, die zum Hochzeitsmahl des Lammes berufen sind, auch an ihm teilhaben werden. Und noch einmal bestätigt, als die *„wahrhaftige Worte Gottes"*.

(19, 10) Johannes ist so hingerissen, dass er das himmlische Wesen anbeten will. Dieser wehrt ihn aber eindringlich und bezeichnet sich selbst als Mitknecht, der ihm und allen Nachfolgern Jesu dient. Das herausstechende Merkmal ist, *„das Zeugnis aber Jesu ist, der Geist der Weissagung."*

Der Reiter auf dem weißen Pferd

11 Und ich sah den Himmel aufgetan; und siehe, ein weißes Pferd. Und der daraufsaß, hieß Treu und Wahrhaftig, und er richtet und streitet mit Gerechtigkeit. 12 Seine Augen sind wie eine Feuerflamme, und auf seinem Haupt viele Kronen; und er hatte einen Namen geschrieben, den niemand wußte denn er selbst. 13 Und war angetan mit einem Kleide, das mit Blut besprengt war; und sein Name heißt "das Wort Gottes". 14 Und ihm folgte nach das Heer im Himmel auf weißen Pferden, angetan mit weißer und reiner Leinwand. 15 Und aus seinem Munde ging ein scharfes Schwert, daß er damit die Heiden schlüge; und er wird sie regieren mit eisernem Stabe; und er tritt die Kelter des Weins des grimmigen Zorns Gottes, des Allmächtigen. 16 Und er hat einen Namen geschrieben auf seinem Kleid und auf seiner Hüfte also: Ein König aller Könige und ein HERR aller Herren.

(19, 11) Ein weißes Pferd erscheint und gibt eine Parallele zu Offb. 6, 2 zu erkennen. Dort symbolisiert es das Evangelium, dass sich sieghaft ausbreitet. Die Farbe weiß symbolisierte dir Reinheit der Lehre in voller Übereinstimmung mit den Lehren des Alten Testamentes und denen, die Jesus predigte. Die Person, die auf dem Pferd sitzt wird als treu, Wahrhaftig und Gerecht bezeichnet.

(19, 12) Der Reiter sieht alles und wacht darüber. Er ist der König aller Könige und trägt somit viele Kronen. Er hat einen Namen, der sein inneres Wesen bezeichnet und somit nur er selbst weiß.

(19, 13) Hier wird noch einmal darauf eingegangen, dass dem Wort Gottes Gewalt angetan wurde, denn Blut ist auf seinem weißem Gewand. Es ist nicht nur das Blut Jesu, sondern auch das Blut der vielen Märtyrer, die nicht bereit waren vom wahren Glauben eine Haaresbreite abzuweichen.

(19, 14) Die unzähligen Engel des Himmels bilden sein Kriegsgefolge. Sie sind angetan mit weißer und reiner Leinwand, denn sie haben nie gesündigt.

(19, 15) Diesmal kommt der Reiter nicht um das Evangelium über die Erde zu tragen, oder Seelen zu gewinnen, sondern um seine Feinde durch das scharfe Schwert seines Mundes zu schlagen und in seinem Zorn zu verzehren. Dieses scharfe Schwert ist das Wort Gottes.

Wie ein Töpfer mit eisernem Stab untaugliche Tongefäße zertrümmert, so zerschmettert der König aller Könige alle Wiederstreber seiner unendlichen Gnade. Er wird auch bezeichnet als der, der „die Kelter des Weins des grimmigen Zorns Gottes“ tritt.

(19, 16) Dies ist seine Bezeichnung ; *„Ein König aller Könige und ein HERR aller Herren. “*

Das Ende des Tieres und des falschen Propheten

17 Und ich sah einen Engel in der Sonne stehen; und er schrie mit großer Stimme und sprach zu allen Vögeln, die unter dem Himmel fliegen: Kommt und versammelt euch zu dem Abendmahl des großen Gottes, 18 daß ihr esset das Fleisch der Könige und der Hauptleute und das Fleisch der Starken und der Pferde und derer, die daraufsitzen, und das Fleisch aller Freien und Knechte, der Kleinen und der Großen!

(19, 17-18) Noch bevor das Allmachtswort aus dem Munde des Herrn aller Herrn hervorgeht, fordert ein Engel alle Raubvögel auf, sich zum Mahl Gottes zu sammeln. Das As aber werden die sein, die sich zum Kampf im Endkampf (Harmagedon) gegen das Lamm versammelt haben. Während sich die Auserwählten ohne Zahl um die herrliche Tafel ihres Königs setzen, findet als Gegenstück das Riesenmahl der Raubvögel statt, die sich an dem Fleisch der Feinde Gottes sättigen.

„*Wo das As ist, da sammeln sich die Adler.*"

19 Und ich sah das Tier und die Könige auf Erden und ihre Heere versammelt, Streit zu halten mit dem, der auf dem Pferde saß, und mit seinem Heer. 20 Und das Tier ward gegriffen und mit ihm der falsche Prophet, der die Zeichen tat vor ihm, durch welche er verführte, die das Malzeichen des Tiers nahmen und die das Bild des Tiers anbeteten; lebendig wurden diese beiden in den feurigen Pfuhl geworfen, der mit Schwefel brannte. 21 Und die andern wurden erwürgt mit dem Schwert des, der auf dem Pferde saß, das aus seinem Munde ging; und alle Vögel wurden satt von ihrem Fleisch.

(19, 19) Nun kommt die Erklärung, warum die Vögel zum Abendmahl geladen wurden und vervollständigt das Geschehen, das in Offb. 16, 16 endete.

Durch Dämonen geblendet versammeln sich die Könige der Erde mit ihrem Kriegsheeren, ohne zu ahnen, dass der Kampf eigentlich dem Lamm gilt. Gottes Volk gerät durch sie in größte Bedrängnis.

(19, 20) Das Meertier und der Lügenprophet, als die wichtigste Triebfeder werden als Hauptschuldige lebendig ergriffen und sofort „*in den feurigen Pfuhl geworfen*". Sofort, da sie genau wissen, was sie getan haben, als sie Christus erkennen, wenn er mit seinem Heer kommt.

(19, 21) Mit dem Odem seiner Lippen (Jes 11, 4) und mit dem Geist seines Mundes (2.Thes 2, 8) tötet der Herr alle Gottlosen bei seiner Wiederkunft. Alle Menschen auf der Erde wird der Lebensodem entzogen. Ohne diesen, kann kein Mensch existieren.

Die Körper der Menschen dienen den Vögeln als Nahrung, alles Grüne ist durch die Gluthitze der Sonne verschwunden, die Oberfläche zerwühlt und zerrissen durch Erdbeben (Jer. 4, 23). Was für ein Anblick, wie ist die Erde so verwüstet worden, da sie doch als „sehr gut" bezeichnet wurde (1.Mose1, 31)

Kapitel 20

Das tausendjährige Reich

1 Und ich sah einen Engel vom Himmel fahren, der hatte den Schlüssel zum Abgrund und eine große Kette in seiner Hand. 2 Und er griff den Drachen, die alte Schlange, welche ist der Teufel und Satan, und band ihn tausend Jahre 3 und warf ihn in den Abgrund und verschloß ihn und versiegelte obendarauf, daß er nicht mehr verführen sollte die Heiden, bis daß vollendet würden tausend Jahre; und darnach muß er los werden eine kleine Zeit.

(20, 1) Der Abgrund (Abyß), wurde schon in Offb. 9, 2 erklärt. Dieser „*Schlüssel zum Abgrund*", also die Verführung durch Satan, der geht es nun an den Kragen.

(20, 2) Da kein Mensch mehr auf der Erde ist, sie wüst und lehr ist, kommt Satan und seine Engel als Verursacher an die Reihe. Ein einfacher Engel genügt, um den „Fürsten dieser Welt" (Offb. 12, 9) zu fesseln.

(20, 3) In einem Buch voll bilderreicher Reden ist auch das Binden und Verschließen des Satans nur eine sinnbildliche Darstellung davon, dass der Erzverführer nicht länger wie ein Brüllender Löwe umhergehen kann, um weitere Wesen ins Verderben zu stürzen.

Mit einem Schlag ist er Machtlos. Die, die er verfolgte sind „*in des Vaters Haus entrückt*" (Joh. 14, 1). Die Gottlosen (sein Volk) sind tot und alles auf der Erde liegt in Staub und Asche. Nach einer „langen Zeit" von 1000 Jahren wird sich noch einmal die Gelegenheit bieten, um die Gottlosen nach der zweiten Auferstehung noch einmal zu verführen, denn die erste ist gerade vorbei.

Auf diese Weise sind die Hände Satans und seiner Engel gebunden, es bietet sich ihnen keine Gelegenheit eine Seele zu verführen. Diese Untätigkeit ist für sie die schrecklichste Strafe, waren sie doch nun 6000 Jahre damit beschäftigt Menschen zu verführen.

Die Verse 1 bis 3 schildern einen Teil aus dem alttestamentlichen Versöhnungstag und zwar diesen, wo der Sündenbock Asasel in die Wüste geschickt wurde.(3. Mose 16, 10) Viele Ausleger erkennen im Asasel den „*Teufel selbst, das Haupt der gefallenen Engel.*" (Keil)

„*Unzweifelhaft ist unter Asasel der Satan zu verstehen. In die Wüste geschah diese Abführung, denn dort hauste gewissermaßen der Fürst der Finsternis mit seinem bösen Geistern (Jes. 13, 19+ ; 34, 13+ ; Luk. 11, 24), dorthin wurde ihm dann die Sünden, die er durch seine Verführung angestiftet, als sein eigen zurückgesandt, damit er sozusagen sich selber überzeuge, dass, was etwa noch Strafwürdiges an denselben sei, nur ihn selbst, den ersten Uhrheber, treffen könnte.*" (H.Gesch I, 575)

4 Und ich sah Stühle, und sie setzten sich darauf, und ihnen ward gegeben das Gericht; und die Seelen derer, die enthauptet sind um des Zeugnisses Jesu und um des Wortes Gottes willen, und die nicht angebetet hatten das Tier noch sein Bild und nicht genommen hatten sein Malzeichen an ihre Stirn und auf ihre Hand, diese lebten und regierten mit Christo tausend Jahre. 5 Die andern Toten aber wurden nicht wieder lebendig, bis daß tausend Jahre vollendet wurden. Dies ist die erste Auferstehung. 6 Selig ist der und heilig, der teilhat an der ersten Auferstehung. Über solche hat der andere Tod keine Macht; sondern sie werden Priester Gottes und Christi sein und mit ihm regieren tausend Jahre.

(20, 4) Das Gericht auf der Erde fand ihren Abschluss im binden des Satans auf der verwüsteten Erde. Johannes Blick wird wieder auf den Himmel gelenkt, wo er zuletzt alle Heiligen auf dem Hochzeitsmahl des Lammes sah.

Es werden Stühle aufgestellt, auf denen sich alle himmlischen Wesen setzten, eingeschlossen aller Menschen, die bei der ersten Auferstehung und Entrückung teil hatten. Sie sollen während der 1000 Jahre das Strafmaß jedes einzelnen Menschen und der gefallenen Engel bestimmen. Es handelt sich um ein vorläufiges Festsetzen des Strafmaßes und nicht um den Vollzug im Weltgericht.

(20, 5) Die Auferstehung ist eine geteilte Auferstehung. Zuerst die Heiligen am Beginn der 1000 Jahre in der ersten Auferstehung und dann die Gottlosen an ihrem Ende dieser Zeit. Wer sein jetziges Leben nach den Geboten Gottes ausrichtet und so in Christus lebt, wird bei seiner Wiederkunft mit einem Unsterblichen Leib ausgestattet, über den der zweite Tod keine Macht hat. Alle Menschen, die infolge Ihres fleischlichen Lebens keinen erneuerten Geist erworben haben, bekommen bei ihrer Auferstehung auch nur ihren fleischlichen Körper wieder. Denn was der Mensch sät, wir er auch ernten, so hat der zweite Tod genauso viel Macht, wie der Erste.

In Lukas 14, 14 und Johannes 5, 29 spricht Jesus von einer „Auferstehung der Gerechten zum Leben“ und einer Auferstehung der Gottlosen „zum Gericht“. Paulus betont, dass die Auferstehung in einer festgelegten Reihenfolge geschieht (1.Kor. 15, 23+).

(20, 6) Das erste Vorrecht der Heiligen ist die erste Auferstehung, „*womit aber als die beglückenden Vorzüge die Überkleidung mit Unsterblichkeit und die Verklärung ins Bild Christi verbunden sind.*“

Die Heiligen sind alle bei Christus im Himmel, denn er hat versprochen dass die seinen bei Ihm sein werden. Die Erde ist vollkommen verwüste und der Wohnort Satans uns seiner Engel geworden. Als Priester Christi sind die Heiligen nun mit Christus und den Himmlischen Wesen vereint und regieren zusammen das Sabbatjahrtausend. Alles bewegt sich nach der Siebenzahl, so auch die irdische Zeit.

Mit dem Abschluss des 6. Jahrtausends und dem Untergang der Erde, beginnt nun das 7. Jahrtausend mit der Überführung der Heiligen in das Vaterhaus im Himmel.

„*Die von Gott abgeirrte Welt tritt aber schon fast 6000 Jahre den Sabbat als Zeichen der Heiligung in Christo mit Füßen und gönnt der Erde keine Ruhe, deshalb wir ihr nun, von allen Menschlichen Wesen entblößt, die entsprechende irdische Sabbatruhe zuteil, ehe auf einer neuen Erde die ewige, wahrhafte einsetzt.*“ (PAaZuE S.525)

Der letzte Kampf

7 Und wenn tausend Jahre vollendet sind, wird der Satanas los werden aus seinem Gefängnis 8 und wird ausgehen, zu verführen die Heiden an den vier Enden der Erde, den Gog und Magog, sie zu versammeln zum Streit, welcher Zahl ist wie der Sand am Meer. 9 Und sie zogen herauf auf die Breite der Erde und umringten das Heerlager der Heiligen und die geliebte Stadt. Und es fiel Feuer von Gott aus dem Himmel und verzehrte sie. 10 Und der Teufel, der sie verführte, ward geworfen in den feurigen Pfuhl und Schwefel, da auch das Tier und der falsche Prophet war; und sie werden gequält werden Tag und Nacht von Ewigkeit zu Ewigkeit.

(20, 7) Das Sabbatjahrtausend ist vollendet, alle Menschen, die nicht an der ersten Auferstehung teil hatten, erwachen jetzt aus dem Tod. Dies ist die Auferstehung der Gottlosen zum Weltgericht.

Was in 1.Mose 22, 17 ; Josua 11, 4 ; Richter 7, 12 und 1.Samuel 13, 5 im Bezug auf die Feinde Israels als ein übertriebenes Bild erscheint, ist nun buchstäblich erfüllt. Satan und seine Dämonen können auf die ganze Siegesbeute ihrer 6000 jährigen Verführungskunst auf einmal einwirken. Aus der 1000 jährigen Untätigkeit heraus ist er nun losgelassen.

(20, 8) Nun hofft Satan, den Endkampf den er vor 1000 Jahren begonnen hatte und der so verheerend verloren wurde nun doch noch zu gewinnen. Er sieht alle Menschen, die er verführt hatte. Die Verführung ist nun um so leichter, da nun der Geist Gottes nicht mehr dämpfend gegen das Böse wirkt.

„In den Kampf gegen Gottes Volk, den Hesekiel in 38, 39 weissagt, soll Satan sie treiben.“ (Kleifoth)

Alle wahrhaften Ausleger verurteilt den Wahn mit recht als \`Phantasie´, dass die Heidenvölker in den 1000 Jahren bekehrt werden und nach den 1000 Jahren, wenn der Satan frei gelassen wird sich gegen Gottes Volk stellen.

„Gog und Magog“ dient als allgemeine Bezeichnung für die gottfeindlichen Völker, Länder und Mächte, die Satan nun aus den vier Ecken der Erde zum letzten Verzweiflungskampf sammelt.

(20, 9) Und wieder wird das Ergebnis vorrausgenommen, bevor das >Warum< geschildert wurde. Bei der Wiederkunft Christi wurden alle Heiligen in die Wohnungen des Himmlischen Jerusalems aufgenommen. Nach der zweiten Auferstehung kommt nun die Heilige Stadt zur Erde, was erst später ausführlich geschildert wird. Geblendet durch den Glanz der Stadt, ist es für Satan ein leichtes die Gier der Gottlosen zu schüren. Sie wollen die Heilige Stadt mit all ihren Bewohnern überrumpeln und in ihren Besitz bringen.
Nun greift Gott, dessen Thron mitten in der Stadt ist direkt ein und vernichtet alle Gottlosen durch Feuer, das sie vollkommen verzehrt. Es bleibt nichts übrig, nicht das kleinste Stückchen, das nicht vollkommen verzehrt wird, bleibt übrig.

(20, 10) Die ganze Erde wird zum Feuersee, zum reinigenden *„Gehhenna-Feuer“*, das nicht aufhört, bis alle Sünde verzehrt ist. Dieser Tag wird auch genannt : *„der brennen soll, wie ein Ofen“* (Mal. 4, 1). Das schwerste Strafmaß wird Satan zugedacht. Als Lichtengel weilte er einst in der nächsten Nähe Gottes. Der Willen Gottes war ihm bewusster als allen anderen Wesen in Himmel und doch tat er diesen nicht, sondern verführte noch andere zur Sünde gegen Gott.

Das Weltgericht

11 Und ich sah einen großen, weißen Stuhl und den, der daraufsaß; vor des Angesicht floh die Erde und der Himmel und ihnen ward keine Stätte gefunden. 12 Und ich sah die Toten, beide, groß und klein, stehen vor Gott, und Bücher wurden aufgetan. Und ein anderes Buch ward aufgetan, welches ist das Buch des Lebens. Und die Toten wurden gerichtet nach der Schrift in den Büchern, nach ihren Werken. 13 Und das Meer gab die Toten, die darin waren, und der Tod und die Hölle gaben die Toten, die darin waren; und sie wurden gerichtet, ein jeglicher nach seinen Werken. 14 Und der Tod und die Hölle wurden geworfen in den feurigen Pfuhl. das ist der andere Tod. 15 Und so jemand nicht ward gefunden geschrieben in dem Buch des Lebens, der ward geworfen in den feurigen Pfuhl.

(20, 11) Dies ist ein neues Gesicht, welches das vorhergehende erklärt und erweitert.

Vor Gottes Angesicht und seiner Erhabenheit entweicht die alte Weltgestalt, nicht etwa von einer Stätte zu einer anderen, sondern in dem sie vollkommen vergeht und für immer verschwindet. Vor Gottes heiligen Angesicht kann weder die sündige Erde bleiben, noch auf ihr lebenden Dämonen (Ps. 114, 5+) oder gar Menschen.

(20, 12) Doch der Mensch muss sich zuvor vor seinem Schöpfer verantworten. Nur um des Weltgerichtes wegen, werden die Gottlosen durch Christi Machtwort auferweckt.

Alle Toten, ohne Unterschied des Standes stehen vor dem Weltrichter. Die Schuldbücher des Himmels, in dem alle Werke verzeichnet sind, werden aufgetan und die Gerechtigkeit des bereits bestimmten Strafmaßes bewiesen, warum ihre Namen im Buch des Lebens fehlen. (Röm. 2, 6+)

(20, 13) Alle Toten stehen wieder auf, die im Meer ertrunken sind genauso, wie die in den Höhlen oder in der Erde begrabenen. Alle Mensche, die jemals gelebt haben, werden nach ihren Werken gerichtet. Denn getreu nach dem Grundsatz, das was du tust, entspricht dem, was du bist (Mt. 6, 22-23 ; Lk. 11, 34)

(20, 14) Der Tod und sein Totenreich werden in den Feuersee geworfen; kurz gesagt, die ganze alte Welt wird samt denen, die in ihren Sünden blieben vollkommen vernichtet. Nichts bleibt nun mehr übrig, von dem, was vorher war.

(20, 15) Der Grundsatz der Entscheidung wurde im 1000 Jährigen Gericht festgelegt. Jedes menschliche Leben wurde untersucht und dann das Urteil über ihn gesprochen.

Es wird so, nicht nur die Erde oder die Welt von der Sünde gereinigt, sondern das ganze Weltall. Alle geretteten Menschen und alle himmlischen Wesen erkennen genau das Wesen der Sünde und die daraus resultierende völlige Vernichtung und Reinigung der Erde.

Kapitel 21

Das neue Jerusalem

1 Und ich sah einen neuen Himmel und eine neue Erde; denn der erste Himmel und die erste Erde verging, und das Meer ist nicht mehr. 2 Und ich, Johannes, sah die heilige Stadt, das neue Jerusalem, von Gott aus dem Himmel herabfahren, bereitet als eine geschmückte Braut ihrem Mann.

(21, 1) Im Anschluss an das Weltgericht über die Erde schaut Johannes die Erfüllung des gläubigen Hoffens aller Zeitalter, den Himmel und die Erde erneuert. Alle Propheten sehnten sich nach einer neuen Erde, wie z.B. Jes. 65, 17 und Jesus sprach oft über die Welterneuerung (Matth. 19, 28+ ; 1.Kor. 3, 11-15)

Das Meer, das durch das reinigende Feuer mit verschwunden ist, ist somit nicht mehr. Das heißt aber nicht, dass es keine Meere mehr auf der Erde geben wird, sondern nur, das die Meere, als trennende Barriere zwischen den Kontinenten nicht mehr existieren.

(21 ,2) Auf die erneuerte Erde unter einem reinen Himmel wird sich die heilige Stadt befinden. Sie ist gefüllt mit unzähligen Heiligen wie, „zubereitet wie eine geschmückte Braut ihrem Mann".

3 Und ich hörte eine große Stimme von dem Stuhl, die sprach: Siehe da, die Hütte Gottes bei den Menschen! und er wird bei ihnen wohnen, und sie werden sein Volk sein, und er selbst, Gott mit ihnen, wird ihr Gott sein; 4 und Gott wird abwischen alle Tränen von ihren Augen, und der Tod wird nicht mehr sein, noch Leid noch Geschrei noch Schmerz wird mehr sein; denn das Erste ist vergangen.

(21, 3) In dieser Neuschöpfung offenbart sich das Wesen der himmlischen Güter. Es ist die Vollendung von dem, was das Gesetz Moses nur im Schatten besaß und was der gläubige Nachfolger Jesu als ein Vorrecht schaute.

(21, 4) In der dauernden Gegenwart Gottes ist jede Träne der Auserwählten auf immer getrocknet, der Tod als der „letzte Feind" ist nicht mehr. Der durch die Sünde geschaffene sklavische Zustand, Elend, Kummer, Trübsal ist nicht mehr. Gottes Kinder und mit ihnen die ganze Kreatur genießt nun die herrliche Freiheit unvergänglichen Wesens.

5 Und der auf dem Stuhl saß, sprach: Siehe, ich mache alles neu! Und er spricht zu mir: Schreibe; denn diese Worte sind wahrhaftig und gewiß! 6 Und er sprach zu mir: Es ist geschehen. Ich bin das A und das O, der Anfang und das Ende. Ich will den Durstigen geben von dem Brunnen des lebendigen Wassers umsonst. 7 Wer überwindet, der wird es alles ererben, und ich werde sein Gott sein, und er wird mein Sohn sein. 8 Der Verzagten aber und Ungläubigen und Greulichen und Totschläger und Hurer und Zauberer und Abgöttischen und aller Lügner, deren Teil wird sein in dem Pfuhl, der mit Feuer und Schwefel brennt; das ist der andere Tod.

(21, 5) Als Bestätigung dessen, was Johannes gesehen hatte, bestätigt nun Gott selbst dass Er alles neu macht. *„diese Worte sind wahrhaftig und gewiss"* !

(21, 6) Die Bestätigung geht weiter, in dem Gott noch einmal darauf hinweist, dass Er der Anfang und das Ende ist und das Ende der alten Erde und die neue Erde schon im voraus bestimmt hat.

Und noch eine Bestätigung; wer sucht, also durstig ist, dem wird Gott das lebendige Wasser geben, und zwar umsonst. Die Suche nach Gott wird verglichen mit dem verlangen nach Wasser. Wer so nach Gott sucht wird ihn auch finden und Er wird ihn zu sich ziehen, solange er der suchende bleibt.

(21, 7) Nicht nur der, der durstig ist, sondern der, der *„überwindet, der wird es alles ererben*". Alle überwinder wird Gott als Sohn und Tochter annehmen und Er wird ihr Gott sein. Es wird keine Götzen mehr geben, sondern Gott allein wird regieren, so wie ein Vater seine Kinder liebt.

(21, 8) Diese alle gehen nicht in die neue Welt, sondern haben ihren Teil im zweiten Tod, im Feuersee. Haben sie auf dieser Welt das Leben aus Gott verleugnet, so ist auch kein Platz für sie in der Ewigkeit, wo Gott alles in allem ist und weder Sünde noch Tod sein wird. *„Gott ist ihnen das verzehrende heilige Feuer*". Dieses Feuer führt im zweiten Tod die gänzliche Vernichtung ihres Lebens herbei.

Ohne „Odem von Gott" aber ist bewusstes Leben nicht möglich.

9 Und es kam zu mir einer von den sieben Engeln, welche die sieben Schalen voll der letzten sieben Plagen hatten, und redete mit mir und sprach: Komm, ich will dir das Weib zeigen, die Braut des Lammes. 10 Und er führte mich hin im Geist auf einen großen und hohen Berg und zeigte mir die große Stadt, das heilige Jerusalem, herniederfahren aus dem Himmel von Gott, 11 die hatte die Herrlichkeit Gottes. Und ihr Licht war gleich dem alleredelsten Stein, einem hellen Jaspis. 12 Und sie hatte eine große und hohe Mauer und hatte zwölf Tore und auf den Toren zwölf Engel, und Namen darauf geschrieben, nämlich der zwölf Geschlechter der Kinder Israel. 13 Vom Morgen drei Tore, von Mitternacht drei Tore, vom Mittag drei Tore, vom Abend drei Tore. 14 Und die Mauer der Stadt hatte zwölf Grundsteine und auf ihnen Namen der zwölf Apostel des Lammes.

(21, 9) Wie ein Engel dem Johannes das unheilige Babel zeiget, so zeigt nun ein anderer ihm die reine Braut.

(21, 10) Um die Stadt Jerusalem überblicken zu können, führt der Engel ihn auf einen hohen Berg. Johannes sieht, wie die Stadt vom Himmel her auf die erneuerte Erde herabkommt. Sie wird nicht gebaut, sondern sie ist schon fertig und findet ihren Platz mitten auf der neuen Erde.

(21, 11) Bereits in Offb. 4, 3 wurde der Jaspis als alleredelster Stein, den Diamanten erkannt. Vom Thron Gottes ist der rubinrote Glanz, der Feuerglanz des Göttlichen Zornes verschwunden. Nun wird die ganze Stadt in Reinheit und Leuchtkraft überstrahlt.

(21, 12) Die Stadt und ihre Bewohner ist wohlbehütet mit einer hohen Mauer, zwölf Toren und auf diesen Engel als ständige Wache. Um das innige Verhältnis Gottes mit seinem Volk aller Zeiten darzustellen, haben die Tore die Namen der zwölf Stämme.

Für die Einwohner der Stadt passen die Namen der zwölf Väter der Stämme.

(1.) Juda Ich will dem Herrn danken.
(2.) Ruben Er hat mein Elend angesehen.
(3.) Gad Mit Haufen kommen sie daher
(4.) Assur Wohl mir.
(5.) Naphtali Ich habe einen guten Kampf gekämpft.
(6.) Manasse Der Herr hat mich vergessen lassen alles meines Unglücks.
(7.) Simeon Er hat mich erhört.
(8.) Levi Er hängt an mir.
(9.) Isaschar Er hat mir geholfen.
(10.) Sebulon Er wohnt bei mir.
(11.) Josef Er hat meine Schmach genommen.
(12.) Benjamin Ich bin der Sohn der Rechten.

(21, 13) Hier wird die Aufteilung der 12 Tore geschildert, die sich gleichmäßig über die vier Seiten der Stadt verteilen geschildert.

(21, 14) Die Grundsteine sind die Namen der zwölf Apostel. „*Die Geschichte des Volkes Gottes, des Alten und des Neuen Testamentes, hat hier ihren Abschluss gefunden; denn die Tore tragen die Namen der Stämme Israels zum Zeichen, dass wer hier eingeht, auf das natürliche Volkstum verzichtet, um sich aus dem Volk Israel hervorgegangene Gemeinde einzuverleiben ; und die Grundsteine der Mauer tragen die Namen der Apostel zum Zeichen, dass es nicht das natürliche Volk Israel, sondern die aus ihr hervorgegangene Gemeinde Jesu ist, welche ihre Stätte hat.*“ (Hoffmann, Schriftbeweis II , S.727)

15 Und der mit mir redete, hatte ein goldenes Rohr, daß er die Stadt messen sollte und ihre Tore und Mauer. 16 Und die Stadt liegt viereckig, und ihre Länge ist so groß als die Breite. Und er maß die Stadt mit dem Rohr auf zwölftausend Feld Wegs. Die Länge und die Breite und die Höhe der Stadt sind gleich. 17 Und er maß ihre Mauer, hundertvierundvierzig Ellen, nach Menschenmaß, das der Engel hat.

(21, 15-16) Der Engel, der ihm dies alles zeigte, sollte ihm auch die Größe der Stadt zeigen.

Der Wortlaut lässt es offen, ob jede Seite gemessen wurde, oder ob es sich um den Unfang der Stadt handelt. Viele Ausleger schreiben in Verbindung mit Vers 17, „*denn da die Mauerdicke 12 x 12 oder 144 Ellen ist, so würde auch auf jede der vier Seiten die Zwölfzahl enthalten sein und somit das 12 x 12 in der gesamten Fläche vorhanden sein.*“ „*Die Länge und die Breite und die Höhe der Stadt sind gleich.*“ So ergibt es ein Würfel, so wie das Allerheiligste eine Würfelform hatte. Berechnet man die Größe der Stadt so ergibt sich eine Fläche von fast 5000000 km^2 und ein Volumen von mehr als 10000000000 km^3.

(21, 17) Gemessen wurde hier die Mauerdicke, also ca. 70 Meter. Alle Angaben die hier gemacht werden, sind gemessen mit dem Maß der Engel und der Bewohner des neuen Jerusalems. Somit lässt sich die Größe der Stadt nicht errechnen.

18 Und der Bau ihrer Mauer war von Jaspis und die Stadt von lauterm Golde gleich dem reinen
Glase. 19 Und die Grundsteine der Mauer um die Stadt waren geschmückt mit allerlei Edelgestein.
Der erste Grund war ein Jaspis, der andere ein Saphir, der dritte ein Chalzedonier, der vierte ein
Smaragd, 20 der fünfte ein Sardonix, der sechste ein Sarder, der siebente ein Chrysolith, der achte ein
Berill, der neunte ein Topas, der zehnte ein Chrysopras, der elfte ein Hyazinth, der zwölfte ein
Amethyst. 21 Und die zwölf Tore waren zwölf Perlen, und ein jeglich Tor war von einer Perle; und
die Gassen der Stadt waren lauteres Gold wie ein durchscheinend Glas.

(21, 18-21) Detaillierte Beschreibung was Johannis sah und mit seinen Worten beschreiben konnte.

22 Und ich sah keinen Tempel darin; denn der HERR, der allmächtige Gott, ist ihr Tempel, und das
Lamm. 23 Und die Stadt bedarf keiner Sonne noch des Mondes, daß sie scheinen; denn die
Herrlichkeit Gottes erleuchtet sie, und ihre Leuchte ist das Lamm. 24 Und die Heiden, die da selig
werden, wandeln in ihrem Licht; und die Könige auf Erden werden ihre Herrlichkeit in sie bringen.
25 Und ihre Tore werden nicht verschlossen des Tages; denn da wird keine Nacht sein. 26 Und man
wird die Herrlichkeit und die Ehre der Heiden in sie bringen. 27 Und es wird nicht hineingehen
irgend ein Gemeines und das da Greuel tut und Lüge, sondern die geschrieben sind in dem
Lebensbuch des Lammes.

(21, 22) Johannes, der sich Jerusalem nicht ohne Tempel vorstellen konnte sah keinen, denn die bleibende Gegenwart von Vater und Sohn ist ihre eigentliche Herrlichkeit. Auch der Tempel der Versöhnung, den Johannes im Himmel sah ist nicht mehr da. Denn nicht nur die Erde, sondern auch der Himmel wurde erneuert (verändert).

(21, 23) Gott selbst ist das Urlicht und der Sohn verlieh der Sonne und dem Mond am Anfang durch sein Wort ihr Licht. So bedarf auch die Stadt, wo Vater und Sohn thront nicht einer Leuchte. Leuchtet der Mond auf der neuen Erde wie die Sonne und die Sonne sieben mal heller (Jes. 30, 26), so werden sich beide vor dem Lichtglanz, der vom Vater und Sohn ausgeht schämen (Jes. 24, 23).

(21, 24) Erlöste aus allen Nationen werden im Licht der Herrlichkeit Gottes wandeln und ihre Herrlichkeit in sie bringen. Diese Herrlichkeit besteht aus dem tun des Wortes Gottes und das festhalten an ihm. Die, die dies tun werden, werden Könige auf der neuen Erde sein.

(21, 25) Es wird in der Stadt Gottes niemals Finsternis herrschen, auch wird es nicht dunkel werden. So braucht man auch kein Tor zu schließen.

(21, 26) Ehre Lob und Preis, „*einen Sabbat nach dem anderen*“, alle werden sich in der Stadt Gottes sammeln, um „*anzubeten vor mir, spricht der Herr.*“ (Jes. 66, 22)

(21, 27) Alle Unreine aber ist im Feuersee, dessen Flammen nicht verlöschen bis alles verzehrt ist, auf ewig verschwunden. Der Genuss all des Guten bleibt nur denen vorbehalten, deren Namen in dem goldenen Buch des Lebens geschrieben sind.

Kapitel 22

1 Und er zeigte mir einen lautern Strom des lebendigen Wassers, klar wie ein Kristall; der ging aus von dem Stuhl Gottes und des Lammes. 2 Mitten auf ihrer Gasse auf beiden Seiten des Stroms stand Holz des Lebens, das trug zwölfmal Früchte und brachte seine Früchte alle Monate; und die Blätter des Holzes dienten zu der Gesundheit der Heiden. 3 Und es wird kein Verbanntes mehr sein. Und der Stuhl Gottes und des Lammes wird darin sein; und seine Knechte werden ihm dienen 4 und sehen sein Angesicht; und sein Name wird an ihren Stirnen sein. 5 Und wird keine Nacht da sein, und sie werden nicht bedürfen einer Leuchte oder des Lichts der Sonne; denn Gott der HERR wird sie erleuchten, und sie werden regieren von Ewigkeit zu Ewigkeit.

(22, 1) Bei der Schöpfung brach ein Strom aus dem Garten Eden hervor, der sich in vier Hauptströme teilte und den Garten Eden wässerte. (1.Mose 2, 10-14) Mit der Sintflut verschwanden diese von der Erde. Am Ende der Offenbarung sieht Johannes einen Strom des Lebens unter dem Thron des Vaters und des Sohnes hervorquellen. Diese besangen schon die Psalmisten in Ps. 36, 9 ; 46, 5.

(22, 2) Anstelle des einen Baumes des Lebens im Garten Eden stehen nun Bäume wie in einer Allee aneinandergereiht. In Offb. 2, 7 wurde den Überwindern versprochen, dass ihnen der Herr vom Holz des Lebens zu essen geben wird und Hesekiel sah an beiden Seiten des Lebenswasser „sehr viel Bäume“ stehen. Die Blätter sowie ihre Früchte sollen als Arznei (Hes. 47, 7. 12) für die Menschen dienen, damit die Folgen der Sünde, (die in keiner Weise sündhaft und doch noch Nachwehen der Sünde sind) völlig ausgeheilt werden.

Jeden Monat, zwölf mal im Jahr, bringen die Bäume ihre Frucht

(22, 3) Satan, Dämonen, Sünde, Tod und Totenreich, alle Krankheit, sowie alles Materielle verschwand im Meer von Feuer und Schwefel, in dem die alte Erde unterging. Ewiges Leben strömt nun vom Thron Gottes, der mitten in der Stadt unter den erlösten Menschen steht. Alle Menschen werden ihm, aus fester Überzeugung und Liebe zu ihm dienen.

Der schreckliche Bann, der 7000 Jahre auf der Erde lastete, ist auf immer gelöscht. Der Thron Gottes und des Lammes ist der Mittelpunkt der neuen Erde.

(22, 4) Des Vaters und des Lammes Namen stehen auf der Stirn der Auserwählten. Sie werden seinen Willen tun, aus fester Überzeugung. *„Nun erkennen sie, wie sie erkannt waren und sehen ihn, wie er ist.“*

(22, 5) Der Herr selbst hat seinen Thron unter den Menschenkindern auf ewig festgemacht. Die Bitte, *„dein Reich komme“* ist nun erfüllt. Es wird keine Finsternis und Nacht mehr geben, sondern die Herrlichkeit des Herrn wird immer für sie leuchten. Dies alles wird *„von Ewigkeit zu Ewigkeit“* dauern und kein Ende haben, *„so dass Gott sei alles in allem“*.

Der Herr kommt

6 Und er sprach zu mir: Diese Worte sind gewiß und wahrhaftig; und der HERR, der Gott der Geister der Propheten, hat seinen Engel gesandt, zu zeigen seinen Knechten, was bald geschehen muß.

(22, 6) „*Diese Worte sind zuverlässig und wahrhaftig*", schreibt eine andere Übersetzung.

7 Siehe, ich komme bald. Selig ist, der da hält die Worte der Weissagung in diesem Buch.

(22, 7) Die Schlussworte der Offenbarung sind nun angebrochen und erinnern an die Einganswort.

„*Der Schluss kehrt überhaupt in den Anfang zurück. Zuerst folgt die Versicherung, dass diese Offenbarung zuverlässig und Echt sei, indem derselbe Christus, dessen Geist den Propheten von alters die Leiden Christi und die Herrlichkeit danach zuvor bezeugte, auch hier ihre Vollendung bezeugt. Alles soll sich in der Schnelle vollziehen und der Heiland bald erscheinen.*" (PAaZuE S.547)

8 Und ich bin Johannes, der solches gehört hat. Und da ich's gehört und gesehen, fiel ich nieder, anzubeten zu den Füßen des Engels, der mir solches zeigte. 9 Und er spricht zu mir: Siehe zu, tu es nicht! denn ich bin dein Mitknecht und deiner Brüder, der Propheten, und derer, die da halten die Worte dieses Buchs. Bete Gott an!

(22, 8) Johannes fügt dem Zeugnis des himmlischen Boten noch seine eigene Bestätigung hinzu. Er sah und hörte nicht nur die Dinge, sondern die Herrlichkeit des geschauten und gehörten überwältigt ihn so sehr, dass er noch einmal zu den Füßen des offenbarenden Engels fällt.

(22, 9) Wieder wird ihm gewehrt mit der Weisung, Gott anzubeten.

10 Und er spricht zu mir: Versiegle nicht die Worte der Weissagung in diesem Buch; denn die Zeit ist nahe! 11 Wer böse ist, der sei fernerhin böse, und wer unrein ist, der sei fernerhin unrein; aber wer fromm ist, der sei fernerhin fromm, und wer heilig ist, der sei fernerhin heilig. 12 Siehe, ich komme bald und mein Lohn mit mir, zu geben einem jeglichen, wie seine Werke sein werden. 13 Ich bin das A und das O, der Anfang und das Ende, der Erste und der Letzte. 14 Selig sind, die seine Gebote halten, auf daß sie Macht haben an dem Holz des Lebens und zu den Toren eingehen in die Stadt. 15 Denn draußen sind die Hunde und die Zauberer und die Hurer und die Totschläger und die Abgöttischen und alle, die liebhaben und tun die Lüge.

(22, 10) Der Engel gibt ihm die Weisung, das Buch als ganzes nicht zu versiegeln, so wie es dem Daniel geboten wurde. Die in diesem Buch geweissagten Ereignisse fingen schon zu den Lebzeiten des Johannes an und erfüllten sich nacheinander.

So viele reden von einer versiegelten Offenbarung. So ist dieses Buch „*den Nachfolgern Jesu, die seine Gebote halten und seinen Glauben haben*" doch nicht versiegelt!

(22, 11) Die Gottlosen (Gesetzlose, da sie die Gesetze Gottes nicht anerkennen oder geändert haben) und Unreinen (da sie sich nicht geheiligt haben, als es Zeit war) werden sich nicht darum kümmern, sondern nur noch verstockter werden. Die aber darauf achten, Gerechtigkeit üben und der Heiligung nachjagen, werden auch in der schwersten Prüfungsstunde gerecht und heilig bleiben.

(22, 12) Am Ende der Offenbarung tritt der herrliche Lohn für die wartende Gemeinde in den Vordergrund. Er wird jedem einzelnen Menschen das geben, wie seine Werke sind. Genau das, was er sein ganzes Leben lang getan hat, zeugt von dem worüber er überzeugt war.

(22, 13) Jesus, als die offenbarte Fülle des Vaters beginnt die Offenbarung und schließt sie auch. Durch ihn schuf der Vater die Welt, ihn sandte er zu ihrer Erlösung und durch ihn wird die Erde am Ende auch wieder neu gemacht.

(22, 14) Wie der Ungehorsam Adams und Evas die Austreibung aus dem Paradies und somit der Zugang zum Baum des Lebens versperrt wurde, so ist der lebendige Glaubensgehorsam in Christo der alleinige Grund, das die Erlösten in die Stadt eingehen.

„Gottes Gebote oder seinen Willen, sein Gesetz bewahren (Offb. 12, 17 ; 14, 12) oder tun (Joh. 7,19 ; 4, 34 ; 6, 38 ; 7, 17 ; 9, 31) ist eine dem Johannes besonders gewöhnliche Redensart.“ (Hengstenberg) Neuere Übersetzungen weichen von diesen Grundinhalt ab und verwischen den Hauptsinn der ganzen Bibel damit.

(22, 15) Alle die hier aufgezählten sind, werden niemals in die Heilige Stadt Jerusalem auf der neuen Erde eingehen. Sie sind draußen und werden vor der Neuschöpfung der Erde vernichtet. Nicht ein Hauch der Sünde wird mehr übrig bleiben, alles wird vernichtet. Die Erde wird ein glühender Klumpen flüssige Magma sein. Nur die Erlösten in der Heiligen Stadt werden nicht davon betroffen sein, denn sie ist zu dieser Zeit nicht auf der Erde sondern im Himmlischen Jerusalem sicher verwahrt.

16 Ich, Jesus, habe gesandt meinen Engel, solches zu bezeugen an die Gemeinden. Ich bin die Wurzel des Geschlechts David, der helle Morgenstern. 17 Und der Geist und die Braut sprechen: Komm! Und wer es hört, der spreche: Komm! Und wen dürstet, der komme; und wer da will, der nehme das Wasser des Lebens umsonst.

(22, 16) Nun, da die Offenbarung Jesu Christi abgeschlossen ist, versiegelt der Heiland das Buch eigenhändig durch, „Ich, Jesus“. Jesus ist die Wurzel und der Nachkomme Davids, in dem die Verheißungen an Abrahams Volk zur Erscheinung kommt. Er ist auch der helle Morgenstern, auf dessen aufgehen die Nationen hoffen.

(22, 17) Wie am Anfang der Verheißung, so nun auch am Ende der gesamten Offenbarung, das „Komm!“. Dies ist der gemeinsame Ruf des Geistes und der Gemeinde, und wer es hört soll es auch aussprechen.

Wer Durst nach dem Wort Gottes hat, der soll kommen. Er wird alles, was er zum ewigen leben braucht umsonst bekommen.

18 Ich bezeuge allen, die da hören die Worte der Weissagung in diesem Buch: So jemand dazusetzt, so wird Gott zusetzen auf ihn die Plagen, die in diesem Buch geschrieben stehen. 19 Und so jemand davontut von den Worten des Buchs dieser Weissagung, so wird Gott abtun sein Teil von Holz des Lebens und von der heiligen Stadt, davon in diesem Buch geschrieben ist.

(22, 18-19) Diese scharfe Drohung zeigt den Wert aller göttlichen Offenbarung und vor allem der letzten.

„*Wie wir mit Gottes Wort umgehen, so geht Gott mit uns um, von Rechtswegen. ... Wenn man bei diesem prophetischen, engelischen, ja göttlich-königlichen Majestät die Herrlichkeit des Verfassers, welcher ist Jesus Christus und der diesen seinen Namen selber voransetzt, die Wichtigkeit des Inhalts und die kürze der Erde betrachtet, so muss man erkennen, das hier an einem jedem Wörtlein sehr vieles gelegen sein müsse. Darin nimmt sich's Gott so hoch an.*“ (Bengel)

Wie der Ungläubige geneigt ist Worte und Passagen aus der Bibel zu entfernen, und der Schwärmer gern etwas hinzufügt, so sollen beiden davor gewarnt werden und auch gleichzeitig das Buch, die Bibel davor geschützt werden.

20 Es spricht, der solches bezeugt: Ja, ich komme bald. Amen, ja komm, HERR Jesu!

(22, 20) Und noch einmal fasst Jesus zum Schluss den Inhalt des ganzen Buches in seinem Kommen zusammen. In diesen Worten ist die ganze Hoffnung der Nachfolger Jesu beschlossen, denn an Jesu Erscheinung in Herrlichkeit liegt die Vollendung aller Dinge.

21 Die Gnade unsers HERRN Jesu Christi sei mit euch allen! Amen.

(22, 21) Dies ist der abschließende Segensgruß. Die Gnade unsers HERRN Jesu Christi sei mit euch allen ! Amen.

Anhang

DAS BUCH DANIEL, ist die Grundlage des Buches der OFFENBARUNG JESU CHRITI.

Der Verfasser dieses Buches ist Daniel, sein Name bedeutet Gott ist mein Richter. Er kam in seiner Jugend nach Babel bei der ersten Deportation unter Nebukadnezar. Er zeichnete sich durch seine Weisheit bald in diesem Land aus, das durch seine weisen Männer berühmt war. Er stieg auf und wurde nach dem Untergang des Babylonischen Reiches einer der drei höchsten Beamten des Medopersischen Reiches. Er lebte in Babel mindestens bis zum Jahre 530 v. Chr.

Das Buch Daniel redet über Könige und Königreiche, über Throne und Gewalten. Es enthüllt eine Anzahl historischer Berichte und vor allem die Prophetien über die Reihenfolge der Königreiche *„in den Zeiten der Nationen“*. Es stellt besonders das Ende dieses Zeitabschnittes dar. Das Buch Daniel enthält auch die einzige Weissagung im Alten Testament über die genaue Zeit des ersten Kommens Jesu.

Dieses Buch wird oft im Neuen Testament zitiert oder angeführt. Auch ist das Buch Daniel der Schlüssel zu der Offenbarung. Die Prophetie des Daniel hat einen großen Einfluss auf die erste Gemeinde ausgeübt.

ISBN 978-1-4461-8290-1

www.ingramcontent.com/pod-product-compliance
Ingram Content Group UK Ltd.
Pitfield, Milton Keynes, MK11 3LW, UK
UKHW012225240726
13966UKWH00003B/955

9 781446 125342